Oscar bestsellers

di Francesco Guccini e Loriano Macchiavelli

nella collezione Oscar

Un disco dei Platters
Macaronì
Questo sangue che impasta la terra
Lo Spirito e altri briganti
Tango e gli altri

di Francesco Guccini

nella collezione Oscar

Cittanòva blues
Icaro
La legge del bar e altre comiche
Storie d'inverno
(con Giorgio Celli e Valerio M. Manfredi)

di Loriano Macchiavelli

nella collezione Oscar

Sarti Antonio. Di nero si muore
Sarti antonio e i 47 colpi
Sarti Antonio e l'assassino
(con Toni Sandro)
Sarti Antonio e la via dell'Inferno
Sarti Antonio fra gente perbene
I sotterranei di Bologna

nella collezione Omnibus

Delitti di gente qualunque

FRANCESCO GUCCINI
LORIANO MACCHIAVELLI

QUESTO SANGUE CHE IMPASTA LA TERRA

OSCAR MONDADORI

© 2001 Arnoldo Mondadori Editore S.p.A., Milano

I edizione Scrittori italiani aprile 2001
I edizione Oscar bestsellers aprile 2002

ISBN 978-88-04-50500-6

Questo volume è stato stampato
presso Mondadori Printing S.p.A.
Stabilimento NSM - Cles (TN)
Stampato in Italia. Printed in Italy

Anno 2011 - Ristampa   10 11 12 13 14

Questo sangue che impasta la terra

I
Due antefatti

Bene, non lo avrebbe più rivisto! Ce l'aveva fatta e poteva mandare all'inferno quel poliziotto scortese, insofferente, presuntuoso, prepotente... L'aveva costretta a presentarsi nel suo ufficio tante volte che le pareva di averci passato una vita in quel buco che sapeva di chiuso e di sigarette fumate là dentro per anni.

Prima di andarsene gli disse: «Guardi che è la prima volta che vado negli Stati Uniti e non m'intendo di queste cose. Avrebbe dovuto avere pazienza e scusare se la mia ignoranza non è pari alla sua».

Lui si limitò a un ghigno soddisfatto. Non aveva afferrato bene il senso della frase e forse prima di sera ci sarebbe arrivato: «Sono le leggi, cara la mia signora» disse quando lei era già sulla porta.

«Non sono né sua né cara» e uscì dall'ufficio e dalla questura decisa a non rimetterci piede per un bel po' d'anni.

Nella borsetta aveva tutti i documenti, passaporto vidimato, visto d'ingresso, certificati di vaccinazione e il resto, ma non era felice come si aspettava e avrebbe voluto. Le restava dentro un senso di scontento, o forse di tristezza, e cercava di capire da cosa le venisse.

In piazza Maggiore i motorini si divertivano veloci a fare le scarpe ai passanti e avevano costretto i bambini a pasturare i piccioni sul crescentone, unica isola ancora felice. Lei non ci arrivò al crescentone. Una Vespa 125 le fu dietro e la sfiorò passandole accanto. Sopra erano in due e quello dietro le strappò la borsetta. Lei barcollò, riuscì a non cadere, le si spezzò il tacco della scarpa sinistra, si rimise in equilibrio, tentò un inseguimento, ma dal tubo di scarico era uscita una sgassata nera e la

125 aveva preso verso palazzo dei Banchi piegandosi a destra e a sinistra e urtando altri passanti.

«Al ladro! Fermatelo, fermatelo! Mi ha strappato la borsetta!» ma era un problema solo suo. La gente di piazza si aprì dinanzi al motorino che imboccò il vicolo del mercato e sparì dietro un muro di massaie in giro per la spesa. Era l'ora adatta.

Non lo rivide più e le restarono nella memoria la sagoma esile di un ragazzo e i lunghi capelli scuri mossi dalla velocità. Le restarono anche il fumo nero e il puzzo di una miscela al cloroformio, usata per dare più ripresa al motorino.

Zoppicando rientrò in questura e si appoggiò al banco del poliziotto, che non avrebbe più voluto incontrare, con una gran voglia di mettersi a piangere. Lui se ne accorse.

«E adesso cos'è successo? Cosa le manca ancora?» e non nascose la solita aria di sopportazione.

«Mi hanno... mi hanno strappato la borsetta e dentro... dentro c'erano i documenti. Cosa faccio adesso?»

Il poliziotto sorrise soddisfatto: «Be', se vuole andare negli Stati Uniti dovrà ricominciare da capo la trafila».

«E mi si è pure rotto un tacco!»

«Giù quel culo, giù quel culo se non vuoi che te lo buchino al primo colpo, per Dio!» e il tipo di media altezza, più di quaranta, barba corta su tutta la faccia, scuro di pelle e di capelli, piantò la suola chiodata degli anfibi sulle chiappe del giovane che, il Garand tenuto a due mani, strisciava sotto il filo spinato del percorso di guerra. Vi si era impigliato già tre volte e la tuta mimetica ne portava i segni evidenti.

In altra parte del campo, poco distante, il Biondo, alto e robusto e anch'egli in tuta militare e stivali anfibi, maneggiava un AK7 e ne mostrava il meccanismo e il funzionamento a quattro giovani piuttosto attenti. Un quinto ascoltava distrattamente e giocava con una bomba a mano lanciandola in aria e prendendola al volo o passandola da una mano all'altra come avrebbe fatto con una mela. Agli anelli delle cinture di tutti pendevano altre bombe a mano del tipo Ananas.

Il capo sospese la lezione, guardò per un poco il giovane, seguendo la traiettoria della bomba, e poi gridò:

«Che cazzo ci fai con quella, Lagu? Si stacca dalla cintura solo al momento di lanciarla, non l'hai ancora capito?»

«È vuota, Biondo!»

«E chi ti ha detto che è vuota?»

«Si sente dal peso, cazzo! È vuota come la testa di questi quattro coglioni lì!»

«E chi sarebbero i coglioni?» si arrabbiò uno degli allievi.

Lagu indicò i quattro: «Uno e due e tre e quattro. Coglioni per otto. State qui a farvi delle seghe con un Kalashnikov arrugginito e sarebbe ora di fare sul serio, cazzo!» e buttò in aria la bomba a mano.

Il Biondo l'afferrò al volo. Tolse lo spinotto, lasciò la manetta, la mise sotto il naso di Lagu e aspettò:

«La butto o te la infilo nel naso, visto che è vuota, coglione?»

La lanciò lontano, ai bordi della radura, un secondo prima che esplodesse.

Non aveva mai preso un aereo e al decollo strinse i braccioli della poltroncina guardando fisso davanti. La hostess se ne accorse e le sorrise. Una volta in volo e superata la prima mezz'ora, si rassicurò e il viaggio passò via tranquillo. Le portarono da mangiare e dopo si concesse un whisky, un bourbon, roba americana, tanto per cominciare a adattarsi. Guardò anche il film, ma si addormentò e si perse il finale.

La svegliò la hostess e le consegnò dei documenti da compilare. Li lesse: ma che razza di domande! Quali malattie doveva dichiarare? Non era un'appestata, eppure, per avere il visto, al consolato di Firenze, aveva dovuto mandare il certificato di vaccinazione contro il vaiolo. Forse credevano che all'estero, fuori dagli Stati Uniti, tutti fossero fermi al medioevo?

Se poi lei avesse fatto o facesse ancora parte di gruppi terroristici o eversivi, lo andava proprio a scrivere sul questionario!

Gli americani se li ricordava al tempo di guerra e le avevano fatto una buona impressione, dopo le paure passate con i tedeschi e i fascisti. Le paure e la fame. Durissimo quell'inverno del '45! Ricordava lei e la madre (il padre era chissà dove, rastrellato dai tedeschi) in giro per la campagna a cercare qualcosa da mangiare, al mercato nero. Fortuna che, già da prima, erano amici di una famiglia di contadini e qualcosa si trovava, ma non sempre.

La famiglia Schiavina, invece, non era mai andata in giro a cercare da mangiare. Loro, padre, madre e Margherita, la figlia, avevano sempre avuto qualcosa e ogni volta che lei andava a trovarli, Rina, la madre, preparava una merenda per tutte e due. Fette di pane bianco, una rarità, con miele spalmato oppure leggermente inzuppate nel latte e un bel velo di zucchero sopra. Ne ricordava ancora il sapore.

Margherita aveva la sua stessa età, era l'amica d'infanzia e compagna di giochi, di feste nelle case degli amici e poi confidente dei primi segreti di ragazze. Un brutto giorno Margherita sparì assieme a tutta la famiglia e non li rivide più. Ne aveva chiesto in giro: niente, come se gli Schiavina non fossero mai esistiti!

«Hai visto Margherita? Ti ha detto niente? Quest'anno non viene a scuola?» ma nessuno, neppure sua madre e suo padre, le avevano mai spiegato la sparizione, anche se lei era sicura che i suoi lo sapevano, come lo sapevano gli altri vicini.

Arrivarono loro, i liberatori, e lei era corsa in strada con la madre e con Margherita a salutarli, a festeggiarli. La madre e il padre di Margherita non ne avevano voluto sapere. A parte loro, c'erano tutti in strada e dalle jeep e dai camion piovevano sigarette, caramelle, cioccolate e anche scatolette e bisognava stare attenti a non prenderle in testa.

Ne ricordava uno in particolare di quegli americani, Mario, un italo americano che gli altri chiamavano... Come lo chiamavano? Ah sì, Tacherisi. Da bambina suonava così, ma probabilmente era Takeiteasy, che in italiano sarebbe Posapiano. Sorrise al ricordo. Tacherisi a volte si ubriacava e allora mangiava le cioccolate senza scartarle, carta e tutto.

Chissà se era ancora vivo? E se lo avesse incontrato? Sicuramente non lo avrebbe riconosciuto, né lui avrebbe riconosciuto lei. Chissà di dove veniva, dove abitava?

Finì di compilare il modulo e lo piegò nel passaporto, assieme al permesso di lavoro come professore associato alla Brown University, sede a Providence, Rhode Island.

Il comandante annunciò il prossimo atterraggio a Boston.

Tanti sogni si stavano realizzando. Avrebbe visto quello che aveva sempre immaginato, attraverso i libri, la musica, i film. Avrebbe visto i grattacieli, camminato per le avenue e le street. E chissà come se la sarebbe cavata con il suo inglese quasi scolastico.

L'aereo toccò il suolo degli Stati Uniti nel momento preciso in cui decise di tenere un diario per fermare sulla carta la sua esperienza.

Non è mai facile correre in un bosco; ma scappare nell'intrico della vegetazione quando il sole è tramontato, è ancora più difficile. Anche se la primavera non è esplosa in tutta la sua forza, rimangono sempre alberi che ti chiudono la strada, rami secchi che ti schiaffeggiano e cespugli e radici che ti fanno inciampare continuamente. I castagneti, che nessuno pulisce da anni, sono pieni di cespugli e di rovi, di mucchi di foglie secche e cardi non più bruciati nell'estate, che rendono diseguale e impervio il terreno, di tronchi che l'inverno ha fatto precipitare e che nessuno si è curato di rimuovere.

Eppure i due correvano, come potevano ma scappavano, disperatamente, perché sapevano bene che il premio finale per quella corsa non sarebbe stata una coppa o una medaglia di similoro, a ricordo. Sarebbe stata la vita. Correvano per salvarsi. Ansimanti, sudati, il viso graffiato dai rami e dagli spini, correvano.

Lui, di poco oltre i vent'anni, in jeans e maglione, ogni tanto scivolava anche, con le Clarks dalla suola di para, sull'erba umida. Con la sinistra teneva una macchina fotografica stretta al petto, per impedirle di sobbalzare. Con la destra reggeva una valigetta metallica, di quelle da fotografo professionista. Lei, più o meno coetanea, pure in jeans, aveva il maglione e sopra un eskimo e nella destra imbracciava un MAB con il caricatore infilato.

Si fermarono ansimando e sentirono poco lontano la corsa degli inseguitori. Lui si guardò attorno: «Per di là» disse piano, e riprese la corsa. «Vieni.»

«Per di là... dove?» e gli andò dietro.

«Vai, vai, non ti fermare. Conosco un posto che dovrebbe essere sicuro.»

Passarono accanto a un casone, quelle minuscole costruzioni di muri a secco coperti con lastre d'arenaria che i montanari usavano per tenervi gli attrezzi da lavoro o per ripararsi in caso di piogge improvvise.

«Qui dentro?» chiese lei.

«Scherzi? Qui ci beccano subito. Arriviamo fino al fosso, là dovrebbe esserci quel posto che so...»

Fecero, sempre di corsa, una cinquantina di metri e furono al fosso dove l'acqua ruscellava ancora copiosa, portando la neve sciolta dal recente disgelo. Lui mise il piede su un sasso, scivolò e finì in acqua con una scarpa.

«Ma porc...» imprecò. «Comunque un poco i piedi bisogna bagnarseli. Vieni.» Discesero il fosso, l'aiutò a superare un masso che bloccava in parte il corso d'acqua, formando una piccola cascata, sotto la quale, in uno spazio relativamente pianeggiante, si allargava una specie di basso laghetto di un centinaio di metri che, verso valle, si restringeva e sembrava scomparire alla vista nella vegetazione.

«Ecco» disse «è qui.»
«Qui... dove?»
Il ragazzo indicò un punto sulla parete a strapiombo del fosso. A terra c'erano massi franati e fitti cespugli di vimini, abbracciati da liane di vitalba. Spostò le frasche e apparve una piccola apertura circondata da pietre, quasi completamente chiusa dalla frana che aveva ricoperto anche tutta la parte superiore di un edificio, chiaramente opera umana.
«Entra qui, presto!»
Carponi lei strisciò dentro. Lui si girò per vedere se avevano lasciato tracce ma l'acqua aveva già portato via il fango che avevano sollevato. Entrò, anche lui strisciando. Appena gli occhi si furono abituati al buio, con l'aiuto della debole luce che filtrava da fuori, la ragazza si guardò attorno. Erano in una specie di grande camera, di forma circolare, con le pareti di sasso a secco.
«Ma cos'è?»
Lui le mise una mano sulla bocca, le tolse il mitra e si sdraiò vicino all'apertura, in ascolto.
Fuori c'era silenzio e poi, all'improvviso: «Dove si saranno cacciati?» disse uno abbastanza vicino, ansimando.
«Tanto lontani non sono andati» disse un altro. Appoggiò la mano a un castagno e s'incurvò, tirando il fiato. «Tu va' a guardare lì sotto, che io vado a cercare di là. Marco, dove sei?»
«Sono qua, ma niente nomi, cazzo! Quei figli di puttana! Non possono essere svaniti così.» Guardò il fosso, ma l'acqua scorreva tranquilla. Era un giovane alto, biondo, robusto, il viso mimetizzato a strisce nere e verdi, vestito con tuta militare e stivali anfibi. Fra le braccia reggeva un AK7. Bestemmiò piano. «Venite qua, voi due! C'erano davanti di poco, non possono essersela filata così.» Schioccò le dita. Lo raggiunsero gli altri, vestiti e armati allo stesso modo, ma chiaramente gregari ai suoi ordini.
Il primo che aveva parlato disse: «Per me si sono fermati da qualche parte, si sono nascosti. Prima si sentivano correre». Si accucciò tenendo il fucile con le mani, fra le gambe.
Quello chiamato Marco disse: «Come facevi a sentirli correre con il casino che facevamo noi? Quello stronzo con la macchina fotografica e la sua troietta... Per fortuna che l'ho visto. Gli sono arrivato a due passi e l'ho visto bene in faccia, quel coglione, e se lo incontro anche a Bologna, lo riconosco».
«Già, gli sei arrivato a due passi e non l'hai beccato!»
«Intanto non ero armato e poi immaginavo che avesse una

protezione armata. E avevo ragione: lei era poco distante e pronta a tirare. Adesso dividiamoci e cerchiamo ancora. E attenzione che sono armati! Lui ha sparato a Lagu, cazzo!»

«Come sta? È grave?»

«Spero di no. Se ne sta occupando quel sardo... Come cazzo si chiama?»

«Che siano andati giù per il fosso per far perdere le tracce?»

«Tu hai visto troppi film d'indiani. Far perdere le tracce, dice.»

Il biondo chiamato Marco fece un gesto: «Adesso basta chiacchiere. Su, in piedi e frughiamo tutto questo maledetto bosco! Stiamo appena appena distanziati». Uno dei due gregari sparò alcuni colpi in aria. «Ehi, non sparare!»

«Così ci sentono gli altri e ci vengono a dare una mano.»

«Forza, dài, andare!»

«E se non li troviamo?»

«Aaah! Intanto guardiamo di trovarli!»

Ricominciarono le ricerche e, nel loro riparo, i due avevano sentito tutto. Li sentirono anche allontanarsi.

«Pare che se ne siano andati» disse la ragazza. «Che facciamo?»

«Aspettiamo notte, poi cerchiamo di squagliarcela. Con il buio sarà più facile.»

«Sì, con il buio fra questi boschi...»

«Lo sai che conosco i posti, no?»

Lei frugò nelle tasche dell'eskimo, trasse due sigarette, le accese e ne passò una al compagno. Sedette, abbracciandosi le gambe: «Senti, ma cos'è...» e indicò la camera. «... Cos'è questo?»

«È, o meglio era, una ghiacciaia.»

«Una ghiacciaia?»

«Sì, roba d'altri tempi. I montanari usavano queste stanze, questi rifugi, per riempirli di ghiaccio, durante l'inverno. In quel laghetto che c'è sopra si formava il ghiaccio, che loro tagliavano e mettevano qui a conservarsi, ben pressato. Questa specie di capanna era interrata per mantenere costante la temperatura, e sopra aveva una copertura di legno e paglia. Per nostra fortuna tutto è stato ricoperto dalla frana ed è diventata praticamente invisibile. Era costruita in modo tale che il ghiaccio si teneva fino all'estate. Insomma, serviva come frigorifero per conservare carne, cose deperibili, roba così. Lo vendevano anche, il ghiaccio.»

La ragazza lo aveva ascoltato con attenzione. Chiese: «Come fai a sapere queste cose?».

«Perché credi che ti abbia portato quassù? Io qui ci sono nato.»
«Ti facevo cittadino.»
«Mi hanno portato a Bologna che avevo tredici anni e mi è restata la voglia di questi monti e così, appena posso, ci vengo.»
«Questa volta però...»
«Sì, questa volta è diverso.» Schiacciò la sigaretta con il piede e le si sedette vicino: «Hai fame?».
Lei sorrise: «Fame? Non lo so. Con la paura che mi sono presa, mi è passato tutto. Ho voglia solo di fare la pipì».
«E falla.»
Lei si allontanò di alcuni passi, nella parte più buia dello stanzone, e si calò i jeans. «Tu però non guardare.»
«Come se non ti conoscessi.»
«Non importa, non guardare.»
«Va bene, non guardo, non guardo.» Aspettò che lei finisse e si rialzasse, poi, di scatto, l'abbracciò. «Presa!»
«Ehi, che intenzioni hai?»
«Intenzioni? Ne ho solo una, d'intenzione. Tu cosa dici?»
«Che non mi sembra il momento.»
«Be', visto che stiamo rischiando la vita... Se ce ne dobbiamo andare, è meglio in bellezza.» La baciò, accompagnandola per terra.
Fecero l'amore.

II
L'ora degli animali

Sedeva accanto alla porta, sull'aia della Ca' Rossa, e pensava a Raffaella. Era una di quelle sere che la primavera gli regalava da quando si era stabilito alla Ca' Rossa, il ricordo di Raffaella era arrivato naturalmente. L'aveva incontrata in treno, seduta dinanzi a lui e nello scompartimento erano soli. Immerso nella lettura, non si era neppure accorto che fosse salita. Il treno era partito, lui aveva finito il libro, l'aveva chiuso e aveva sollevato lo sguardo. L'aveva vista allora. Quanti anni prima? Tanti.

Si passò la destra sulla fronte e cercò la linea d'ombra che al tramonto risaliva per la valle, di là dall'acqua. Aveva appena coperto il mulino Vecchio, sul fiume, e montava lenta a incupire i boschi, le case, i campi... La primavera non aveva messo tutte le foglie agli alberi e si vedeva ancora l'oratorio di don Santino.

«Bleblè avrebbe detto che questa è l'ora degli animali.»

Le volpi mettono la testa fuori dalle tane e annusano l'aria; le faine si guardano attorno avvicinandosi ai pochi pollai rimasti sui monti; i tassi si muovono fra gli sterpi senza far rumore; gli scoiattoli, le puzzole... Bleblè aveva ragione: è l'ora degli animali.

Arrivata a sfiorare l'oratorio, la linea d'ombra si fermava (o gli pareva) per un tempo che aumentava con l'allungarsi delle giornate. Accadde anche quella sera e accadde pure che il vento, dai monti a valle, gli portò una raffica. Alcuni secondi di silenzio e poi altre due esplosioni e una seconda raffica.

Aveva già sentito, al tramonto, sparare dalle parti dello Spungone ed erano scoppi di bombe a mano, spari isolati di un fucile automatico e l'abbaiare secco di una P38. Lo conosceva bene lo sparo della P38.

«L'ultima volta che l'ho sentito è stato alle Camarazze dei

Contrabbandieri e anche questi spari vengono da là. Domattina ci faccio un salto a vedere chi ha ancora voglia di guerra.»

Da un po' di tempo succedevano strane cose. Per esempio, c'era chi si prendeva la briga di spiarlo. La prima volta gli era capitato di sentirlo muovere nel bosco dietro casa. Era la fine di marzo, ma l'aria già intiepidiva ed era gradevole sedere al sole per godere gli ultimi raggi. Non se ne preoccupò e continuò a leggere il giornale.

Capitò anche le tre sere seguenti. La quarta entrò in casa e uscì con il Brovis. Bleblè e gli altri della montagna lo chiamavano così. Si trattava di un semiautomatico tipo Browning, un Breda SL cioè super leggero a lungo rinculo, calibro 12, un colpo in canna e tre nel serbatoio. Santovito ricordava ancora quando Bleblè si era presentato in caserma con il suo Brovis appena comprato, lo aveva tolto dalla custodia e glielo aveva mostrato orgoglioso.

«Mi è costato una fortuna» aveva detto «ma è proprio quello che mi ci voleva. Non so se ce ne sono altri da queste parti» e accarezzava il calcio di legno lucido. «Quattro colpi. Ho dato indietro la mia schioppa e mi hanno fatto uno sconto.»

«Come la mettiamo con il porto d'armi?»

«Ce l'ho, me lo hai dato tu due anni fa.»

«Sì, ma non è per un semiautomatico.»

«Allora fammi il cambio. Questi sono i documenti» e aveva messo sulla scrivania le carte che gli avevano dato assieme al Brovis.

I primi tempi, ogni volta che Bleblè usciva dalla Ca' Rossa, si portava dietro il fucile, ma quando era passata la novità, lo staccava dalla ferla sul camino solo per andare a caccia, due o tre volte l'anno.

La quarta sera che Santovito si sentì spiato, entrò in casa, prese il Brovis, tornò a sedere e lo posò contro il muro, in bella vista, che l'intruso capisse le sue intenzioni. Non andò a cercarlo. Non lo avrebbe trovato.

La minaccia del fucile non era servita e lo aveva sentito ancora muoversi attorno alla Ca' Rossa o nascosto nel sottobosco che costeggiava il sentiero, quando era andato per funghi. Non era ancora stagione, ma chissà, qualche primaticcio... O forse era solo la voglia di andare nel bosco.

Più curioso che preoccupato, aveva cercato di immaginare chi e perché lo spiasse. Forse un paesano offeso da un suo atto, ufficiale o no, prima che abbandonasse il servizio e l'Arma. Per esempio quel Sotgiu, che in paese chiamavano il Sardo, un pastore senza passato, sistematosi con il gregge a Mazzacane, ormai un rudere abbandonato dai Fantini trasferitisi a Bologna per lavorare in fabbrica.

Era andato a trovarlo e ci aveva messo una mattinata per arrivare a Mazzacane: «Hai chiesto il permesso ai padroni del fondo?». Sotgiu aveva annuito con il capo negando nel contempo con lo schiocco della lingua contro il palato. «Allora vedi di farlo se no qui non ci puoi stare. E neppure puoi andare a pascolare le pecore con la doppietta a tracolla. Non ti serve.»

«Ci sono cinghiali.»

«Non mi raccontare storie, Sotgiu. Da queste parti i cinghiali sono spariti da secoli. E poi ce l'hai il porto d'armi?»

«Nel mio paese nessuno mi chiese mai il porto d'armi.»

«Qui non siamo in Sardegna e ti devi abituare alle nostre usanze. Qui il fucile non ti serve e se qualcuno ti crea dei problemi, ci siamo noi a risolverli, va bene? Tu intanto procurati il permesso dei padroni del fondo. Non credo faranno difficoltà e se ne fanno avvertimi che ci penso io, va bene?»

Chissà se l'aveva poi ottenuto il permesso dai Fantini. E chissà se aveva smesso di girare per i pascoli con la doppietta a tracolla.

E poi c'era stato il problema di Santissimo, un vecchio, ma forte e dritto, nonostante l'età, senza arte né parte, che viveva, non si sapeva come, dalle parti di Malpervisto. Si ubriacava ogni volta che scendeva in paese e allora andava molestando le donne con l'offerta di diecimila lire per «una toccata di culo», come diceva lui.

«Guarda Santissimo che se continui a dare noia alle donne io ti faccio mettere dentro e ci resti per un mese.»

«Oh santissimo! Come si fa a resistere a quei bei culi...»

«Le infastidisci e loro si lamentano.»

«Oh santissimo, quando ho bevuto non ci vedo più!»

«Ci vedi benissimo, tant'è vero che non te ne scappa una. E sempre le più giovani, guarda un po'. E cos'è 'sta storia delle diecimila lire che fai spuntare dalla patta dei calzoni?»

«Sarà che sbaglio tasca. Sapete, quando bevo non so più cosa faccio.»

«E tu non bere, Santissimo, non bere e così sai sempre cosa fai!»

«Oh santissimo, allora voi mi volete morto!» Che avesse un fucile lo sapevano tutti perché spesso si sentiva sparare dalle parti di Malpervisto, ma nessuno lo aveva mai incontrato in giro per i boschi assieme al fucile. Neppure nei periodi di caccia.

Né il Sardo né Santissimo erano pericolosi. Al più cercavano di intimorirlo facendosi sentire di proposito, perché entrambi, se avessero voluto, sapevano muoversi in silenzio nei boschi, come animali, e nessuno si sarebbe accorto della loro presenza.

Probabilmente ce n'erano anche altri con la voglia di mettergli paura. Per motivi insignificanti, ma i montanari hanno uno strano concetto della giustizia. La sua coscienza era a posto; aveva fatto di tutto per essere equilibrato nei giudizi e nei comportamenti. Forse non sempre c'era riuscito, ma sono i rischi del mestiere.

«Sì, domattina faccio un salto a vedere chi si diverte con il mitra, le bombe a mano e la P38.»

Controllò le previsioni del tempo sul giornale: "Al nord, al centro e sulla Sardegna: nuvoloso, temporaneamente molto nuvoloso con brevi precipitazioni più probabili nelle regioni orientali. Sulle regioni meridionali e sulla Sicilia poco nuvoloso".

«Allora vuol dire che posso stare tranquillo e domattina ci sarà il sole. Questi non ne prendono una. Però, al sud va sempre meglio, almeno per il tempo. Avrei dovuto tornarmene a Santa Maria.» Controllò verso la Buca della Giacoma e trovò un cielo scuro, non capì se per il tramonto o per le nuvole.

La lunga linea d'ombra era arrivata all'altezza dell'oratorio di don Santino e lui socchiuse gli occhi per concentrarsi sui rumori e capirli, ma chi aveva preso la brutta abitudine di spiarlo, quella sera non era lì.

«Uno che ha tempo da perdere.» Abituato a essere solo, lo infastidiva sentirsi spiato e prima o poi avrebbe preso a calci nel culo il rompiballe. «Intanto mi porterò il fucile quando andrò per i boschi.»

Non avrebbe mai sparato, ma contava sul fatto che di solito la presenza di un'arma sconsiglia certi comportamenti.

A quell'ora gli bastava scorrere i titoli del giornale. Dopo cena e con un buon sigaro fra i denti, si occupava degli articoli che pensava interessanti. Ed erano sempre meno.

"Tragico naufragio nel porto di Genova. Tredici morti, tra i quali le due donne che erano a bordo. Sette i dispersi e trentaquattro i feriti. La bufera ha strappato le ancore della nave, che si è schiantata contro la scogliera." Ancora in prima pagina: "Riveliamo la formula del siero Bonifacio. La composizione dei due preparati caprini cui si attribuiscono proprietà anticancro è stata preparata dal prof. Caparroni. Su 14 malati gli esperimenti al Regina Elena sotto sorveglianza della Commissione".

«Se funziona, da queste parti non manca la materia prima, con tutti i pastori sardi che si sono trasferiti qui.»
Il titolo sopra una foto in prima pagina: "Tamara arrestata". Tamara aveva capelli scuri e lunghi che le coprivano parte del viso. Bocca socchiusa.
«Bella donna.»
"Tamara Baroni, l'attrice-fotomodella del giallo di Parma, è stata arrestata a Cesena. Il giudice Istruttore che ha emesso il mandato di cattura la accusa di concorso in tentato omicidio plurimo (le vittime avrebbero dovuto essere la moglie e i figli del suo amico Pier Luigi Bormioli), di estorsione, di furto e falso."
«Se arrivano a dimostrare tutte le imputazioni, si prende l'ergastolo. Si è messa in un bel casino!»
A pagina quattro, il servizio. Foto dell'attrice-fotomodella; foto di Pier Luigi Bormioli con sigaretta in bocca; foto del primo presunto killer e del secondo presunto killer. Il primo ritratto di profilo, baffi e basette lunghe, espressione da duro. Il secondo, viso spaurito e scavato, occhi spalancati, baffetti.
Le notizie in cronaca erano inutili o stupide, ma il giornale andava letto se non ci si voleva isolare del tutto da un mondo che, se pure ogni giorno peggio, andava campato.
"Ce l'hanno con il centrosinistra. Maratona di maoisti. Gli studenti dell'Unione hanno marciato per più di quattro ore. Gli universitari li ignorano." E poi: "Rapinò di notte un benzinaio per provare l'emozione del reato".
«Ho conosciuto uno che ha fatto lo stesso, ma con una banca e gli hanno sparato.»
"Liza Minnelli si separa da Allen."
Il giornale aperto sulle ginocchia, ascoltò ancora i rumori dei boschi, di sera: «È proprio l'ora degli animali».
Ripiegò il giornale, si tolse di bocca il sigaro, si alzò dalla sedia e rientrò in casa per una cena di pane e prosciutto tagliato grosso, un bicchiere del vino che Bleblè gli aveva lasciato in cantina, una fetta di formaggio e una mela invernale, che qui le mele stese in solaio durano fino a primavera fatta. Di sera mangiava e beveva poco. Si rifaceva con la colazione del mattino e a mezzogiorno.

La jeep era una di quelle che i soldati americani avevano lasciato, alla fine dell'ultima guerra, sparse qua e là nei boschi. Si erano fermate, a volte solo per mancanza di benzina, e i soldati USA le avevano abbandonate, assieme a cumuli di munizioni. Altre erano saltate sulle mine tedesche e non c'era più niente da fare, se non smontare quello che ne era rimasto e utilizzare i pezzi di ricambio.

Le jeep in condizioni appena passabili erano state recuperate e si arrampicavano sulle stradacce della montagna. Ancora per poco, che la guerra era passata da un po' e i pezzi di ricambio andavano scarseggiando.

A fari spenti in una sera che stava diventando notte, la targa coperta, il motore imballato, la jeep scese veloce i tornanti della statale e senza rallentare entrò nella cittadina all'imbocco della valle. Dinanzi all'ospedale, inchiodò in un testacoda che la rimise in direzione dei monti. Rimase ferma il tempo di scaricare sulla strada un fagotto insanguinato e ripartì, lasciando sull'asfalto buona parte dei pneumatici.

In ospedale non c'era molto da fare e il dottor Filippi poltriva nella stanza dei medici. Da quelle parti si diceva che, neolaureato, fosse stato spedito lassù dal padre, primario in un importante ospedale di Bologna, a farsi le ossa sulle disgrazie dei montanari. Ma lo dicevano ogni volta che arrivava un medico nuovo.

L'infermiera di turno, Domenica, sentì la sgommata e pensò ai soliti ragazzi che si divertivano a fare casino con le motociclette e con le auto truccate. Andava di moda così.

«Poi venite da noi a farvi ricucire la testa» e uscì a controllare. Forse li conosceva e ne avrebbe parlato con i loro genitori. Fece appena in tempo a vedere la sagoma della jeep sparire oltre la curva, verso la montagna, e un brivido le corse lungo la schiena. Un altro brivido, ben più intenso, le scavò lo stomaco quando vide sull'asfalto l'ammasso di stracci insanguinati.

Lo portarono dentro su una barella e respirava ancora, ma il dottor Filippi non poté fare molto. Era in condizioni tali che non lo avrebbe salvato nemmeno Murri, come dicevano da quelle parti quando non c'era speranza. Morì prima che il dottore e Domenica gli togliessero gli abiti.

Un brutto lavoro per il maresciallo dei carabinieri.

Sul pavimento del pronto soccorso, a disposizione delle autorità competenti, una tuta mimetica, gli stivali da parà, una canottiera, un paio di mutande e calzettoni di cotone grosso, il tutto inzuppato di sangue.

Nessun documento per dare un nome al povero figlio in modo da avvertire la madre.

In valle le nuvole basse erano diventate nebbia. Un'alba nebbiosa e umida, ideale per i rilievi all'aperto. Il maresciallo Garbin perse un po' di tempo sui segni lasciati dall'auto sull'asfalto, sulla chiazza di sangue che l'umidità aveva allargato e diluito e poi tornò da Domenica, sulla porta a vetri dell'ospedale:

«No se capisse gnente, ma dalla larghezza dei pneumatici non sembra un'auto. Sei sicura che lo fosse?» Domenica annuì.

«Si può sapere che cazzo di macchina era?»

«Oooh maresciallo Garbin! Non faccia tanto il prepotente con me, che sono in piedi da diciotto ore, va bene? E il mio avere l'ho già avuto!»

«Scusa, scusa Domenica, hai ragione... ma questo è un maledetto casino e se non mi dai una mano tu...»

«Vuole che non gliela darei, se potessi? Ho sentito la frenata e il motore imballato e sono uscita. Ho visto subito il corpo del povero ragazzo e quando ho guardato la strada, ho visto la sagoma scura di un'auto che spariva dietro la curva. Laggiù, vede?»

«Un'auto... non delle solite, evidentemente. A meno che non montasse pneumatici particolari, come fanno i giovani esaltati di oggi. Pensaci bene che sarebbe importante sapere di che auto si trattava.»

«Vuole che non lo sappia che è importante?»

«Va bene, adesso andiamo a prendere un caffè e intanto tu pensi a com'era la macchina.»

«Andiamo pure a prendere il caffè, che ne ho un gran bisogno, ma più di quello che le ho già detto, maresciallo...»

Si alzò alle sei e fece una colazione che gli sarebbe bastata fino a mezzogiorno. Preparò pane e salame e una bottiglia di bianco, da portarsi dietro. Lo Spungone era lontano, i sentieri non erano più quelli di una volta; nessuno ci passava più e gli sterpi se li stavano mangiando anno dopo anno. Ci avrebbe messo un po' a cercare le tracce della sparatoria e non sarebbe rientrato che verso sera, giusto per cena.

Si coprì bene e aprì la porta di casa. Non si aspettava una giornata d'inverno. Era andato a letto che in cielo splendevano le stelle e trovò nuvole basse che gli nascondevano persino l'imbocco della strada che scendeva al paese.

«Giornata adatta per andare nei boschi.» Rientrò e richiuse la porta. «Lo Spungone può aspettare.» Si sistemò dinanzi alla finestra di cucina, al tavolo dove teneva i libri che stava leggendo. Accese il secondo sigaro della giornata.

Il bar aveva appena aperto, erano le sette, e la macchina non era ancora in pressione: «I primi vengono schifosi» disse Trepalle.

«Fa niente, dobbiamo mandare giù qualcosa di caldo, Trepalle» disse Domenica.

S'incazzava quando lo chiamavano Trepalle, ma solo con il pensiero perché non poteva farci niente se lui di palle ne aveva tre e sua moglie era una chiacchierona.

Aspettarono in silenzio che Trepalle servisse il caffè e, mentre lo zuccherava, Domenica disse: «Sa una cosa, maresciallo? La macchina aveva i fari spenti e...». Sorseggiò il caffè e fece una smorfia. «Hai proprio ragione, Trepalle: un caffè che fa schifo!»

«Te l'avevo detto, Domenica. Vorrà dire che non me lo pagate.»

«E...? Finisci il discorso!»

«La sagoma che ho visto sparire dietro la curva, non era di una delle solite macchine.»

«Com'era?»

«Insomma, aveva una sagoma quadrata come...» Ci pensò.

«Come?»

«Be', come un furgone, ma posso anche essermi sbagliata, maresciallo Garbin. Sa, nel buio... Non vorrei dire una cosa per un'altra e poi lei prende una cantonata.»

«Sapessi quante ne ho prese di cantonate nella mia vita, Domenica. Cosa vuoi che sia una in più? Intanto comincio a far cercare un furgone e poi vedremo. Cosa ne dici?»

«Dico che potrei esserle più d'aiuto se avesse un dito rotto...»

«Sì, ci mancherebbe. Comunque grazie, Domenica, e non importa che ti raccomandi di non parlarne con nessuno almeno fino a quando non scopriremo l'automobile. Intanto vedremo cosa viene fuori dall'autopsia.»

«Chi la farà?»

«Non lo so. Tu che dici?»

«Spero solo di non esserci anch'io.» Domenica aveva avuto la sua parte. Una notte infame e una mattina peggiore. Guardò fuori: «Ci mancava la nebbia. Non la sopporto». Si alzò e si avviò alla porta. «Ah, maresciallo, veda che non incarichino dell'autopsia il dottor Filippi. Chissà cosa verrebbe fuori. Magari che il poveretto è morto d'infarto.» Il maresciallo sorrise. «Oh, non glielo dica, mi raccomando!»

Trepalle rifiutò i soldi del maresciallo: «Da me il caffè si beve buono o non si paga».

Da fuori il maresciallo Garbin chiamò: «Oh, Domenica! Aspetta un momento. Che fretta hai?».

Domenica era già all'ingresso dell'ospedale: «Sono stanca, maresciallo, e non vedo l'ora di sdraiarmi sul mio letto».

La raggiunse: «Da sola? Non c'è gusto. Se aspetti, finisco qui e ti faccio compagnia».

«Maresciallo, è proprio questo il momento!»

«Se non ci si scherza un po' su... Senti, tu hai parlato di motore imballato. Che vuol dire esattamente?»

«Vuol dire che il motore era troppo su di giri...»

«È strano che una donna come te usi certi termini: motore imballato, su di giri... Tu che ne sai?»

«Maresciallo, si vede che lei non ha figli. Non sento altro tutto il giorno!» Salutò con un cenno ed entrò in ospedale a cambiarsi. Aveva addosso un'ansia che avrebbe potuto calmare solo a casa, con Amado. E dopo, sperando che non fosse come lei immaginava, un buon letto. Non era certa di riuscire a addormentarsi, ma ci avrebbe provato.

Di solito, per non disturbare i pazienti, spingeva la Vespa fin sulla strada e lì metteva in moto, saliva la statale con prudenza, anche se conosceva ogni curva, ogni avvallamento della strada. Ci passava da diciotto anni, per andare e tornare dall'ospedale. Prima in bicicletta, poi con il Mosquito e infine con la Vespa. Si era fatta anche la Cinquecento, soprattutto per l'inverno, ma Amado se n'era impossessato appena l'aveva parcheggiata dietro casa. Il giorno dopo aveva cominciato a lavorarci dietro per truccarla come si deve: marmitta Abarth, abbassare la testa dei cilindri, aumentare la carreggiata delle ruote, montare gomme più larghe... Faceva un dramma ogni volta che Domenica accennava alla possibilità di usarla. Così lei aveva finito per rinunciare alla Cinquecento e continuava a salire e scendere, pioggia o neve, con la Vespa. Si era attrezzata con un parabrezza e una mantella militare che la copriva dalla testa ai piedi.

Aveva troppa fretta e scalciò la leva ancora prima di togliere lo scooter dal cavalletto, in cortile. Partì con una sgassata che fece vibrare i vetri dell'ospedale e salì piuttosto veloce, fermandosi ogni tanto a pulire il parabrezza dalla nebbia che si attaccava alla plastica, non scorreva via e, attraverso il velo, la strada era indecisa, sfuocata.

Abitava nella strada che attraversa il paese, di fronte al bar, e in estate era un inferno, con i villeggianti, non più numerosi come una volta, che facevano casino fino a tardi, ma non rinunciava a quella casa. C'era nata lei, c'era nata sua madre, c'era nato suo figlio, Amado...

Non si diede il tempo di mettere la Vespa nel corridoio, la parcheggiò in strada. Gettò le chiavi e la borsetta sul mobile dell'ingresso e, senza togliersi il soprabito, spalancò la porta della camera del figlio. Amado dormiva a pancia in giù e non si mosse neppure quando Domenica aprì di colpo le persiane.

«Allora, dove sei stato questa notte, eh?» Amado si mosse appena e mugolò qualcosa. «Vuoi rispondermi? Dove sei stato e con chi?» e cominciò a scuoterlo.

«Domenica, ma cosa ti viene in mente? Che ore sono?» Non l'aveva mai chiamata mamma, neppure da bambino. La chiamavano tutti Domenica e quindi anche lui. Aveva la bocca impastata e non riusciva ad aprire del tutto gli occhi.

«Siete usciti con la jeep di Edo? Dove siete stati? Cos'è successo stanotte?»

«Oh Cristo, Domenica, ma cosa ti viene in mente? Che ore sono?»

«Le otto passate e io ti rompo la testa questa volta, va bene? Anche se hai diciotto anni e non te le ho mai date!»

Amado cercava di capire qualcosa nella sfuriata di Domenica. Non c'era abituato. Sua madre era sempre tranquilla, dura a volte, ma mai agitata. Sedette sul letto e borbottò: «Dove siamo stati... dunque... siamo andati al cinema...».

«Con chi? Con cosa siete scesi a Bologna?»

«Con i soliti...»

«C'era anche Edo? Avete usato la jeep?»

«Lo sai che a Bologna ci andiamo con la jeep di Edo, se no come ci stiamo in quattro sulla mia Cinquecento? Domenica, si può sapere...»

«Capirai, ci si sta anche in cinque.»

«Sì, comodi!»

«Perché siete andati al cinema?»

«Perché era sabato e tutti i sabati...»

«Va bene, va bene! Dimmi a che ora sei tornato a casa?»

«Si può sapere cosa...»

«Che film avete visto?»

«Oh Cristo! Questo interrogatorio... Ho diciotto anni, Domenica!»

«Lo so, lo so! Che film hai visto?»

«Non me lo ricordo!»

«Non te lo ricordi? Sono passate poche ore e non te lo ricordi? Immagino uno di quei film di donne nude...» Amado alzò le mani per fermare la valanga di parole di Domenica. Non ci riuscì. «Va bene, va bene, non m'interessa il film. Guardati quello che ti pare! A che ora siete tornati su?»

«Alle due, forse alle tre... Non ho guardato l'ora. Pensavo di poter dormire questa mattina, dato che è domenica...»

«Guidavi tu la jeep?»

«L'ho guidata anch'io, un po' per uno, come facciamo sempre. Ma si può sapere...»

«Oddio, l'hai guidata anche tu! E adesso che facciamo, che facciamo Amado?»

«Che dobbiamo fare, Domenica? Si può sapere che ti prende?»

III
Un caffè amaro

La Ca' Rossa, una costruzione attaccata alla montagna, sopra il paese. L'avevano edificata secoli fa scavando un tratto di roccia per ricavare il piano d'appoggio delle fondazioni. Il risultato è che la casa sembra nascere dal monte. Dinanzi avevano lasciato uno spiazzo in modo che, uscendo di casa, non si rotolasse in paese.

Due locali al piano terreno, due al primo piano e una soffitta per conservare mele e pomodori in inverno. Il tetto a due falde era ricoperto con lastre di pietra serena che il tempo aveva annerito. Sotto tutto il fabbricato c'era la cantina scavata nella roccia a colpi di mazza e scalpello e di roccia era rimasto il pavimento.

In origine c'era, poco discosto, un forno in sasso che, con l'aumentare delle esigenze, era stato ampliato fino a diventare grande quanto la casa e che serviva per il ricovero del poco fieno che i sassi della montagna riuscivano a far germogliare e per mettere all'asciutto legna e attrezzi. Bleblè ci teneva anche due vacche. Benedetto Santovito aveva fatto allargare la porta e al posto delle vacche ci teneva l'auto, oltre alla legna che ci accatastava per l'inverno.

Il primo proprietario e costruttore aveva fatto dipingere la casa di rosso, forse perché la si vedesse fin dal paese. Di quella originaria pittura, che non era mai più stata rinnovata, non era rimasto quasi nulla. Qua e là, nei punti meno esposti al maltempo e al sole, restavano chiazze di un rosa talmente pallido che si confondevano, in autunno, con il colore delle foglie. Continuavano a chiamarla Ca' Rossa.

L'aveva comprata l'Elvira, la madre di Bleblè, di ritorno dalla Francia, con i soldi del risarcimento per la morte del marito in miniera, ma ci abitavano anche prima di emigrare. Allora pagavano l'affitto e lei si arrangiava con un orto, delle galline e dei conigli, spigolava quando era il momento, rubava castagne, cercava funghi nei boschi degli altri... Il marito andava "a opera" come si diceva da quelle parti. Nel senso che prestava la sua opera a chi ne aveva bisogno e quando ce n'era bisogno. Capitava sempre più di rado e per questo, un giorno che si era presentato al lavoro e si era ritrovato sulla strada senza preavviso, che allora non usava, decise che se voleva sopravvivere, assieme ai suoi, bisognava emigrare. Tutti e tre: lui, moglie e figlio.

Cominciò le pratiche per l'espatrio senza consultare l'Elvira, che lo avrebbe certamente dissuaso, abituata com'era a quella casa e a quel paese da non immaginare la vita senza. Non sapeva neppure dove fosse la Francia.

Tornò vedova dall'estero e con i soldi per la morte del marito si comprò la Ca' Rossa e non si mosse mai più di là. E neppure Olinto, il figlio, si mosse più dalla Ca' Rossa tranne che per fare il soldato in bass'Italia e per i cinque anni di galera.

Dal ritorno dalla Francia Olinto inciampava in ogni parola che iniziava con la ci e per questo divenne per tutti Bleblè. Di nuovo in paese dopo cinque anni di galera, non balbettava più, ma rimase comunque Bleblè, Bleblè della Ca' Rossa.

Poi, per uno di quegli avvenimenti della sorte nei quali la volontà degli uomini non entra, la Ca' Rossa era finita a Benedetto Santovito. Non l'aveva comprata, non ci pensava neppure di fermarsi in paese e passarci la pensione. Ne avevano discusso spesso con Raffaella. In inverno faceva troppo freddo in paese, un freddo al quale lui non si era mai abituato, nonostante gli anni trascorsi. Aveva vissuto l'infanzia e parte della giovinezza al sud, in vista del mare, e il suo paese, Castellabate, era spesso nei suoi pensieri. Prima o poi ci sarebbe tornato. Avrebbe ritrovato qualche amico dell'infanzia, forse avrebbe rivissuto qualche momento del suo passato.

Anche Raffaella aveva visto con lui, da Castellabate, i tramonti sul mare di Santa Maria, tramonti che arrossavano i resti della torre d'avvistamento dei pirati saraceni, sulla sabbia della spiaggia. Li aveva visti e li aveva sognati assieme a lui, rannicchiata dinanzi al camino acceso della Ca' Rossa.

La Ca' Rossa sta a poco più di un chilometro dal paese e ci si arriva per una ripida stradaccia che la pioggia, in autunno, trasforma in torrente. In inverno è una lastra di ghiaccio e si rischia l'osso del collo.

Quando Santovito si era trasferito dalla caserma alla Ca' Rossa, aveva fatto sistemare la strada alla meglio con ghiaia di fiume pressata, l'aveva fatta allargare nei punti più stretti, in modo che ci passasse l'auto, ma restava sempre ripida, tanto che Domenica mise la prima all'inizio della salita e così il rumore del motore arrivò che la Vespa era ancora lontana. Senza alzarsi dal tavolo, Santovito guardò dalla finestra, ma l'imbocco della strada era nascosto dalle nubi, di nuovo basse, e allora andò ad aspettarla sulla porta. Prima la luce sfuocata del fanale, poi la Vespa, poi Domenica.

«Con questo tempo...» cominciò appena l'ebbe a portata di voce. Vide gli occhi della donna rossi di pianto e lasciò perdere.

Domenica sistemò la Vespa sul cavalletto e lui si fece da parte per farla entrare, ma prima Domenica si tolse la mantella di gomma e la lasciò cadere a terra, sull'erba bagnata. Si tolse anche il fazzoletto dalla testa e con quello si asciugò il viso. O forse le lacrime.

«Ho bisogno di lei, maresciallo» mormorò.

Entrò anche Santovito. Chiuse la porta e indicò una sedia: «Ti va un bicchiere?». Non aspettò risposta e andò a prendere il fiasco, anche per darle tempo di trovare l'inizio del discorso che era venuta a fargli.

«Che ti è successo, Domenica?»

«Un guaio, maresciallo, un guaio che più grosso non poteva capitarmi.» Mandò giù un sorso. «I ragazzi hanno ucciso un uomo.»

«Quali ragazzi e quale uomo?»

Prima di rispondere Domenica mandò giù un altro sorso. «Lei non beve?»

«Bevi tu, bevi e rilassati.»

«È una parola.» Si passò di nuovo il fazzoletto sul viso. «Il mio Amado... e poi c'era Nando... e non so chi altri, in quattro, i soliti, ha detto. Il guaio è che guidava il mio Amado, maresciallo!» Guardò Santovito e gli occhi le si riempirono di lacrime. «Adesso che faccio?» La mano che reggeva il bicchiere tremava.

Sedette anche Santovito e chiuse il libro. «Raccontami per bene come sono andate le cose.»

«Sono andate che hanno investito un poveraccio... Ci devono essere passati sopra con le ruote perché era ridotto proprio male... Il petto...» Si passò una mano sul petto. «Il petto... Il dottor Filippi non ha potuto fare niente e ci è morto sotto.»

«Tuo figlio che dice?»

«Giura e spergiura che non sono stati loro, ma io...»

«Com'è arrivato in ospedale quel disgraziato?»

«Ero di guardia assieme al dottor Filippi e ho sentito il motore imballato e poi una sgommata e allora sono uscita e ho visto... ho visto uno straccio... Quel poveretto pareva uno straccio insanguinato sull'asfalto.»

«Che ore erano?»

«Le tre e dieci di notte. La macchina che l'aveva appena scaricato...»

«Hai visto la macchina?»

«Un secondo prima che sparisse dietro la curva. E poi era buio e la nebbia... Posso essermi sbagliata. Mi ci ha fatto pensare il maresciallo Garbin. Aveva la sagoma di una jeep e allora...»

«Be', intanto andiamo a controllare la jeep di Edo prima di...»

Domenica agitò il capo e alzò la voce, isterica: «Non si può! Non si può! Il mio Amado dice che è caduta in un burrone e ha preso fuoco... Erano scesi, dice il mio Amado, senza innestare la marcia e la jeep si è messa in movimento... Ma lo hanno fatto apposta!». Sollevò il capo verso Santovito: «Se lo immagina il mio Amado che scende e non mette la marcia?». Piangeva, parlava.

«Hai detto dei tuoi sospetti al maresciallo Garbin?»

«No, prima volevo sentire lei.»

Santovito posò una mano sulla spalla di Domenica: «Va bene, adesso ci andiamo assieme dal maresciallo Garbin».

Domenica si scrollò di dosso la mano di Santovito e si alzò di scatto: «È questo il consiglio? Ci sarei arrivata anche da sola!».

«Che consiglio vorresti da me?»

Domenica si lasciò ricadere sulla sedia e cercò di ingoiare le lacrime: «Non lo so, non lo so. Vorrei che prima di andare a denunciarlo... Lei non potrebbe parlare con il mio Amado? Sentire come sono andate le cose e poi...».

«Questi sono compiti da avvocato, Domenica.»

«Sì, ma prima vediamo come sono andate le cose, no? Può anche essere che mi abbia detto... la verità, non crede?»

Santovito annuì. Quella donna era disfatta e andava aiutata, in qualche modo. Aveva sempre fatto tanto per gli altri... Mai un cedimento, anche se la sua vita non era stata delle più tranquille. Il fidanzato, un giovane spagnolo studente di medicina, conosciuto a Bologna durante il corso per infermiera professionista, se n'era andato appena Domenica gli aveva confidato di essere incinta. Non aveva più avuto sue notizie, forse si era laureato in Spagna. Per Domenica fu durissimo allevare in paese il figlio di ennenne, pochi soldi, dieci ore al giorno con gli ammalati... Una vita da montanara, una vita cattiva. Eppure sempre lei a sollevare gli altri, a dare fiducia.

«Hai ragione: vediamo che si può fare prima.» Domenica tentò un sorriso e mormorò un grazie che Santovito intese appena. «Andiamo a parlare con Amado.» Infilò una giaccona pesante: «Scendi con me in auto. Poi ti riporto su e te ne vai con la Vespa. Intanto la nebbia se ne andrà e spunterà il sole, io spero».

Domenica era stanca, da troppe ore non aveva chiuso occhio e la nottata in ospedale era stata delle più faticose. Salire in auto con Santovito, chiudere gli occhi e riaprirli quando tutta la storia fosse finita! Ma disse: «Non mi va di tornare su a prendere la Vespa.»

Si mise a cavalcioni dello scooter, lo sollevò per toglierlo dal cavalletto e lo scalciò.

Si avviò che Santovito stava ancora trafficando con il portone del fienile.

Da un diario americano

Eccomi qua. Il mio appartamento per i prossimi mesi non è grandissimo, ma va bene. Ha un odore diverso dai nostri. Un odore americano? Ingresso, soggiorno, cucina con cucinotto e un enorme frigo, camera da letto e bagno. È arredato ma mi servirà qualcosa di più. Ci vorrebbe una libreria, ad esempio, e non ho ancora guardato bene com'è messa la cucina, se c'è tutto quello di cui avrò bisogno per due anni.

C'è anche un televisore in bianco e nero, come da noi. Non doveva già esserci la televisione a colori negli Stati Uniti?

Sono sbarcata e ho recuperato i bagagli, poi lunga fila per il visto d'ingresso. Un poliziotto nero, enorme, mi ha fatto una quantità di domande: sembrava volesse assicurarsi che non sono qui per uccidere il presidente Nixon. E se portavo con me frutta e verdura e insaccati. Ha frugato nella valigia per scoprire se portavo quella roba. Ma ci saranno frutta e verdura e insaccati negli USA, no? Perché avrei dovuto portarli dall'Italia?

E io, che non capivo bene le sue domande, ogni tanto please, please come una scema. L'enorme poliziotto mi ha fatto segno di aspettare e per un po' se n'è andato con il mio passaporto. Poi finalmente via, ma via dove, in questa civiltà tanto diversa?

L'impatto con gli USA non è stato gradevole. Mi aspettavano, fuori dall'aeroporto mi aspettavano in due! Mi hanno messa in mezzo, mi hanno mostrato una patacca d'oro, mi hanno detto please e mi hanno indicato la strada da prendere. Mi hanno fatta salire su un furgone e portata a un distretto di polizia. Hanno vuotato le mie valigie sul pavimento. Non hanno mai risposto alle mie domande. Hanno frugato fra le mie cose. Mi hanno rispedita in strada senza uno straccio di spiegazione.

Se il mondo che mi aspetta è questo... Una bell'accoglienza, proprio una bell'accoglienza!

Con molta fortuna ho trovato l'autobus per Providence, un'oretta di viaggio. Avrei voluto vedere il panorama, i cartelli stradali della pubblicità già visti in tanti film, ma era buio e ho visto solo luci e auto. Le auto mi hanno colpito: sono molto più grosse di quelle che circolano da noi, in Italia. E anche gli autotreni, colossi che ti sorpassano rombando, carichi di luci come alberi di Natale. Già, Natale. Che Natale farò quest'anno?

Poi la stazione degli autobus di Providence. Mi è sembrato di essere in un film, guardando la gente, grasse nere che portano valigie, un adolescente ozioso che fischietta, jeans e cappellino da baseball in testa, gli uomini della compagnia degli autobus in divisa. Fra parentesi, non è quella del levriero che mi sarei aspettata e ci sono quasi rimasta male. Tutti quei film ci hanno proprio segnato, in qualche modo. Chissà se troverò gli USA come me li sono immaginata.

Ho cercato un taxi e ho dato l'indirizzo: Fourteen, Colonia Road. Il tassista parla un inglese curioso, forse è latinoamericano, d'origine. Mi ha portato in un quartiere di piccole case a due piani, colorate, con giardino davanti e dietro, stradine perpendicolari, vialetti alberati, grande numero civico vicino alla porta e lampioncino sotto la veranda d'ingresso.

Eccomi arrivata. La mia casa per due anni. Ho suonato.

Mi è venuta ad aprire una signora sui cinquanta, carina, sorridente, welcome, welcome, mi ha aiutato con i bagagli, mi ha fatto entrare, la signora Kathy Ruhl, la mia padrona di casa.

È un fiume di parole che stento a comprendere, ma si ferma improvvisamente e ride: «O scusa» mi dice. «Io troppo parlare, io non itali-ano.» Mi parla francese e va meglio. Era insegnante di francese, il marito, impiegato all'università. Kathy, dice, è di lontane origini italiane.

«Materasi, sì?» e intuisco che il vero cognome, probabilmente Materassi, si è anglicizzato con il tempo.

Mi invita a mangiare di sopra, a casa sua. L'appartamento è del figlio, che al momento è al college, da qualche parte. Salgo e conosco il marito, alto, pelato, che mi stringe la mano come se volesse stritolarla. Il sorriso è ampio, gentile.

Sulla tavola Kentucky fried chicken, che sarebbe poi pollo fritto alla kentuchiana, il piatto di benvenuto, mi spiegano. Dovrò abituarmi a certe espressioni. È buono, con onion's rings, anelli di cipolla fritti come contorno. In onore dell'ospite italiana, una bottiglia di vino.

Passa il tempo in conversazioni banali. L'Italia, ah sì, ci sono stati alcuni anni fa, bellissima. Roma, Firenze, Venezia, l'arte, magnifica, il cibo, delicious, faan-tastic! Naturalmente.

Ma questi che sanno veramente di noi? E noi di loro?

Li saluto, ringrazio e vado giù, prima notte americana. Vorrei dormire, domani mi attende l'università. Ma riuscirò a dormire? Mi hanno parlato dello stress da fuso orario e del fatto che ci vogliono almeno due giorni per rimettersi in sesto.

IV
Una brutta storia per tre ragazzi. O quattro?

La porta era accostata e Domenica e Amado lo aspettavano seduti al tavolo, una tazza di caffelatte e due fette di pane imburrato. Santovito entrò, girò una sedia e vi si mise a cavalcioni. Scelse un sigaro e lo massaggiò.

«Posso?» Non aspettò l'autorizzazione e accese. «Non fai colazione?»

«Sì, ho proprio voglia di mangiare, con questa qui che si è messa in testa chissà cosa! Mi ha messo addosso un'agitazione che...»

«Io, te l'ho messa io l'agitazione? Se non ti fossi immischiato...»

«Che ne diresti di lasciar parlare lui?» disse Santovito, e al giovane: «Si può sapere cos'è successo questa notte?».

Amado sorrise come sorridono i giovani quando vogliono essere offensivi: «Cos'è? L'hanno arruolato di nuovo nei carabinieri e adesso è un'altra volta il nostro beneamato maresciallo?».

Domenica colpì il figlio sulla nuca, a mano aperta. Più un gesto d'affetto che di rimprovero. «Non fare lo stupido e rispondi come si deve al maresciallo.»

«Sì, se mi spieghi che c'entra con noi!»

«Niente, non c'entro niente, ma se tua madre ha bisogno...»

«Allora parli con lei!»

Domenica cercò di spiegare al figlio la situazione: «Il maresciallo si è prestato...».

«Non è più maresciallo.»

«Allora andiamo a trovare il maresciallo Garbin. Ti va meglio?»

«Va bene, va bene, parliamo con questo. Uno vale l'altro.» Si rilassò contro la spalliera, si bilanciò indietro, sulle due gambe posteriori della sedia, e chiuse gli occhi. Attaccò con la cantilena: «Siamo andati al cinema a Bologna...».

«Tu e chi?»

«Io, Edo e Nando. Siamo andati al cinema...»

«E il quarto?»

«Quale quarto? Non c'era nessun quarto...»

Lo interruppe Domenica: «Ma se mi hai detto che eravate in quattro e che avete preso la jeep perché nella Cinquecento non ci stavate!».

Amado riaprì gli occhi e gridò: «Mi sarò sbagliato! Io, Edo e Nando, cazzo, e quando siamo tornati su abbiamo preso la stradina per il mulino del Turco... Ha presente? Alla curva della Leona...».

«Ho presente, ho presente. So dov'è. Ma perché siete andati al mulino del Turco?»

Ancora il giovane assunse l'aria offensiva: «Cosa vuole che le dica, maresciallo? C'era venuta voglia di fare il bagno nella Borda».

«Ti ho già detto di non fare lo stupido!» urlò Domenica.

Santovito si alzò e rimise a posto la sedia: «Come ti pare. Se preferisci parlare con Garbin...».

«Preferirei essere a letto, accidenti! Ho studiato per una settimana e almeno di sabato... Non lo so perché ho preso la strada del mulino del Turco. Forse non avevamo ancora voglia di rientrare. Ma che problema c'è, accidenti! Se non se l'è presa Edo... La jeep era sua, no?» Gli passò un'idea: «I suoi! Mi ha denunciato quella stronza di sua madre! Va bene, gliela pagherò quella merda di jeep!».

«Qui c'è di mezzo un morto, Amado, e se tua madre è preoccupata...»

«Ho già spiegato a Domenica che io non ho investito nessuno, cazzo! Comunque... Mi sono fermato alla curva, proprio sopra i Sassi della Borda, siamo scesi e ci siamo sdraiati sull'erba. Quel coglione di Edo si è arrotolato una sigaretta e ha dato qualche tiro. Ha alzato la testa per passare la cicca a Nando e ha cominciato a ridere come un cretino indicando la jeep. Si stava muovendo e ho fatto a tempo a prendere il paraurti posteriore... Che mi sono fatto anche male, cazzo! È finita nella Borda e ha preso fuoco! Un salto di venti metri.»

«Non avevi messo il freno a mano?»

«No, cazzo! È la prima volta che mi succede. Mi porterò dietro questa stronzata per tutta la vita e ogni volta che fermerò l'auto, ci sarà qualcuno a chiedermi se ho messo la prima e il freno a mano.»

«Sai cosa ti chiederà il maresciallo Garbin? Ti chiederà se l'avete incendiata apposta per cancellare le tracce.»

«È una stronzata: che tracce c'erano da cancellare?»

«Intanto i pneumatici. Dalla frenata sull'asfalto dinanzi all'ospedale, si può risalire al tipo di gomme. Poi sulla jeep potevano esserci i segni dell'investimento... macchie di sangue sulla carrozzeria o all'interno...»

«Ma che investimento e che sangue! Come ve lo devo dire che non abbiamo investito nessuno?»

«Io ti credo. E il maresciallo Garbin?»

«Che cazzo mi frega del maresciallo Garbin! Lo so io come sono andate le cose.»

«E io adesso ti dico cosa ti chiederà il maresciallo Garbin quando saprà della jeep...»

«Glielo va a raccontare lei?»

«No, se tu non vuoi, ma qualcuno troverà la carcassa bruciata, il maresciallo Garbin farà due più due e arriverà a Edo, a Nando e poi a te. Dunque, ti chiederà prima di tutto che film avete visto a Bologna.» Aspettò ma Amado non aprì bocca: «Che film avete visto a Bologna?».

«Oh cazzo, anche questa!» Amado guardò Domenica e mormorò: «*Spermula*».[1]

Domenica disse: «Belle robe vai a vedere, sono proprio contenta».

«Il cinema?» chiese ancora Santovito.

«Astra. Serve altro signor maresciallo?»

«Sì, il motivo per cui vi siete fermati ai Sassi della Borda.»

«C'è bisogno di un motivo?»

«C'è bisogno. La notte era fredda, c'era nebbia, eravate tutti uomini...»

«Cosa vuol dire, maresciallo? Che il mio Amado potrebbe essere... potrebbe avere qualche vizio...»

«Voglio dire che Amado deve essere pronto a rispondere a qualunque domanda. Questo voglio dire e basta.» Posò il sigaro nel piattino e accennò alle due fette imburrate: «Posso?».

«Per me...»

---

[1] In realtà *Spermula* è del 1975, ma è troppo divertente per non consentirci una libertà poetica.

Un morso e poi: «Allora, perché vi siete fermati ai Sassi della Borda?». Amado non rispose. «Fai come vuoi, ma devi prepararti una buona scusa per il maresciallo Garbin.»

«Oh cazzo, cazzo, cazzo...»

Domenica fece l'atto di dargli uno schiaffo: «Dove hai imparato a parlare così? Da me no di sicuro».

«Anche questa! Va bene!» Guardò la madre e mormorò: «Prima di lasciare Bologna, quel coglione di Edo è voluto passare...». Gridò: «Insomma, è andato a comprare un po' di erba e ce la volevamo fumare in pace, va bene?». Una confessione che non avrebbe mai voluto fare.

Domenica, in piedi, le braccia abbandonate lungo i fianchi e il viso stanco, non ebbe la forza di arrabbiarsi. Mormorò: «Dell'erba? Amado, cosa dici?» e andò a chiudersi in camera.

Amado si alzò per seguirla, ma Santovito lo bloccò per le spalle: «Lasciala stare; ha bisogno di piangere». Amado tornò a sedere. «Vuoi fumare?»

«Cos'è? L'ultima sigaretta del condannato a morte?»

«È che abbiamo ancora molto da dirci prima di andare dal maresciallo Garbin e forse ti conviene rilassarti con una sigaretta.»

Il giovane frugò in tasca: «Devo aver lasciato il pacchetto ai Sassi della Borda. Stavo per accendere quando quel coglione di Edo ha cominciato a ridere...».

«Accendevi una delle tue? Non aspettavi il tuo turno per l'erba?»

«Non mi andava di fumare quella porcheria e volevo accendere per avere una scusa e rifiutare il mio giro.»

«Ho capito. Ti va un sigaro dei miei?»

«Certo che lei ci sa fare, maresciallo. Gentile, comprensivo, vuoi un sigaro... e intanto io parlo, parlo... Finirà che confesserò di aver ucciso quel poveraccio.»

«Lascia stare le battute. Se sono qui è solo per tua madre. Le devo molto.»

«Oooh, qui tutti devono molto a Domenica!»

«Ti dispiace?»

«No, è che si fa una fatica bestia ad avere una donna così per casa!» Prese uno dei sigari dal pacchetto che Santovito gli aveva posato dinanzi. «Proviamo anche questo.»

«Meglio della vostra erba.»

«Oh, io non ho mai fumato quella roba, va bene?»

«A che ora siete usciti dall'Astra?»

«Abbiamo visto l'ultimo spettacolo, quello che finisce a mezzanotte e mezza.»

«I biglietti?»

«Sì, adesso mi porto dietro i biglietti usati del cinema come prova!»

«Allora la trama.»

«Cazzo, ma è proprio necessario?»

«Il maresciallo Garbin te lo chiederà.»

«Va bene, va bene! Cazzo, che giornata.» Riuscì ad accendere il sigaro e aspirò. Il fumo gli entrò nei polmoni e tossì.

«Non si aspira, il fumo del sigaro non si aspira.»

«Poteva dirmelo prima» disse Amado quando la tosse si calmò. Riprovò senza aspirare. «La trama. Nel pianeta Spermula la vita sta per scomparire a meno che le donne non riescano a nutrirsi del seme vitale dei terrestri, che naturalmente è... Insomma, ha capito cosa. Così un gruppo di donne arriva da noi e comincia ad andare in giro... ad andare in giro e... Devo essere più preciso?»

«Ho capito, mi basta. Un film interessante, da non perdere.»

«Meglio che starsene in questo paese del cazzo a perdere tempo.»

Fumarono in silenzio, poi Santovito chiese: «Dove siete stati a comprare... l'erba?».

«In un'osteria subito fuori porta. Non so come si chiami, non c'ero mai stato. Lo sa Edo, vada a chiederglielo.»

«Glielo chiederà il maresciallo Garbin. A che ora è successo il fatto della jeep?»

Il fumo aveva riempito la cucina. Amado tirò e guardò il sigaro. «Non è male. L'ora non la so, il tempo di arrivare.»

«E cioè?»

«Dunque, siamo partiti da Bologna verso l'una e mezza...»

«... E verso le tre avreste potuto essere già da queste parti, investire quel poveraccio e alle tre e dieci scaricarlo dinanzi all'ospedale. Come vedi, tutto torna.»

Ad Amado passò la voglia del sigaro. Lo schiacciò nel posacenere: «Cazzo, è così che dirà il maresciallo Garbin?».

«Sì, quindi preparati. Come siete tornati in paese?»

«A piedi. Come se no?»

«Vi ha visto qualcuno?»

«Alle tre di notte?»

«Passa sempre qualcuno e quattro persone su una strada buia...»

«Tre persone, tre, cazzo! Sì, sono passate delle auto, ma che ne so di chi erano?»

Santovito si alzò: «Salutami tua madre e dille di stare tranquilla che se hai detto la verità riusciremo a farla capire al maresciallo, che non è uno dei due carabinieri che vanno in coppia perché lui sa scrivere e l'altro leggere». Aprì la porta: «E non commettere l'idiozia di andare a raccontare tutto ai tuoi amici della jeep. Lascia che sia il maresciallo a farlo e sarà meglio per tutti. Ah, un'altra cosa, Amado: smettila di mettere un cazzo ogni tre parole». Chiuse la porta ma la riaprì subito: «A proposito: che sigarette fumi?».

«Non ho preferenze. Sono un fumatore da poco.»

«Capito. Magari preferisci l'erba... Scherzo, Amado, non te la prendere.»

«Uno scherzo del...» ma lasciò perdere il cazzo.

«Allora diciamo: che sigaretta stavi per accendere stanotte?»

«Avevo comprato un pacchetto di Camel prima di entrare al cinema e ne avrò fumate due, cazzo!»

«Camel, sì, una gran sigaretta.»

Non c'era più la nebbia e il sole cominciava a scaldare le antiche pietre. Nubi chiare e sfilacciate si spostavano veloci verso nordest. «Buon segno. Domattina andrò allo Spungone. Vedremo.»

Il maresciallo Garbin lo ascoltò in silenzio e, come ogni volta che veniva a trovarlo, tollerò il fumo del sigaro. Di Santovito aveva una sorta di soggezione che lo metteva a disagio. Non ne capiva il motivo. Perché sedeva in quello che era stato il suo ufficio, addirittura nella sua poltrona? Perché aveva comandato quella caserma per tanti anni e avrebbe potuto comandarla ancora se non fosse stato per Raffaella Anceschi? Non aveva trovato il motivo. Lo trovò in quel momento e disse:

«Santovito, si può sapere perché vengono da te e non da me, questi maledetti montanari?»

«Forse perché di me hanno imparato a fidarsi. Sono qui da trent'anni, se non contiamo gli anni di guerra che sono stato via. Ormai sono uno di loro.»

«Xe vero, per cognoserlo 'sto paese, bisogna praticarlo. Eppure mi pareva che Domenica fosse abbastanza in confidenza con me. Perché non me ne ha parlato? Siamo stati assieme quattro ore stanotte...» E, al sorriso ironico di Santovito, spuntato fra il sigaro e le labbra: «Cos'hai capito? Per interrogarla».

«Così avevo capito, Garbin! E adesso che farai?»

«Cossa oggio da far? Tu credi alla versione del giovane?»

Santovito aprì il giornale e lo stese dinanzi a Garbin. «Qualche verità me l'ha detta. Per esempio, all'Astra fanno *Spermula*, regia di Charles Mattone, con Dayle Haddon. Lo conosci? Immagino di no. Rigorosamente vietato ai minori.»

«Non vuol dire: possono averlo visto chissà quando.»

«Ho controllato sul giornale: giovedì all'Astra facevano *Orgasmo*, regia di Umberto Lenzi, più o meno stesso tema. *Spermula* l'hanno montato venerdì e potrebbero averlo visto proprio venerdì, se erano a Bologna.»

«Ma che razza di film... Non sono fatti miei. Per prima cosa farò un sopralluogo ai Sassi della Borda per vedere la carcassa della jeep... Dove accidenti sono questi Sassi?»

«Ti ci porto io.»

«Ti ringrazio. Un giorno o l'altro arriverò a conoscerli, questi posti!»

«Non te la prendere, io ci ho messo trent'anni e ancora c'è qualche balza, burrone, torrente o tana che non conosco.»

«Andrò a trovare Edo e l'altro... Come si chiama?»

«Nando.»

«Andrò da Edo e da questo Nando. Avranno anche un cognome, no?»

«Nando abita sopra la tabaccheria e di cognome fa Finelli. Edo è il figlio della maestra... Della maestra sai tutto, no? Mi dicono che vai spesso a trovarla...»

«Xe un pezo che no se vedemo, comunque sempre per servizio, Santovito, per servizio! Ma che paese de ciacolòn! Quella povera donna non ha notizie del marito da oltre dieci anni e ha fatto domanda di morte presunta!»

«E chi dice niente?»

«Lo conosco il tuo sorrisino sotto il sigaro. Pensa un po' quello che ti pare... Donna de garbo... e ha due... Sentirò la versione dei ragazzi e poi... e poi vedremo, vedremo.»

«Ah, un'altra cosa: all'inizio Amado ha raccontato alla madre che sulla jeep erano in quattro. A me ha detto tre e si è arrabbiato quando Domenica gliel'ha contestato. Si è arrabbiato forte.»

«Allora... il morto potrebbe essere... il quarto passeggero...»

«Potrebbe, ma è tutto da verificare. Mi raccomando Garbin, che Domenica non si merita... Stravede per quel figlio.»

V
I tempi cambiano

Prima di salire alla Ca' Rossa si fermò al Ristobar. Ogni volta che leggeva quell'insegna borbottava: «Che razza di nome! Non andava bene quello di prima?».

Il vecchio proprietario, Parsuès, aveva dipinto di persona la dicitura "Osteria", in nero su una striscia d'intonaco color calce che si distaccava appena dal grigio dei sassi. Poi il marito della Napoletana, subentrato nella proprietà, l'aveva fatta coprire di bianco e sopra ci aveva fatto montare il neon "Ristobar". Se l'era goduta poco la nuova insegna. Piccolo, grassoccio, pieno di debiti e di promesse non mantenute, anche con la Napoletana, aveva pensato bene di togliere il disturbo. Si era impiccato a una trave, in cantina, dove Parsuès appendeva a stagionare i prosciutti e i salami. Lo scoprì lei, una sera. Lo aveva chiamato e richiamato, che la cena era in tavola, e non aveva avuto risposta. Di solito arrivava al primo appello. Scesa in cantina, lo trovò che ancora scalciava l'aria. Con prontezza e una buona dose di coraggio, tagliò la corda con il coltellaccio che Parsuès usava per disossare i prosciutti, ancora appoggiato sul bancone, lo distese a terra e corse a chiamare il maresciallo Santovito Benedetto, ma per il poveraccio non c'era più niente da fare e la Napoletana ereditò il suo Ristobar.

Più che ereditare, se l'era tenuto perché non esisteva testamento e Santovito, nonostante le ricerche, non aveva trovato parenti del defunto. Così le aveva detto:

«Sai che fai? Ti tieni l'osteria e se si presenta un erede... ci penseremo.»

Non si presentò nessuno e in due anni, tanti ne erano passati dal funerale, il Ristobar si era risollevato e la Napoletana era rifiorita. Non se ne stava più chiusa in cucina come una serva dei tempi andati e parlava, parlava con gli avventori. Era dimagrita, si era sciolta i capelli che, neri e lisci, le incorniciavano il viso. Ci sapeva fare e aveva rimesso in sesto la baracca continuando a dare del tu ai clienti, li conoscesse o no, e non arrossiva più per i complimenti ai suoi cibi. Nonostante gli anni passati fra questi monti, aveva mantenuto la pelle scura degli isolani, così come aveva conservato la parlata musicale della sua isola. Si chiamava Amalia, ma lo sapevano in pochi. Per tutti era la Napoletana e lei, agli inizi, si era arrabbiata e si era sgolata:

«Che c'entro io con i napoletani? Io sono di Ponza!» ma con il tempo si era rassegnata e aveva smesso di protestare.

A darle il cambio al bar e a servire in tavola, quando lei doveva stare in cucina, si era presa un cameriere troppo giovane. Le maligne sostenevano che se lo fosse preso soprattutto per servire in camera da letto, ma erano chiacchiere che non la spostavano di un centimetro. Era vedova o no? In paese nessuno sapeva il nome del cameriere e ci fu un primo cliente che lo chiamò Oreste e fu Oreste per tutti, anche per Amalia.

Santovito cenava da Amalia ogni volta che sentiva nostalgia dei sapori e dei profumi di casa. Accadeva sempre più spesso, da qualche mese in qua, da quando Raffaella Anceschi...

Lasciò perdere Raffaella e parcheggiò dinanzi al Ristobar. Il campanile suonava il tocco e la Napoletana era sulla porta: «Buona giornata, maresciallo» disse forte.

«Non è una buona giornata, Amalia.»

«Io credo che lo sia» e sorrise. «Ti aspetta una bella signora. Cosa c'è di meglio, maresciallo?» Accennò con il capo all'interno, al tavolo occupato da una signora bionda.

«Chi è?»

«E che, glielo chiedo io? Non sono affari miei. Quella, del maresciallo Santovito Benedetto ha domandato e io le ho spiegato dove trovarlo. Si è seduta e ha ordinato un caffè.»

«Le hai detto che non sono più maresciallo?»

«Ancora? Tu sarai sempre maresciallo come io sarò sempre la Napoletana! Che vuoi farci? Va' a sedere al suo tavolo che ti porto il caffè.»

«Non voglio il caffè, Amalia.»

Si mise dinanzi alla signora bionda che sollevò il viso dal giornale. La riconobbe. Disse la prima cosa che gli venne in mente, una banalità: «Non eri bionda».

Patrizia piegò il giornale: «Stavano facendosi grigi e ho pensato che così non si vedeva. O forse l'ho fatto per assomigliare a mia figlia che è bionda vera».

«Sì, ma se vai in giro a raccontarlo, non vale. Come mai qui?»

«Devo dire che non mi aspettavo la domanda? Non ci vediamo da...»

«Non so, non ho tenuto il conto. Qualche mese prima che se ne andasse Raffaella.»

«Ci siamo visti il giorno che siete partiti per il tuo paese. Avete mangiato da me e vi ho accompagnato alla stazione e tu mi chiedi che ci faccio qui. Un po' di festa per un'amica ritrovata, Cristo! Raffaella avrebbe fatto di meglio.»

«Raffaella sapeva sempre cosa dire e cosa fare. È stata una brutta giornata...»

«Sono mesi che per me è una brutta giornata.»

Amalia li interruppe: «Se volete fermarvi a mangiare... Marescia', ho preparato quei crostini...».

Si fermarono e la Napoletana servì di persona i crostini spalmati di burro e ricoperti con mozzarella, pomodoro, acciuga e una spolverata di origano. Una veloce infornata per sciogliere la mozzarella e raggrinzire il pomodoro e poi, nel piatto, serviti subito.

«Come antipasto. E questo è il vino rosso riservato al maresciallo. Per dopo...»

Patrizia la interruppe: «Per me basta così, non ho fame».

«Basta anche per me, Amalia.»

Amalia ci rimase male: «Maresciallo, se non si mangia, non si fa bene l'amore». Li lasciò soli.

Patrizia mandò giù un sorso di vino e cominciò a parlare senza assaggiare i crostini. Raccontò di come la figlia...

«Te la ricordi? Sì che te la ricordi. Si chiama Raffaella anche lei, ma tutti i suoi amici la chiamano Raffi e anch'io mi sono adeguata ed è Raffi anche per me. Ti ha raccontato la tua Raffaella perché l'ho chiamata come lei? Eravamo tanto amiche che ci promettemmo di chiamare i nostri figli, se mai ne avessimo avuti, con i nostri reciproci nomi. Per fortuna ho avuto una figlia. T'immagini se avessi dovuto chiamarlo Raffaello? È in gamba con lo studio, sai. In questo non mi somiglia. Io neppure ho finito l'università: mi sono sposata prima e Raffaella... la tua Raffaella, me lo ha sempre rinfacciato. Aveva ragione lei: a sposarsi si è sempre in tempo.»

Raccontò di come la figlia, vent'anni, secondo di università, scienze politiche, se ne fosse andata di casa da due mesi senza avvertirla e non le avesse più fatto avere notizie.

«Non è da lei. Io la conosco bene.»
«Avrà le sue ragioni.»
«Quali? Raffi mi ha sempre raccontato tutto... Andava al cinema, alle riunioni in università, alle manifestazioni... Tranquilla mamma che torno presto. Oppure, non mi aspettare che dormo in università. Sai, sono tempi di occupazione. Non so più cosa pensare.»
«Sei stata alla polizia?» Patrizia annuì. «Che ti hanno detto?»
«Che alla sua età si ha il diritto di andarsene di casa quando se ne ha voglia.»
Santovito allontanò il suo piatto vuoto, ma non aveva apprezzato il sapore dei crostini e del bicchiere, e si preparò il sigaro. Disse: «Io credo che si farà viva...».
«Lo hanno detto anche quelli della polizia! Tu credi, loro credono... Cos'è che ve lo fa credere? Non conoscete Raffi e sapete come si comporterà! Non è questo che volevo sentire da te!»
«Che volevi sentire?»
«Che mi aiuterai a trovarla!»
«Come?»
«Hai passato una vita nei carabinieri! Devo essere io a dirtelo?»
Amalia si presentò a ritirare i piatti. Guardò quello di Patrizia, ancora pieno: «Avevi ragione tu, maresciallo, oggi è proprio una brutta giornata».
«Mi aiuterai?» Santovito non aveva più voglia di accendere il sigaro e lo rimise nella scatola. Annuì. «Non mi sembri entusiasta. La tua Raffaella avrebbe dato l'anima...»
«Anch'io darò l'anima. Mi servono solo alcuni giorni per un problema capitato a un'altra donna di qui... Ancora i figli. Le donne di questo paese sono sfortunate con gli uomini. Domenica è stata abbandonata che il figlio non era ancora nato; il marito della maestra se n'è andato di casa che Edo aveva otto anni, si è portato via tutto quello che c'era da portare via e non hanno più avuto sue notizie; il marito di Amalia, sai, la padrona del locale, qui... Il marito, che poi non si sa se fosse o no il marito, il suo uomo, comunque, ha pensato bene di impiccarsi due anni fa lasciandole solo i debiti...»
«Non è questione di donne di questo paese. È questione di donne in genere.»
Santovito ricordò che anche Patrizia aveva un uomo per casa: «Come sta Guglielmo?».
«Appunto.»
«Che dice della scomparsa di Raffi?»

«Non ha mai preso una decisione in tutta la sua vita.» Tentò un sorriso: «Figurati che gli chiesi io di sposarci. Dice che è colpa mia, che ho lasciato a Raffi troppa libertà. L'altra sera mi ha fatto una scenata e da allora non mi ha più parlato». Frugò nella borsa, tirò fuori un pacchetto di sigarette e se lo rigirò fra le mani.

«Non avevi smesso?» Patrizia annuì e si accese una sigaretta. «Vieni su alla Ca' Rossa?» Patrizia tirò una boccata che mandò lentamente nei polmoni e negò con il capo. «Allora che farai? Puoi dormire qui, dalla Napoletana...»

«Torno a casa... Chissà che Raffi non si faccia viva... Ci spero ogni minuto. Anzi, devo andare.» Si alzò e guardò Santovito. Gli occhi imploravano. «Quando?»

«Un paio di giorni. Ho ancora qualche amico al Comando di Legione e vedrò che si interessino di Raffi, magari in forma riservata. Sai, per non urtare la suscettibilità della polizia.»

«Puoi dormire da noi. Come faccio a sapere quando verrai esattamente...»

«Ti telefono. Ho ancora l'agenda di Raffaella.»

«Hai messo il telefono alla Ca' Rossa?»

«No, ma se hai bisogno, magari per dirmi che la ragazza è tornata e io non ti servo più, chiamami qui, dalla Napoletana. Manderà qualcuno ad avvertirmi» e segnò il numero sul bordo del giornale.

Si presentò in caserma a metà pomeriggio. La Campagnola la guidava Garbin e Santovito indicava la strada da prendere per i Sassi della Borda.

«Sono stato a trovare i due ragazzi, Nando e Edo. Stessa versione, ma possono essersi messi d'accordo» disse Garbin.

«È possibile tutto. Ti hanno detto dell'erba?»

«Ci ho messo un po' e ho minacciato, ma me l'hanno detto.»

«Dove l'hanno trovata?»

«In un'osteria fuori porta... Aspetta.» Guidò con una mano e frugò nella tasca della giacca d'ordinanza. Passò a Santovito un blocchetto per appunti. «Ultima pagina scritta.»

Santovito lesse: «Fuori Porta San Mamolo, non ricorda come si chiama». Restituì gli appunti. «Del quarto?»

«Niente. Forse erano in tre.»

«Non credo. Se Amado ha detto a Domenica che erano in quattro... Ha cambiato versione appena sono entrati in scena i carabinieri. Non vogliono far sapere chi è il quarto. O la quarta.»

«Una del paese?»

«O una puttana caricata a Bologna e allora è meglio non farlo sapere alle famiglie.»

«E adesso dove sarebbe?»

«Caricata sul primo treno questa mattina. Ce n'è uno alle sei. Con la maestra come l'hai messa?» Per un attimo Garbin abbandonò la strada e guardò Santovito: non aveva capito il senso della domanda. «Le hai detto che il figlio fuma erba?»

«Be', non ancora. Aspetto di avere le prove.»

«Le prove di che?»

Il maresciallo Garbin alzò il tono: «Intanto non ho trovato il corpo del reato! Poi il ragazzo mi ha giurato di averla buttata nel cesso e che non ci proverà più».

«Be', allora... se te l'ha giurato.»

«Santovito! Che cosa vuoi da me?»

Alla curva della Leona, presero la strada a destra che portava alla Borda e sopra i Sassi Santovito fece segno di fermare.

Il pacchetto di Camel era sull'erba e Santovito lo raccolse e lo mostrò al maresciallo Garbin: «Lo tengo io per un po', d'accordo?».

Garbin si strinse nelle spalle. Non apparteneva a quella schiera di investigatori che ritengono ogni particolare, anche il più insignificante come un pacchetto di Camel, decisivo per la soluzione di un caso. Borbottò: «Non mi servirà a niente. Nelle indagini ci vuole culo».

I Sassi sono una conformazione di rocce ofiolitiche. Ce n'è da queste parti. Salgono a strapiombo dalla Borda e finiscono in una spianata leggermente in discesa. Visti da sotto sono una parete liscia, alta venti, trenta metri, contro la quale è stato costruito il mulino del Turco che sta in parte sulla roccia e in parte a cavallo del torrente. Chissà quando, forse per un fulmine, il mulino aveva preso fuoco ed era in parte bruciato, annerito dal fumo e scoperchiato.

Era credibile che la jeep fosse precipitata nella Borda. La videro là sotto, appoggiata contro il muro del mulino.

«Andiamo a dare un'occhiata da vicino» disse il maresciallo Garbin.

Per la sterrata che scende alla Borda ormai non passava nessuno perché nessuno andava più al mulino del Turco, disabitato da anni.

Della jeep restava il telaio annerito dalle fiamme. Rovistarono fra i rottami, cercarono sotto quello che era rimasto dei sedili e dentro le due scatole per gli attrezzi fissate ai parafanghi.

«Se c'era qualche indizio...» borbottò Garbin. Pulì sull'erba le mani sporche.

«C'è qualcosa che non mi torna» borbottò Santovito.

Il maresciallo Garbin se ne andò un po' a spasso, attorno, e quando tornò: «Niente di niente» disse. «Comunque farò recintare la zona e controllerò meglio. Adesso che si fa?».

Santovito non gli rispose. Appoggiato al muro fumava e guardava il torrente sparire nel vano scuro sotto il mulino. Poi disse: «Nella Borda c'è sempre acqua».

«Che mi frega, Santovito!»

Santovito tirò alcune boccate senza togliersi dal muro tiepido. Ci veniva spesso con Raffaella in estate: un posto tranquillo. Pescavano i gamberetti di torrente e la sera...

«Andiamo Santovito! O vuoi fare notte appoggiato a quel muro?»

Santovito avrebbe atteso volentieri lì il tramonto. Lo avevano fatto tante volte, lui e Raffaella! Nessuno li spiava, allora.

Finì il sigaro.

Arrivò alla Ca' Rossa che suonava l'Avemaria. Fermò l'auto dinanzi al portone del fienile. Spalancato! Lo aveva chiuso, sì che lo aveva chiuso, accidenti! Chiudeva sempre da quando qualcuno si nascondeva attorno e lo spiava. Prima non lo aveva mai fatto. E neppure Raffaella. Scendevano in paese, andavano al bacino, in giro per funghi o castagne e non si erano mai sognati di chiudere a chiave la porta di casa. Nessuno in paese chiudeva a chiave la porta di casa. Un'abitudine che si perdeva nei secoli. Che cosa mai ci poteva essere da rubare da quelle parti? La miseria.

I tempi stavano cambiando, c'era qualche soldo in più e andava difeso e si cominciavano a montare serrature più complicate. Quella della Ca' Rossa aveva chissà quanti anni, forse montata dal Frabbone agli inizi della sua carriera di fabbro o da suo padre. Infilata dalla parte esterna aveva una grossa chiave di ferro battuto ed era una difficoltà portarsela dietro perché pesava nelle tasche. Così restava al suo posto anche quando i padroni di casa se n'andavano in giro.

Il portone del fienile non aveva serratura e Bleblè lo fermava con una grossa pietra. Per il vento, non per i ladri. Così, per un certo tempo, aveva fatto anche Santovito. Poi aveva comprato una catena e un lucchetto, che quella mattina aveva chiuso prima di scendere in paese. La catena pendeva dagli occhielli e il lucchetto era a terra, aperto.

Erano entrati anche in casa: «La giornata finisce alla grande».
Un ladro curioso o attento alle letture dei suoi clienti perché aveva spostato molti libri dallo scaffale, alcuni li aveva posati sul tavolino accanto alla finestra e sul pavimento. *La luna e i falò* era aperto alla dedica di Raffaella: "Un romanzo che un poco ti somiglia. Ma alla fine spero che non te n'andrai, come fa il protagonista. Buon compleanno. Raffaella Anceschi, 12 marzo 1969".
Buon compleanno! L'ultimo era passato e neppure se n'era accorto. E con chi festeggiarlo? Rilesse la dedica: be', intanto era stata lei ad andarsene. Sfogliò velocemente le pagine. Il libro scelto, il fatto di lasciarlo aperto alla dedica... Che avesse un significato? Che volessero comunicargli qualcosa?
Il visitatore aveva anche staccato dal camino la cartucciera e l'aveva riappesa per il cuoio: Santovito l'appendeva per la fibbia, come aveva sempre fatto Bleblè perché il cuoio non si rovinasse. Un altro segnale? Un avvertimento?
«Ma perché la gente non parla chiaro, se ha qualcosa da comunicare al prossimo?»
Tolse tutte le cartucce dalla cartucciera e ne fece un fagotto con un tovagliolo che poi annodò per gli angoli. Al momento di staccare il fucile dal chiodo per controllare che non lo avessero manomesso, si accorse che dal ripiano del camino mancava il Pattada, un coltello con il manico di corno che gli aveva regalato Pastura, un vecchio paesano che aveva passato gran parte della sua vita in Sardegna a fare carbone. Non si faceva più carbone né in Sardegna né altrove e Pastura era invecchiato al paese allevando alcune pecore, due capre e ricordando i tempi andati, in pace fino a quando un mattino non trovò più le due capre e andò in caserma a denunciarne il furto.
«Non è mai successo che abbiano rubato bestie da queste parti, non che io ricordi» gli disse Santovito.
«Eppure qualcuno stanotte ha fatto un buco nella rete e si è portato via la Bianchina e la Rita.»
«E ti ha lasciato le pecore.»
«Si vede che gli piacciono solo le capre. E come me lo faccio io adesso il formaggio?» Dalla Sardegna si era portato il Pattada e il modo sardo di fare il formaggio.
Santovito andò, vide il buco nella rete arrugginita e disse: «Te le ritrovo io le tue capre». Le trovò più a monte, tranquille a brucare erba in uno spiazzo fra i boschi, e le riportò a Pastura.
«Come posso ringraziarvi, maresciallo?»

«Sostituendo la rete con una nuova, che non ho voglia di tornare fra i boschi a cercare le tue capre.»

Il vecchio borbottò che la rete non c'entrava per niente e gli regalò un formaggio stagionato al punto giusto e il coltello. «Tanto a me non serve. Non tornerò più in Sardegna.» Pretese in cambio una cifra simbolica, dieci lire di prezzo. «Per non tagliare l'amicizia!» spiegò. Gli rimase la convinzione che le capre le avessero rubate.

La scomparsa del Pattada lo mandò su di giri, ma non ci poteva fare niente. Controllò il fucile. Non era stato toccato, le canne erano pulite e lucide, la cartuccia in canna e le tre nel serbatoio c'erano e ve le lasciò.

Al piano di sopra non erano arrivati e anche lì non mancava nulla. Tornò in cucina, mise il fucile sottobraccio, la canna puntata a terra, e uscì. Non chiuse la porta. Per quello che serviva! Un'occhiata al cielo e alle cime degli alberi: c'era ancora abbastanza luce e prese il sentiero.

«Se è ancora qua attorno, io lo trovo.»

Non lo trovò.

Prima di andare a dormire raccolse dal tavolo il fagotto con le cartucce, andò nella legnaia e prese la vanga. Dietro casa, dove una volta c'era il letamaio, scavò una buca e vi seppellì il fagotto. Non voleva correre rischi perché se qualcuno, deciso a fargli uno scherzo, le aveva manomesse, non c'era da stare allegri tirando il grilletto con quelle in canna. Sarebbe passato per incidente di caccia. La storia del paese ne era piena.

Rientrando borbottò: «La prima volta che scendo a Bologna ne compro un paio di scatole».

VI
La montagna ferita

Il torrente Borda nasce quasi sulla cima del monte che sta sopra la Ca' Rossa, si scava la strada nelle pietraie, prende forza da altri rivoli e durante il disgelo o quando piove molto s'ingrossa e si allarga a formare la Pozza, un avvallamento del terreno lungo il suo percorso, dove l'acqua si accumula, chiara e fredda, e ci resta per tutto l'anno. Al tramonto e di notte ci si abbeverano gli animali che lasciano i segni del loro passaggio sui bordi fangosi. Molti anni fa, prima che costruissero il lavatoio di Piro, più comodo e più vicino al paese, le donne salivano alla Pozza a lavare i panni. Ci arrivavano per un sentiero, il sentiero della Borda, che si arrampica ripido per cinque, seicento metri.

Dopo la Pozza il torrente scende ancora, alla curva della Leona passa sotto la statale, alimenta il mulino del Turco e si getta, poco sotto, nel fiume che corre in valle.

Forse da un'altra vena, dispersa sottoterra, viene la sorgente che sgorga poco sopra la Ca' Rossa e che, ancora oggi, fornisce acqua alla casa. Esce, con getto abbondante, da un tubo di ferro corroso e fatto scabro dai secoli eppure lucido per l'uso, e finisce in un abbeveratoio di cemento dove chissà quante paia di buoi si sono dissetati al fischio modulato dei boari. È servito anche alle donne della Ca' Rossa per lavarci i panni e né Bleblè né altri prima di lui avevano mai neppure pensato di intubare una parte dell'acqua per portarla fin dentro casa. Lo aveva fatto Santovito, ma aveva mantenuto il piacere della passeggiata del mattino per rifornire d'acqua potabile il secchiaio e, se il calcedro non era ancora vuoto, versava l'acqua rimasta sull'antico rosmarino, piantato contro il muro accanto alla porta di casa. Saliva alla sorgente, riempiva il secchio, lo posava sulla pietra dell'abbeveratoio, si accendeva un sigaro e per un po' si godeva il fumo e la vista sul paese. L'aria fresca lo tonificava. Tornato in cucina, riempiva un paio di fiaschi e appendeva il secchio a un ferro sopra il secchiaio. Gesti quotidiani che erano ormai parte della sua vita.

Faceva scorrere l'acqua gelida, di sorgente, si bagnava il viso per ammorbidire la barba e si radeva dinanzi allo specchio appeso alla finestra di cucina, aperta in modo da catturare tutta la luce dell'alba.

Lo stava facendo con quel poco di tranquillità che era riuscito a recuperare dopo una notte passata in gran parte a ragionare su Domenica, Amado, Patrizia, Raffi... Si era addormentato che l'alba già schiariva gli scuretti socchiusi della stanza. Si stava radendo dinanzi alla finestra aperta e gli arrivò un rumore che conosceva bene:

«Questa mattina, in caserma, si sono svegliati presto: brutto segno» e continuò a radersi tenendo d'occhio la strada che finiva sull'aia.

Il maresciallo Garbin guidava di persona. Scese e si affrettò alla porta della Ca' Rossa. Continuando a radersi, Santovito gridò:

«Entra, è aperto!»

Dall'aia gridò anche Garbin: «Sai la nuova? Lo hanno ammazzato!» ed entrò in cucina.

«Non è nuova: lo sapevamo già...»

«Sì, ma non sapevamo che gli hanno sparato! A raffica, Santovito, a raffica!» Vide la macchinetta, che ancora fumava sul fornello, e andò a riempire una tazzina.

«Perché non ti versi un caffè?» Guardò il collega che già stava bevendo: «Ho anche tazzine pulite, sai. In quella ci ho bevuto io... e ho anche leccato il cucchiaio».

«Ma cossa volstu che m'importi...» e si lasciò andare sulla sedia impagliata da Bleblè, che ci sapeva fare con la paglia e con i vimini, forse uno degli ultimi in grado di lavorarli con un mestiere che rasentava l'arte. Prima di andarsene aveva rinnovato tutte le vecchie sedie della Ca' Rossa.

Santovito finì di radersi e si lavò il viso, il collo e le braccia nel catino. L'acqua gelida gli rassodò i muscoli. Si asciugò dinanzi a Garbin, che, in silenzio, continuava a occuparsi solo del fondo della tazzina.

«Allora com'è andata?»

«Quattro pallottole entrate dalla schiena e uscite dal petto. Una è rimasta piantata nello sterno.»

«Chi ha fatto l'autopsia?»

«Il primario...»

«E il dottor Filippi non se n'era accorto?»

«Ma se gli è morto sotto, prima ancora che gli togliesse gli abiti.»

«E Domenica? Mi meraviglio molto di lei... È una brava infermiera.»

«Forse aveva capito e sperava che lo mettessimo in una cassa e lo seppellissimo senza autopsia.»

«Non ci credo! Che differenza fa per lei se quel poveraccio è morto sotto un'auto o per una raffica di mitra? Anzi, per lei è meglio il mitra, che gli scagiona Amado. Oppure pensi che siano stati i ragazzi?»

«Adesso come adesso mi no penso gnente.» Si versò le ultime gocce di caffè. Aprì sul tavolo una busta rossa e intestata Comando dei carabinieri, e ne fece scivolare fuori quello che restava di un proiettile. «Cosa ti dice?»

Santovito lo raccolse e andò ad esaminarlo dinanzi alla finestra, alla luce del giorno: «Non ti so dire, ridotto com'è...». Tornò da Garbin: «Sei nei guai, caro maresciallo, guai brutti» e raccontò delle brevi raffiche di mitra che il vento gli portava la sera, da un po' di tempo in qua. E di quelle, durate più a lungo, che gli erano arrivate la sera precedente il ritrovamento del cadavere. «Vengono dalle parti dello Spungone, caro il mio maresciallo.»

«E dove si trova questo Spungone?»

«Se vuoi, ti ci porto.»

«Ho capio: si preparano brutti giorni in 'sto paese. Un giovane ucciso con otto colpi di mitra... Se poi ci aggiungi che vestiva una tuta mimetica e che addosso non aveva documenti... Aspetta che i giornalisti lo vengano a sapere e sentirai la sinfonia! Con quello che sta succedendo oggi in Italia...»

«Be', ne ho viste di peggio.»

«Se lo dici tu...»

Santovito si attardava in casa e Garbin, che già aveva fatto salire i due carabinieri sul sedile posteriore, si sporse dalla Campagnola e gridò: «Allora, andiamo? Le giornate sono ancora corte e viene buio presto!».

«Eccomi, arrivo.» Santovito uscì di casa reggendo il fucile ereditato da Bleblè e salì in macchina, sistemandolo fra le gambe. «Adesso scendi, poi alla chiesa ti dico la strada per la Cava Vecchia. Da lì bisognerà farsela a piedi.»

Garbin annuì, pensieroso, e avviò la camionetta. «Senti... com'è che ti sei portato la spingarda qui?»

«Per compagnia, Garbin, tranquillo. Sai mai, incontro una lepre, un fagiano...»

«See, la lepre... La caccia è chiusa.»

La Campagnola prese per lo Spungone e Garbin imprecò quando un sobbalzo lo mandò a sbattere contro la capote.

«Ma che strada è? Ce n'è per molto ancora?»

«Non è proprio una strada, Garbin. Non lo vedi? Comunque no, siamo quasi arrivati. Qui vai a sinistra e fra poco ci siamo. Come va là dietro, truppa?» chiese Santovito ai due carabinieri che si reggevano come potevano, per i continui scossoni. Uno dei due sorrise:

«Va bene, va bene, signor maresciallo.»

«Non lo sono più» borbottò Santovito. «Ecco Garbin, frena, è qui. Ora c'è il pezzo a piedi, ma meglio così che con la tua Campagnola, credimi.»

«In quattro mesi di pensione Santovito ha fatto il culo tenero» borbottò Garbin, scendendo dalla Campagnola. «E ora?»

Erano alla Cava Vecchia, dove un tempo facevano le mine, i patarri, li chiamavano, per rubare al monte l'arenaria per costruire i bolognini, cioè le pietre angolari, gli archi e i ritti delle porte, le mensole dei camini... Tutto. Ma già da tempo non c'erano più cavatori e nemmeno scalpellini. C'era rimasta la montagna ferita, la grande parete di pietra nuda, ormai piena d'erbe e d'arbusti, ma non c'erano più le baracche dei cavatori. Solo qualche cumulo di sassi, qualche mucchio di massi inutilizzati ricoperto di muschio e le assi treppiede della teleferica a gravità, con il copertone di gomma per attutire i colpi dei macigni lanciati a valle e, attorno alla rozza impalcatura, spuntavano mazzi di primule e farfarelle, segno di primavera.

Santovito sospirò, preso da un'improvvisa, forse inspiegabile, nostalgia. «Non c'è più neanche il filo d'acciaio della teleferica» disse.

«Cosa? Che filo?»

«Niente, niente, Garbin. Solo vaghi ricordi... La mulattiera è là, andiamo pure.» S'incamminarono, i due marescialli dinanzi, dietro i due carabinieri che reggevano i MAB. Santovito si fermò subito e indicò tracce di pneumatici: «Qualcuno ha avuto la nostra stessa idea ed è arrivato fin qui in auto».

La mulattiera si era trasformata, per l'incuria degli uomini, in uno stretto sentiero. La parete dello Spungone, franata a valle, rubava i lastroni della massicciata; qua e là i massi, che un tempo bordavano la strada, avevano ceduto e tutto si era trasformato in uno stretto passaggio scivoloso e pieno di sassi ballerini, a strapiombo sul fiume.

«Attenti ai piedi» avvertì Santovito. «Qua si rischia di finire di sotto.» Guardò il fiume che mugghiava a fondovalle. «Coraggio che fra poco è finita.»

«Cosa c'è dopo, un'autostrada?» rise uno dei carabinieri.

«No, è che la mulattiera... Insomma, questo tratturo, non c'è più, sembra che prosegua, ma poco più avanti c'è una frana. Una volta che le curavano, queste mulattiere, anche anche, ma ora...» Si fermò. «È un pezzo che è venuta giù. Ora bisogna prendere per il bosco.»

Garbin ansimava: «E non c'era modo di venirci con la Campagnola?».

«Il modo c'era, ma da tutta un'altra parte. Ci avremmo messo un mucchio di tempo... Poi, dài Garbin, un po' di moto ti fa bene.»

«Fa bene i santissimi...» ma l'imprecazione si perse fra il rumore dei passi e delle frasche spostate.

Salivano per il bosco facendosi largo nella vegetazione. Garbin continuava a imprecare e a sbuffare: «Ma tu guarda... In malora quanti che sé! Ma cosa mi tocca fare...».

«Dovevi arruolarti in polizia, Garbin, se non volevi impegni rurali. Quassù vantaggi e svantaggi. Sapessi com'era quando ci son arrivato io, da queste parti!»

«See, nel medioevo... Ma dove andiamo, Santovito? Lo sai o cosa?»

«Cosa vuoi che sappia? Gli spari venivano da queste parti, ma sapere poi di preciso... So che dopo quella salitina ci dovrebbe essere una spianata dove riprenderemo fiato.»

«La chiama salitina, lui. Oooh, maresciallo, ma che fisico hai?»

«Forza che abbiamo ancora poco.»

Passarono il torrente e si arrampicarono ancora. Poi Santovito fermò la truppa con un gesto e indicò la spianata, dinanzi a loro. Si chinò: «Anche queste sono tracce di pneumatici d'auto».

«E di un'auto piuttosto grossa, Santovito. Io direi...» e, preoccupato, Garbin guardò in viso Santovito. «Io direi una jeep.»

Attorno il terreno era calpestato e percorso, l'erba stazzonata, i rami sfrascati come se violente raffiche di vento li avessero di forza privati delle piccole foglie che la primavera aveva fatto buttare. Nel lato a monte e mezzo nascosta dai rami dei castagni che circondavano la radura, s'intravedeva una capanna di tronchi, una di quelle che i taglialegna drizzavano per la loro permanenza nei boschi. Santovito la indicò:

«Forse l'hanno costruita Nasone e Ligera quando facevano carbone da queste parti.»

«E chi sono?»

«Non li conosci.»

«Possiamo interrogarli...»

«Difficile, sono morti da un pezzo.»

«No ghe mal, Santovito, no ghe mal. Mi presenti dei morti...»

«Era solo un pensiero, Garbin.»

In mezzo alla radura, delle piazzole di sassi, delle piccole massicciate rettangolari.

«E quelle che cosa sono?» chiese Garbin. «Ancora i tuoi due soci morti da un pezzo?»

«No, loro non c'entrano e si vede che tu hai fatto la naia in tempo di pace» e Santovito si avvicinò a una delle piazzole. «Voi carabinieri d'adesso, con tutto il rispetto, mancate di certe esperienze. Dunque, primo» e alzò il pollice «quando ci si attenda per un certo periodo di tempo, costruire una piccola massicciata di ciottoli per impedire all'umidità, per quanto possibile, di filtrare dal terreno. Secondo» e alzò l'indice «scavare attorno alla tenda delle fossette di scolo. In caso di pioggia, l'acqua non dovrebbe entrare nella tenda, ma scivolare nelle apposite fossette e scorrere via senza penetrare all'interno. Terzo...»

«Terzo le mie balle! Tutto questo che significa?»

«Significa, caro maresciallo Garbin, che qui, un certo numero di persone...» Contò le piazzole. «Uno, due, tre, quattro cinque... Diciamo una decina... Un certo numero di persone è stato qui, in tenda, tipo militare, a fare non so cosa. O lo immagino ma non lo so per certo.»

«Va be', allora, terzo?»

«Terzo niente, Garbin. Ho finito, ma se ci guardiamo bene attorno... Ecco qui, per esempio...» si chinò e raccolse qualcosa «un bossolo, ma a salve. È di un 7 e 62, di fucile Garand, probabilmente di quelli che si usano per il tromboncino Ènerga, che è un lanciagranate innestabile a baionetta sulla canna del fucile.»

«Ma che lingua parli, Santovito?»

«Quella di chi ha fatto la guerra, Garbin, ma non m'invidiare per questo. Farei volentieri a meno di queste conoscenze. Comunque... ecco qui» e si chinò di nuovo e frugò per terra e nel cespuglio accanto. «Altri bossoli e questi giurerei che non sono a salve. Il fucile non lo conosco, anche se il calibro mi è familiare. Sembrerebbe anche questo un 7 e 62. Hai una sigaretta?»

«Hai smesso con il sigaro?»

«Dammi una sigaretta. Cosa fumi?»

«Non fumo, Santovito, non fumo più.»

«Qualcuno di voi due fuma?» chiese Santovito ai carabinieri.

«Io signor maresciallo» e il carabiniere Peluso porse il pacchetto.

«Cosa fumi? Nazionali semplici, benissimo.» Ne prese una e l'infilò nel bossolo dove la Nazionale entrò perfettamente. «Ecco, come dicevo sette e sessantadue millimetri, o zero e trenta di pollice, che è la stessa cosa.» Cercò ancora attorno. «Dal numero dei bossoli sparsi qua attorno, si direbbe che le armi abbiano sparato a raffica... Calibro sette e sessantadue, quindi un FAL.» Trovò un altro bossolo di forma differente ma uguale di calibro. «E questo è di un AK7. Sono cazzi, caro Garbin.»

Garbin aveva ascoltato attentamente: «In che senso?».

«Nel senso che sono armi militari. La prima un Garand modificato per sparare a raffica, attualmente in dotazione all'esercito italiano, la seconda altri non è se non il glorioso Kalashnikov, cognome di un certo Mikhail, il cecoslovacco che l'ha inventato. Fucile meglio conosciuto come AK7, o 47 che dir si voglia.»

«E perché questo ci complicherebbe la vita?»

«Ti complicherebbe, caro Garbin, ti complicherebbe!»

«Va bene, va bene! Perché mi complicherebbe la vita?»

«Te l'ho detto, sono armi militari, che in teoria non dovrebbero trovarsi in giro, fra mani, si suppone, non militari, tantomeno in un bosco dell'Appennino. Poi di AK7, che vengono dai paesi dell'est, non dovrebbero essercene in giro da noi, come se fossero giocattoli.»

Più lontano, di nuovo nel bosco, il carabiniere Peluso chiamò: «Qua signor maresciallo, venga a vedere!».

Corsero. Sulle foglie ai piedi di un castagno e contro la corteccia bucherellata da proiettili, una vasta macchia di sangue e gocce sparse attorno al tronco, come schizzate da un pennello intinto.

«Qualcuno si è fatto molto male» borbottò Santovito. Guardò ancora attorno, fece un paio di passi e si chinò. «Guarda qui, la buca fatta da una bomba a mano. Dalla profondità e dai piccoli frammenti di lamiera rossa qua attorno, direi una SRCM...» Altri passi: «Questa è più grossa, forse un'Ananas... A questi misteriosi campeggiatori non mancava proprio niente, in fatto di armi».

Peluso, poco distante, chiamò di nuovo: «Signor maresciallo!».
«Cossa che xe ancora, Peluso?»
Il carabiniere, chino sull'erba, indicò alcuni bossoli che Santovito raccolse ed esaminò. «E questi direi che sono ancora di Kalashnikov.»
«Ce ne sono altri qua attorno, signor maresciallo» disse Peluso.
«Ha sparato a raffica» borbottò Santovito «ed ecco il perché del sangue ai piedi del castagno.»
«Santovito, che vuol dire tutto questo? E perché qui?»
«Vuol dire che c'era un campo d'addestramento paramilitare, che qualcosa o qualcuno ha fatto levare in fretta le tende, che se i tuoi uomini cercano bene, troveranno una buca piena di scatolette e barattoli vuoti, i resti di un fuoco, una fossa biologica... Vuol dire che qui... vuol dire che qui... Io ne so quanto te, Garbin!»
«Peluso!» gridò il maresciallo Garbin. «Vai alla Campagnola e porta su la macchina fotografica, del nastro per recintare la zona... Insomma quello che serve per un rilievo!»
«Già fatto, signor maresciallo!» Cavò di tasca un rotolo di nastro di plastica rossa e bianca e, soddisfatto, lo mostrò al superiore. A tracolla aveva anche la macchina fotografica.
«E bravo il nostro Peluso!» Cavò di tasca il fazzoletto, si tolse il berretto e si asciugò il sudore sulla fronte: «Sembra che ci aspettino indagini complicate».
«Che ti aspettino... Ricordati che io sono un borghese.»
«Una gran bella giornata, Santovito, proprio una gran bella giornata e ti ringrazio per avermela procurata.»
«Preferivi non sapere di tutto...» Indicò attorno con la canna del fucile: «... Di tutto questo casino?». Il maresciallo Garbin non rispose. «Secondo te, è possibile che nessuno se ne sia accorto?»
«Chi vuoi che passi da qui? Se non mi ci avessi portato tu...»
«Qualcuno passa, qualcuno passa, stai sicuro.»
«Chi?»
Santovito si strinse nelle spalle e indicò, sempre con la canna del fucile, un sentiero che passava accanto all'accampamento, un sentiero battuto da chissà quanti secoli: «Quello non è coperto di sterpi come gli altri sentieri che abbiamo incontrato salendo».
«Me ne sono accorto anch'io, ma lo avranno ripulito questi... questi... Come vogliamo chiamarli?»
«Non vedo tracce di tagli recenti e non vedo sterpaglia tagliata. No, no, quel sentiero è battuto.»

«Da chi?» e Garbin aspettò una risposta, ma Santovito si strinse nelle spalle. «Ho capio, ne sai quanto me.»

Santovito annuì, rimise il fucile sulle spalle e: «Be', ci vediamo» disse e si avviò per quel sentiero.

«Come sarebbe? Non torni con noi?»

«È stagione di funghi, Garbin, e da queste parti spuntano come funghi.»

«Sarò anche un mangia polenta, ma so che di questa stagione i funghi non fanno, Santovito.»

«Be', non si sa mai. Magari qualche primaticcio...»

«Sì, e dove li metti?»

Santovito spalancò la capiente tasca della cacciatora: «Ce ne stanno dei chili. Tranquillo, se ne trovo t'inviterò a mangiarli» e riprese il sentiero.

«Non mi piacciono i funghi!» ma Santovito era già sparito oltre la curva del sentiero. «Sì, funghi» borbottò il maresciallo. «Quello va a funghi e si porta il fucile. E ci metterà un giorno a tornare a piedi.» Ma non fece niente per dissuaderlo perché sperava tanto che l'ex collega stesse seguendo una sua idea e che gli avrebbe portato qualche novità utile. Si guardò di nuovo attorno e scosse il capo. «Un bel casino» borbottò. Poi: «Voi, laggiù! Avete finito con le fotografie o facciamo notte qui? Non mi piace questo posto!».

Santovito lo intese e sorrise. Si chinò e con un rametto mosse le palline indurite e scure che già aveva notato sul sentiero, vicino all'accampamento. «Escrementi di pecora.» Si guardò attorno. «Con il Sardo è meglio che ci parli prima io. Quello è capace di arrestarlo subito e così non ne caviamo niente. Che ne sa un veneziano del carattere dei sardi?» Durante la guerra lui ne aveva avuti di sardi nella sua compagnia, aveva imparato a conviverci e si illudeva di essere riuscito a capirli. «Ma perché m'immischio in questa brutta faccenda?»

Non si diede una risposta, scosse il capo, si rialzò e riprese il sentiero. Di problemi personali ne aveva e non gliene servivano altri. Si era poi aggiunto quello di Patrizia e della figlia.

«Che idea stupida chiamarla Raffaella.»

Da un diario americano

Ho chiesto in giro, anche al mio padrone di casa, una spiegazione per l'accoglienza che gli USA mi avevano riservato, ma nessuno mi ha dato una motivazione credibile. Ne ho parlato con Alessandro Giuliani, un collega con cui vado abbastanza d'accordo.

«Questa è gente che tiene molto alla propria sicurezza.»
«È successo anche a te quando sei arrivato?»
«No, ma forse tu hai l'aspetto più equivoco del mio» e ci ha riso sopra.

Non c'è niente da ridere. È stata una brutta esperienza e mi sono sentita offesa come mi offende il fatto che da tre giorni un'auto mi segua e quando sto in casa sia parcheggiata sull'altro lato della strada. Non l'ho detto alla signora Kathy. Non vorrei che pensasse di essersi messa in casa una delinquente comune e mi sbattesse sulla strada.

Dormo pochissimo. I pensieri vengono e vanno di continuo mentre io vorrei tanto dormire perché la mattina arriva presto e io non sono per niente in forma! In teoria dovrei essere tranquilla: adesso sono negli USA, d'ora in poi la mia vita sarà diversa, l'università è come vorrei che fossero le nostre, fra noi e loro c'è un abisso.

È arrivato anche il momento delle domande alle quali non so dare risposta. Ho fatto bene a piantare tutto e venire qui? E se mi troverò male? Non posso tornare a casa e dire eccomi, sono qui, ho scherzato. Perché ho fatto questa scelta? Cosa mi mancava? Alla mia età non era meglio restare a casa e continuare a insegnare? Cosa sarà di me e di lui quando tornerò? Ma tornerò?

Un'altra cosa meno importante: qui si mangia male. Sono

una che si è sempre arrangiata con il mangiare, non ho dei fichi, come si dice dalle mie parti. Ho mangiato delle cose che se ci penso ora... Alla mensa universitaria, per esempio. Quand'ero studentessa trovai uno scarafaggio sotto il cavolo al burro e parmigiano. Avevo sollevato una forchettata e stavo per metterla in bocca e lo vidi bello, nero e lucido d'unto. Da vomitare.

Andai avanti a panini e acqua per tre giorni e poi finsi di dimenticare la bega e tornai ai pasti dell'università che almeno erano caldi. Certo, mai più cavolo al burro e parmigiano, anche se mi piaceva molto. A parte lo scarafaggio, erano bei giorni e ci sentivamo, io e Margherita, capaci di tutto.

Sono una che apprezza la buona cucina, ho origini popolane ma in casa mia si è sempre cercato di mangiare bene. Io stessa ci so fare, per questo credo che una delle cause di certe mie ricorrenti malinconie americane sia la mancanza di un cibo consolatorio, dei sapori e dei profumi che amo. Il caffè, per esempio, fa schifo e mi ci dovrò abituare. A meno che non mi procuri una macchinetta e me lo faccia io prima di uscire.

Anche il ricordo di come me ne sono andata di casa ha il suo peso nelle mie paturnie. Neppure un arrivederci, ma come si fa a dire arrivederci a un uomo, come si fa a chiedergli di aspettarti se starai lontana due anni? Una donna sui quaranta non può permettersolo e quindi via, senza arrivederci, come un ladro sorpreso a rubare!

Già la nostalgia dell'emigrante? Spero proprio di no.

Da quando sono arrivata ho un viso che fa schifo e non c'è trucco che lo rimetta a posto. Ci provo ogni mattina, comunque.

Ho tutto il tempo che voglio per adeguarmi al loro modo di vita. Ho due anni da passare qui!

Si chiama miss Mary. Non ci ho messo molto a scoprire che quelle come lei si chiamano tutte Mary: non più giovani, rossetto troppo vistoso, abiti a fiori, capelli lunghi, ossigenati biondi e arricciati da una permanente che da noi si usava negli anni Cinquanta. Le Mary sorridono sempre, sorridono da tanto che il loro non è più un sorriso, è una piega del viso. E sono tutte grasse. Si vede che dopo una certa età la smettono di preoccuparsi del fisico e vada come vada. Non sono più interessate agli uomini. O gli uomini non sono più interessati a loro.

A pensarci bene, anche da noi le Maria si somigliano tutte. La maggior parte di quelle che ho conosciuto sono oltre i sessanta, portano un fazzoletto in testa, sono grigie di fisico e di spirito.

Questa Mary si occupa dei docenti, della loro sistemazione all'interno del campus, degli orari delle lezioni, degli incontri con i dirigenti, delle presenze, della distribuzione del materiale didattico... Insomma fa quello che da noi fa una qualunque segretaria di facoltà, ma miss Mary riesce a dare l'impressione che il suo lavoro sia il più importante e che senza la sua presenza e il suo continuo interessamento l'intera università si fermerebbe. Pare anche, a sentire i miei nuovi colleghi, che sia l'unico tramite fra i docenti e il direttore e che se mai un giorno io avessi la necessità di parlarci, dipenderà esclusivamente da lei farmelo incontrare o no.

«Non fartela nemica» mi ha detto il professor Giuliani prima di presentarmela «perché è da lei che dovrai passare per ogni tua necessità. Se penserà che non le dai il giusto peso, ogni tua richiesta, anche banale, verrà respinta e tu non hai idea di quali motivazioni sia capace di inventare per giustificare il rifiuto.»

È antipatica e dovrò fare uno sforzo per sorriderle.

Miss Mary mi ha fatto segno di aspettare, ha finito di riempire un modulo, lo ha messo in un cassetto, si è alzata e mi ha detto di seguirla, please. Mi ha preceduto su per una rampa di scale e ha parlato di continuo. Dei giovani che la frequentano, di com'è organizzata e sovvenzionata, della professionalità degli insegnanti, dell'onore di farne parte eccetera, eccetera, e finalmente mi ha fatto entrare in una stanza dove alcuni docenti erano seduti attorno a un tavolo e mi ha presentato. Erano le nove, mi sentivo da schifo e chissà che impressione ho fatto ai nuovi colleghi.

VII
Mazzacane

Il sentiero filava contorto nel bosco, piegava a destra e a sinistra, scendeva e risaliva quasi per il capriccio di chi per primo lo aveva percorso tracciandolo, ma a starci attenti ci si accorgeva che quello era il percorso più comodo per salire il monte evitando le zone ripide e pericolose. Il fondo era roccioso e leggermente infossato, forse per i tanti passaggi nei secoli o forse per la pioggia che lo aveva scavato e levigato. L'aria portava i rumori e gli improvvisi silenzi del bosco.

Un refolo gli portò le voci dei carabinieri che scendevano a piedi lo Spungone, verso la Campagnola, ormai distanti. Si fermò a riposare. Il cielo si copriva di nuvole grigie da ponente. Brutto segno.

«Un temporale adesso è quello che ci vuole.»

Si guardò attorno e, se ricordava bene, c'era ancora da camminare per Mazzacane. Portato dal vento gli arrivò il belare di un agnello che forse aveva perduto la madre e la stava cercando. Abbaiò un cane che aveva percepito un pericolo, l'avvicinarsi di Santovito al gregge, e avvertiva il pastore.

Girò il fucile con le canne a terra e riprese a salire il sentiero che, di colpo, si allargò nel bosco a formare una radura d'erba tenerissima perché spuntata da poco. Al centro, una grande quercia che cominciava appena a inverdire. Le pecore pascolavano tranquille, per nulla disturbate dall'abbaiare ossessivo del cane. L'agnello si era calmato.

Nel momento in cui Santovito uscì dal bosco, il cane, sempre abbaiando, cominciò a galoppare attorno al branco per tenerlo unito e per spaventare la bestia che si era avvicinata e che rappresentava il pericolo.

«Sotgiu! Oh Sotgiu!» Nessuno gli rispose. «Oh Sotgiu, dove sei?»
Si sfilò di spalla il fucile, l'appese al ramo di una quercia e si avvicinò al gregge. Il cane lo lasciò fare, continuando però a tenerlo d'occhio.

«Belle bestie, Sotgiu, e bella lana. Non è ora di tosarle?» disse a voce alta.

«Non ancora, maresciallo. Si tosano più avanti» e il Sardo uscì da dietro il mucchio di sassi, al limite opposto dello spiazzo. Il fucile sottobraccio e puntato a terra, si fermò dall'altra parte del gregge e da quel momento il cane si disinteressò dell'estraneo e andò a sedersi in alto, in modo da avere sott'occhio tutte le pecore. «Una camminata piuttosto lunga, maresciallo. Deve esserci una buona ragione.»

«Funghi, Sotgiu, niente altro che funghi.»

«È presto per i funghi, maresciallo. E poi ce ne sono anche più vicino al paese.»

«Quelli dello Spungone sono più saporiti.» Guardò il pastore. «Non mi credi, vero?» Il pastore annuì con il capo e negò con uno schiocco di lingua contro il palato. «E hai ragione. Vuoi fumare?» e finalmente il Sardo sistemò il fucile sulle spalle e si avvicinò a Santovito, tagliando a metà il gregge. «Un sigaro?»

«Non so se il sigaro mi piace, maresciallo, ma ho finito le sigarette e non ho tempo per scendere in paese.»

«Lo avessi saputo, te le avrei portate io.» Frugò nella tasca della cacciatora: «Ho solo queste» e offrì il pacchetto di Camel di Amado.

Il Sardo lo prese, controllò e restituì: «Mi piacciono le Alfa». Era ancora diffidente e lo sarebbe stato fino a quando non avesse capito perché Santovito era venuto fino a Mazzacane.

Santovito prese per sé un sigaro e porse la scatola. Il Sardo ne accettò uno e guardò Santovito ammorbidire il suo rotolandolo fra le dita; lo imitò ma, con un gesto del capo, rifiutò il fiammifero acceso che Santovito gli porgeva. Cercò in tasca e trovò il suo accendino, un antico accendino di metallo lucido per l'uso e che funzionava ancora a benzina e stoppino. Lo agitò verso terra, per far affluire meglio la benzina allo stoppino, e accese. Non mandò il fumo nei polmoni come fanno di solito i fumatori di sigarette. Disse:

«Maresciallo, se siete qui per il fucile, avete perso tempo. Io non esco di casa se non in sua compagnia.»

«Non sono più maresciallo da quattro mesi.»

La cosa insospettì ancora di più il pastore che guardò storto

Santovito e chiese sottovoce, quasi a se stesso: «Allora che siete venuto a fare?».

«Sotgiu, possibile che sospetti sempre di tutto e di tutti?»

«Così mi hanno insegnato padre e madre.»

«Ti hanno insegnato a sospettare anche dei carabinieri?»

Prima di rispondere il Sardo diede un'occhiata attorno, si tolse il sigaro di bocca e lo guardò soddisfatto: «Un buon fumare, un fumare da signori». Abbassò il tono: «Soprattutto dei carabinieri».

«Allora andiamo bene perché io non lo sono più.»

Cominciarono a cadere le prime leggere gocce di pioggia. Le pecore sollevarono la testa dall'erba, si mossero assieme verso la grande quercia e il Sardo guardò il cielo: «Andiamo a casa prima che venga il diluvio» e si avviò.

«Le pecore?»

«Se ne occupa il cane.» Tornò dietro il mucchio di sassi e riapparve tenendo fra le mani un libro e un grosso ombrello di tela cerata verde.

Anche Santovito recuperò le sue cose dal ramo dell'albero e seguì il Sardo.

Mazzacane, a picco sulla valle dello Spungone, attorno ha solo balze, rovi, castagneti e qualche pezzo di terra scoperto che un tempo era coltivato a patate e trifoglio per le bestie e che poi, abbandonato, è diventato pascolo per le pecore del Sardo. Piantata su uno sperone di roccia come casa fortificata a difesa della valle, la comandò per un certo periodo, chissà quanti secoli fa, forse nel medioevo, un tale capitano Comandino Brandello, dai suoi soprannominato l'Ammazzacane che, nei secoli, è diventato Mazzacane e Mazzacane è rimasto.

Nelle notti d'inverno, nelle stalle o accanto ai camini accesi, qualche vecchio potrebbe ancora raccontare la storia dell'Ammazzacane così come i padri e i nonni gliel'hanno tramandata, una storia con particolari grondanti sangue e odio.

Capitan Brandello non aveva alcuna pietà per i nemici e li uccideva come cani. Per futili motivi non esitava a scannare amici e parenti, tanto che arrivò a scannare di persona tre cugini che, incontrandolo una mattina di buon'ora, non lo avevano salutato con il dovuto rispetto. Il triplice omicidio scatenò poi una catena di vendette dalle quali l'Ammazzacane sempre scampò, riuscendo a morire, se non nel suo letto, nella sua camera, vecchio e carico di malanni, in parte derivatigli dalla vita sconsiderata che aveva condotto e in parte dai disagi con i quali aveva convissuto.

Sempre la leggenda dice che solo da vecchio decise di dormire all'interno della casa, preferendo da giovane dormire all'aperto, in inverno o in estate, cambiando ogni notte rifugio per non farsi sorprendere dai nemici.

Morì in casa e per una settimana nessuno ebbe il coraggio di entrare nella camera, dove si pensava giacesse morto, e neppure di aprire la porta, tanto incuteva terrore persino da cadavere. Lo fece poi il parroco, più per timore di un'epidemia che per carità cristiana. Socchiuse la porta e quello che vide nella penombra della stanza gli strappò un grido di terrore e gli fece fare un salto indietro: l'Ammazzacane stava in piedi, le spalle appoggiate alla parete e la spada, impugnata a due mani, alta sopra il capo e pronta a colpire l'ultimo nemico, la morte, che però lo aveva vinto. Aveva ancora sul viso il ghigno feroce che i suoi conoscevano bene e che, quand'era vivo, li faceva tremare.

Nessuno si spiegò come mai fosse rimasto in piedi. Non si riuscì a togliergli la spada che stringeva a due mani e così lo seppellirono, senza la cassa, che non se ne trovò una adatta a contenere il corpo e la spada sollevata.

Leggende fiorite da quelle parti, non si sa dove cominci la fiaba e dove la storia, destinate a perdersi perché non c'è più chi sia disposto ad ascoltarle.

I secoli hanno incivilito la casa torre e i primi Fantini, arrivati chissà da dove e chissà quanti secoli fa, l'adattarono alle loro esigenze. Dell'Ammazzacane, oggi Mazzacane, è rimasto in piedi poco: l'angolo destro e parte della facciata dove si alza ancora il moncone di torre. Il resto è un cumulo di sassi grigi dove fanno nido i topi e le bisce trovano un fresco rifugio in estate. Di sasso grigio è anche il rudere che resta in piedi, il tetto è in lastre d'arenaria e ha finestre, che sono più simili a feritoie, ancora protette dai vetri.

Il Sardo posò l'ombrello fuori della porta, la spinse, che non era chiusa a chiave, entrò e appese doppietta e cartucciera a un chiodo nel muro. Il cielo era scuro, dalle finestre-feritoie entrava poca luce e le braci illuminavano appena attorno al camino. Un tavolo, quattro sedie, una madia, una stufa economica. Il poco che gli permetteva di sopravvivere. C'era una specie di libreria: quattro tavole di legno grezzo piantate nel muro e piene di volumi.

Anche Santovito si liberò delle armi, si tolse la cacciatora bagnata, aspettò che gli occhi si abituassero alla penombra e poi lesse i titoli sulle coste dei volumi: *Anna Karenina*, *La Divina*

Commedia, Gerusalemme liberata, Il fornaretto di Venezia, Il mulino del Po, La portatrice di pane, I reali di Francia... tutti in rigoroso ordine alfabetico per titolo.

«Libri tuoi?»

Il Sardo aveva messo un po' di legna sulle braci e cercava di far riprendere il fuoco. Rispose senza sollevare il capo: «Sì, leggo molto. Non ho altro da fare qui».

«Libri impegnativi.»

La fiamma si alzò e il Sardo andò al secchiaio: «Un bicchiere, maresciallo?».

«Sì, ma smettila di chiamarmi maresciallo.»

«Come vi chiamo?»

«Santovito.»

«Santovito, che siete venuto a fare al Mazzacane?»

«È una storia lunga, Sotgiu.»

Sotgiu posò fiasco e bicchieri sul tavolo e si affacciò alla porta: «Pioverà fino a sera». Tornò dentro: «Abbiamo tutto il tempo che serve». Riempì il suo bicchiere e andò a berlo seduto sulla sedia dinanzi al fuoco.

Santovito si servì, prese una sedia e si sistemò accanto al Sardo. Raccolse un bacchetto, lo accese alla fiamma e lo porse al Sardo. Poi accese anche il suo di sigaro.

«Vi devo due sigari.»

«Non mi devi niente.»

Da buon sardo, Sotgiu sapeva aspettare e per un poco fumarono nel silenzio rotto dal borbottio del fuoco e dalla pioggia sul tetto in arenaria. Veniva giù forte.

«È da qualche tempo che mi arriva il rumore di spari. Li avrai sentiti anche tu, Mazzacane è più vicino della Ca' Rossa.» Il Sardo aspettò il seguito. «C'è un campo militare sotto la rupe dello Spungone. Lo hai visto?» Silenzio. «È per loro che viaggi armato?»

«Anche voi portate il fucile. Per loro?»

«Qualcuno mi controlla, Sotgiu, o mi spia, che è la parola giusta. Mi è anche entrato in casa mentre non c'ero...»

«Vi hanno rubato?»

«No, ma non mi piace. Me lo sento dietro quando vado in giro per i boschi e si nasconde davanti alla Ca' Rossa.»

«Chissà a quanti avete fatto torto e adesso che non siete più maresciallo...»

«Sotgiu, ho sempre cercato di essere onesto...»

«L'onestà ha tante facce e non le vediamo tutte.»

«Se è come dici tu, prima o poi si mostrerà e allora...»

«Vedete che c'è sempre una ragione per portare il fucile» e mise un grosso legno sulla fiamma. «Restate a mangiare.»

Non era una domanda e Santovito controllò l'ora: l'una e dieci. «Mangi tardi.»

«A mezzogiorno non mangio, ma oggi è speciale.» Andò alla madia e apparecchiò la tavola con una tovaglia di cotone bianco. Mise anche i tovaglioli.

«Ho degli impanadas, vi piacciono?»

«Non so che cosa siano, ma mi piacciono.»

«Una pasta di sfoglia ripiena di carne d'agnello, prezzemolo, aglio, pomodori secchi, zafferano...»

«Chi te li prepara?»

«Vedete qualcun altro?» Posò due tortini per piatto. «Caldi o freddi?»

«Come li mangi tu.»

«Caldi» e sistemò i piatti accanto alla fiamma. «Mangiamo gli impanadas e intanto sa corda arrostirà.» Preparò un letto di braci, vi mise sopra una graticola e dalla madia cavò una treccia scura lunga sessanta, settanta centimetri. La posò sulla graticola, controllò che la distanza dal calore fosse giusta e con il dorso della mano sfiorò gli impanadas. «Quasi pronti.»

«Ti tratti bene, Sotgiu» disse Santovito dopo mangiato. «Impanadas, sa corda, un buon bicchiere di vino... e offri questa grazia di Dio a uno che conosci appena per il mestiere che ha fatto. Non capirò mai i sardi.»

«Che bisogno avete di capirli?»

«Di cos'è fatta questa tua "sa corda"?»

«Se ve lo dico non la mangerete più. So come siete da queste parti.»

«Non credo, è troppo buona.»

«Intestini d'agnello con succo di limone, sale, pepe, lauro.»

«E per fare la treccia?»

«Un chiodo piantato contro la porta.»

«Carne di agnello per gli impanadas, intestini di agnello per sa corda... Hai tutto a portata di mano.»

«Anche una bottiglia di filu 'e ferru se non fate caso che l'ho distillato io.»

«Sarà più buono.» La pioggia cadeva forte e ogni incavo del terreno era un ruscello per lo Spungone. «Sei uno strano pastore sardo, Sotgiu: leggi i classici, usi i tovaglioli...»

«E voi siete uno strano maresciallo dei carabinieri. Siamo pari.» Tirò tranquille boccate: «D'ora in poi fumerò solo sigari». Si sistemò meglio sulla sedia dinanzi al camino: «Uno strano pastore, dite? Mio padre aveva fatto appena la terza elementare eppure pascolava le pecore leggendo Dante».

«Perché sei venuto qui?»

«Per pascolare le pecore.»

«Non ce ne sono pascoli in Sardegna?» Il Sardo non rispose. «Qualcuno ci spiava oggi, in quella specie di campo militare. Tu?»

Sotgiu si chinò verso Santovito: «Non siete più maresciallo, ma non avete perduto il vizio di fare domande. Accontentatevi di quello che sapete».

«Hai ragione, ma sto cercando di togliere dai guai alcuni ragazzi.»

«Perché?»

Santovito non lo sapeva. Fumarono in silenzio per un po'.

«Te li sei portati dalla Sardegna quei libri?»

«Da Orgosolo sono venuto via con quello che avevo addosso. Me li ha dati Eleonora.»

«La maestra?» Sotgiu annuì e Santovito aveva trovato il modo per cominciare il discorso che gli premeva. «Suo figlio è in un brutto pasticcio» e raccontò la storia dei tre ragazzi. O erano quattro?

Alla fine il Sardo si alzò: «Adesso devo andare».

«Con quest'acqua?»

Sotgiu indossò una mantella di tela cerata, riprese l'ombrello e uscì. Per un po' Santovito rimase seduto a fumare il sigaro, poi si alzò e andò alla finestra-feritoia, guardò la pioggia e l'acqua scorrere sulla terra, slavandola e scoprendo sassi e roccia. Si occupò anche del fuoco.

Calò il buio dentro e fuori Mazzacane e Sotgiu non si vedeva ancora. Santovito accese la lumiera, prese un libro e si sistemò accanto al camino.

Prima di entrare il Sardo sbatté gli scarponi a terra per togliere il fango e Santovito si svegliò. Nel focolare erano rimaste solo le braci e nella lumiera il petrolio era calato, e di molto. Le finestre-feritoie erano buchi scuri contro la pioggia. Riattizzò il fuoco e il Sardo trovò una bella fiamma.

«Da anni non veniva giù con tanto gusto.» Scrollò la mantella e l'appese alla parete. «Fa freddo e dormiremo qui, vicino al fuoco.»

«Mi dispiace darti disturbo...»

«Che dovrei fare? Mandarvi fuori? Non è da cristiani.» Aggiunse petrolio alla lumiera, portò in tavola pane, formaggio e un fiasco di vino. Disse: «Quei ragazzi che cercate di togliere dai guai... Uno è il figlio di Eleonora?». Santovito annuì. «È per il fatto che si è immischiato con quelli dell'accampamento?»

«Accontentati di quello che sai.»

«Sta a cuore anche a me.»

«Questa è bella. E perché?»

Il Sardo si strinse nelle spalle: «Due settimane fa l'ho visto nell'accampamento. Venite a tavola».

Dopo, il Sardo aprì due brande accanto al fuoco. Disse: «Qui non c'è molto da fare, la sera. Io leggo». Gettò dei panni sulle brande: «Se non vi bastano, ne ho altri». Si sdraiò, vestito, e riprese il libro che stava leggendo quando Santovito lo aveva raggiunto al pascolo.

La pioggia batteva come se avesse aspettato da anni l'occasione.

VIII
Kalashnikov e altro

I primi raggi di sole toccarono Mazzacane verso le sei, scivolarono sulla parete esterna, entrarono dalla finestra-feritoia e lo svegliarono. La branda del Sardo non c'era più. Si era mosso per casa in silenzio, come un gatto, e Santovito, che aveva dormito della grossa come non gli accadeva da tempo, non l'aveva sentito.

«Mi converrà venire a dormire qui tutte le notti.»

Il Sardo non tardò. Posò sul tavolo un secchio di latte coperto di schiuma e con un mestolo di alluminio riempì due bicchieri: «Appena munto e caldo» disse e, in piedi, mandò giù un sorso dal suo. Ci provò anche Santovito. La prima boccata non gli piacque, troppo acida, ma poi il latte di pecora gli lasciò un buon sapore. «Lo Spungone è in piena.»

«C'era da immaginarlo.»

«Potete restare ancora. Le piene dello Spungone non durano più di ventiquattrore.»

«Devo andare.»

«Come farete a passarlo?»

«Vedrò. In qualche modo...»

«È pericoloso.»

«In qualche modo farò.»

«Allora vi accompagno.»

Un sardo che Santovito aveva visto sì e no dieci volte e di sfuggita, si metteva dei problemi per lui. «Non ti preoccupare, in qualche modo farò» ripeté.

Sotgiu indossò la doppietta e la cartucciera e andò alla porta. Anche Santovito si caricò del suo fucile e della cacciatora e uscì. L'erba era talmente impregnata d'acqua che ogni passo la faceva uscire come se i due camminassero su una spugna.

Presero la mulattiera, Sotgiu dinanzi. Ai lati, alcuni rivoli, scavati nel terreno e nati nel bosco, scendevano per ingrossare lo Spungone. Il sole cercava di asciugare una pioggia durata un pomeriggio e un'intera notte.

All'accampamento Santovito si fermò. La tempesta d'acqua aveva massacrato quello che era rimasto dell'accampamento.

«Gente poco pratica di tende e di montagna. Se fossero stati qui con la pioggia di ieri, si sarebbero trovati nello Spungone in un amen. È qui che hai visto Edo?» Il Sardo annuì. «Un bel guaio per quella povera donna. Ha perso anche il marito...»

Il torrente Spungone sta in una valle piuttosto stretta e scorre fra due rive ripide di roccia e massi. Di solito non porta molta acqua, tanto che, nei secoli, nessuno da queste parti ha mai pensato di costruirci sopra una passerella, ma quando piove com'era appena piovuto e ci arriva tutta l'acqua dei monti attorno diventa un ribollire pericoloso e la mulattiera che l'attraversa è sommersa dalla corrente che piano piano si mangia le sponde.

Si fermarono a guardare la piena e Santovito borbottò: «Non l'ho mai visto così cattivo». Raccolse un ramo e tentò di misurare la profondità, ma la corrente glielo strappò e se lo portò via, lo fece ballare sotto e sopra, lo sbatacchiò contro le rocce e, più a valle, lo inghiottì.

«Siete deciso a passarlo?» Santovito annuì. «Allora aspettate» e il Sardo s'imboscò e tornò con una fune e una pertica. «Le tengo per queste occasioni.» Legò Santovito sotto le ascelle, passò più volte la fune attorno a una quercia e ne tenne il capo. Gli consegnò la pertica: «Andate e state attento a dove mettete i piedi».

Santovito gli porse il pacchetto dei sigari: «Ce ne sono ancora quattro». Il Sardo rifiutò. «Si bagneranno e nessuno di noi due li fumerà.» Gli infilò in tasca il pacchetto.

Ci mise un po' a guadare perché prima di ogni passo doveva saggiare con la pertica dove mettere i piedi, controllare la profondità e cercare poi stabilità. Il fondo irregolare e la corrente facevano il possibile per trascinarlo a valle. Nel mezzo del guado, il punto più profondo, l'acqua gli arrivò all'inguine. Un paio di volte gli fu indispensabile la corda che il Sardo teneva ben tesa e cedeva mano a mano che lui si allontanava dalla sponda e se il pastore l'avesse lasciata...

Il Sardo non la lasciò e la recuperò appena Santovito, sull'altra sponda, se ne liberò. La raccolse in larghe spirali, se la caricò in spalla e si allontanò senza un gesto né una parola e sparì alla curva della mulattiera. Santovito avrebbe voluto ringraziarlo, fargli un cenno di saluto, ma Sotgiu non aveva più guardato dalla sua parte.

«E io che credevo di conoscerli i sardi... Quello non lo capisce nemmeno suo padre, ci scommetto.»

Proprio non sopportava quel nome, Ristobar. Comunque entrò.
«Madonna santa!» gridò Amalia. «Da dove arrivi, maresciallo? Dal diluvio universale?» Santovito fece un cenno che significava quasi. «Vieni, vieni su in camera che ti asciugo io. L'hai presa tutta, quella di ieri e quella di domani.» Abbandonò i clienti: «Pensaci tu, Oreste, che io mi occupo del maresciallo!». Parlava sempre a voce molto alta.

Santovito trovò la camera d'Amalia come l'aveva lasciata Serafina vendendo l'osteria: stesso letto, stesso armadio, stessa penombra, stesso profumo di antico...

«Qui non è cambiato nulla.»

«Eeeh no, sono cambiata io, maresciallo!» Dall'armadio tolse un paio di calzoni e misurò Santovito con lo sguardo: «Sì, dovrebbero andare. Erano del mio povero marito, ma sono lavati e stirati». Prese anche un telo da bagno dal comò. «Fai con comodo, maresciallo. Io ti aspetto.»

«Mi aspetti... qui?»

«Eeeh, che sarà mai un uomo nudo! Qua che ti asciugo io la schiena, maresciallo! Sei bagnato di sudore» e senza neppure abbassare gli occhi, gli passò vigorosa il telo sulla schiena. Dopo gli porse gli indumenti uno a uno, mutande, maglietta, camicia. Non smise un momento di parlare. «Ma come ti sei ridotto, maresciallo mio! Hai fatto il bagno in bacino? Di questa stagione? Ha telefonato quella bella signora dell'altro giorno... Come si chiama? Be', ha telefonato e ha detto che ti aspetta... E tu non farla aspettare, maresciallo! Non si fanno aspettare le belle signore! Ha detto che non ha ancora notizie di sua figlia Raffaella... Si chiama come la tua Raffaella! Provati i calzoni... Ti stanno meglio che al mio povero marito. Me li restituirai con comodo. E non importa che li fai lavare! Ci penso io...»

«Mi ascolti un secondo?»

«Come no, maresciallo? Sono rimasta per questo. O credevi che fossi rimasta per vederti nudo?»

«Io non salgo alla Ca' Rossa, ho da fare con il maresciallo Garbin...»

«Sissignori, ti preparo una cena che non dimenticherai.»

«Sì, ma prima fai il favore di telefonare a Patrizia... Quella bella signora si chiama Patrizia ed era amica di Raffaella. Tutto qui, va bene?»

«E che? Lo devi dire a me? Sono affari tuoi, maresciallo. Tuoi e suoi di lei!»

«Le telefoni e le dici che domani mattina sarò da lei verso le dieci.»

«Così mi piaci, maresciallo! E se mi chiede perché non le hai telefonato tu?»

Santovito si guardò nello specchio del comò: «Andare in giro così... C'è da vergognarsi».

«Ma che? Ti stanno meglio che al mio povero marito! E se mi chiede perché non le hai telefonato tu?»

«Inventa qualcosa.» Uscì dalla stanza mentre Amalia raccoglieva gli abiti fradici. «Buttali da qualche parte che li prenderò prima di salire alla Ca' Rossa.»

«Te li lavo e te li stiro, maresciallo! Troverai il modo di pareggiare i conti» e scoppiò in una risata che sentirono fino al bar, una risata schietta, da donna del sud abituata al sole e alla cordialità.

Uscì dalla porta posteriore del Ristobar e, senza prendere la strada principale, arrivò dal tabaccaio. Non fumava da ore e ne aveva una gran voglia.

La tabaccheria, tutta plastica e luci, la gestiva lo stesso proprietario che dieci anni prima era un giovane in jeans e giubbetto di pelle scura, o forse plastica. Allora masticava una gomma americana e muoveva il capo e le spalle al ritmo di una radiolina sullo scaffale, accanto ai pacchetti di sigarette. Erano passati dieci anni e continuava a vestire il giubbetto di pelle scura, a masticare gomma e a muovere il capo al suono della musica. Solo la radio era cambiata: sempre portatile, ma più grande e con due altoparlanti. Posata sullo scaffale accanto ai pacchetti di sigarette.

Il buon profumo di legno antico e di trinciato che c'era nella bottega del vecchio Tarquinio!

Il tabaccaio diede appena un'occhiata a Santovito e lo servì. Sapeva cosa prendeva ogni volta che entrava: quattro scatole di toscanelli e una di svedesi.

Il piantone lo guardò dallo spioncino, lo riconobbe alla seconda occhiata, disse: «Ah, siete voi?» e gli aprì la porta.

«Come ti sei conciato?» gli chiese Garbin.

«È una storia lunga, lascia stare.»

«Deve essere una storia lunga se ti sei perso per due giorni. Sai che ho mandato a cercarti sotto un'acqua...»

«Immagino gli accidenti. Ma perché mi hai fatto cercare?»

«Ma va' in mona! Vengo su alla Ca' Rossa e non ti trovo, torno e ancora non ti trovo e la tua macchina c'è... Ho delle novità poco piacevoli. Il morto ha un nome e una professione.» Aprì la cartella che aveva dinanzi.

Il poveraccio, ventinove anni, da Orgosolo, si chiamava Lagudoru Sebastiano e l'aveva ammazzato, secondo l'autopsia e la Scientifica, una raffica di Kalashnikov. Ma c'era di più e ben più grave: il giovanotto era un agente del Servizio Informazione Difesa, Reparto D.

«E con ciò la pratica è ufficialmente chiusa» e per dare più efficacia alla frase, il maresciallo Garbin chiuse effettivamente la cartella, la infilò nel cassetto centrale della scrivania, che poi chiuse a chiave, e borbottò: «Più chiusa di così!».

«Che vuol dire?»

«Bisogna ceder el liogo a chi lo merita. Nel nostro caso al SID, per competenza. Devo inviare un rapporto dettagliato.»

Una quantità di cose a Santovito non tornavano. Non si sentiva bene negli abiti del marito di Amalia, non si sentiva bene seduto in quell'ufficio, non aveva nessuna voglia di scendere a Bologna da Patrizia...

Cercò una miglior sistemazione sulla sedia dinanzi alla scrivania che era stata sua per tanti anni, si accese un sigaro, tirò un paio di boccate e poi chiese: «Ti dispiace se fumo?».

«Sì, ma non ci posso fare niente. Fai come se fossi nel tuo ufficio.» Anche Garbin si rilassò sulla poltrona: «Non sai che piacere mi hanno fatto togliendomi l'inchiesta».

«Non credo che te ne libererai tanto facilmente» e raccontò di Edo che il Sardo aveva visto nel campo paramilitare. «Se ti sta a cuore la vedova dovresti almeno dimostrare che Edo non c'entra con l'omicidio, no? Perché stai sicuro che prima o poi quelli del SID arriveranno a lui. O vuoi dare un altro grosso dispiacere alla tua vedova?»

«Va' in mona, Santovito, va' in mona tu e la vedova! Mi hai rovinato la giornata.» Frugò in un cassetto, non trovò e bestemmiò sottovoce. Poi chiamò: «Appuntato!».

«Sì, signor maresciallo.»

«Vai a comprare le sigarette!» e poiché l'appuntato lo guardava sorpreso e non si spostava dalla soglia, gridò ancora: «Sei sordo?».

«Signorsì... cioè, signornò. Che sigarette, signor maresciallo?»
«Quelle che ho sempre fumato! Da dove vieni?»
«Da Marsala, provincia di Trapani, signor maresciallo.» Uscì chiudendo la porta. Era in un bel casino: stava con il maresciallo Garbin da tre mesi e non lo aveva mai visto fumare. Che sigarette gli avrebbe comprato? «Sai cosa fuma il maresciallo?» chiese al piantone.
«Quale dei due?»
«Il nostro maresciallo!»
«Non fuma.»
«Tua sorella non fuma! Mi ha mandato a comprare le sigarette!»
«Chiedi al tabaccaio.»
Santovito chiese: «Vuoi un sigaro?». Garbin non rispose, guardava fuori dalla finestra. «Poi c'è un'altra cosa.»
«Santovito, vuoi farmi incazzare sul serio? Che c'è ancora?»
«Oooh Garbin, sei messo male a memoria! Il tuo morto, l'agente del SID... Lagudoru Sebastiano... Te lo ricordi?» Garbin annuì. «Lo hanno ammazzato con una raffica di Kalashnikov e noi abbiamo trovato bossoli di Kalashnikov al campo sotto lo Spungone!»
«È vero!»
«Be', per consolarti ti offro la cena. Amalia mi ha preparato qualcosa di speciale» e Santovito si alzò e uscì dall'ufficio. Garbin controllò che il cassetto con la pratica Lagudoru fosse chiuso a chiave e lo raggiunse. «Ti offro la cena, ma poi tu mi fai accompagnare alla Ca' Rossa con la Campagnola. Comincio a essere stanco, fra poco sarà buio e non ho nessuna voglia di...»
«Va bene, va bene!»
Incrociarono l'appuntato che porse un pacchetto di Esportazione. Garbin ignorò l'appuntato e le sigarette.
«Adesso che ci faccio con queste?» si chiese l'appuntato. «Io fumo le Alfa.»
«C'è un'altra cosa che devi sapere» disse Santovito mentre aspettavano che la Napoletana li servisse.
«È proprio necessario?» Santovito annuì e il maresciallo Garbin si strinse nelle spalle.
«Anche Sotgiu è di Orgosolo.»
«E chi sarebbe questo Sotgiu che spunta fuori adesso che ci siamo messi a tavola?»
«Il pastore sardo, quello che ha visto Edo nell'accampamento.»
«Ne riparliamo dopo, d'accordo? Adesso mangiamo. Non toc-

co cibo da ieri sera! E tu, che bisogno avevi di andare a trovare questo Sotgiu?»

«L'ho incontrato per caso...»

«Ma va' in mona, Santovito! Non prendermi per il culo!»

Mangiarono il primo, un piatto del quale il maresciallo Garbin neppure apprezzò il sapore. Solo di tanto in tanto sollevava gli occhi per un'occhiata a Santovito che poi gli chiese:

«Che ne dici?»

«Di cosa?»

«Della cucina di Amalia.»

Il maresciallo Garbin non rispose. Teneva in mano il bicchiere di vino e lo guardava. Poi decise: «Cossa oggio da far?». Vuotò d'un sorso il bicchiere e lo riempì di nuovo: «Il marito della maestra... Sai di chi parlo, no? È sparito da casa più di dieci anni fa».

«Me lo hai detto.»

«Originario di Orgosolo!»

«Anche lui! Tutti qui sono venuti quelli di Orgosolo?»

«Ho chiesto sue notizie in Sardegna... Sai, per la pratica relativa alla domanda di morte presunta...» Allontanò il piatto e al suo posto distese un foglio. Lesse: «Legione Territoriale Carabinieri Nuoro, Comando Stazione di Orgosolo. Fonogramma. Da Comando Stazione Orgosolo at Comando Stazione eccetera, eccetera. Numero di Protocollo... Con riferimento richiesta informazioni relative al pregiudicato Cottrao Giuseppe virgola nato a Orgosolo in data eccetera, eccetera si comunica che codesta Stazione non ha più notizie eccetera, eccetera... Punto. Trasmette il carabiniere... Riceve il carabiniere...». Ripiegò il foglio e lo rimise in tasca. «Insomma, mi comunicano che le ultime informazioni risalgono a oltre vent'anni fa, quando il Cottrao Giuseppe chiese al comune di Orgosolo le carte per il suo matrimonio con Eleonora. Si sono sposati a Bologna.»

«Pregiudicato?»

«Aveva partecipato al rapimento del figlio di un possidente. Lo hanno preso e gli hanno dato tre anni che ha scontato.»

Amalia posò sul tavolo un vassoio fumante e profumato: «Assaggiate, assaggiate! Specialità della Napoletana per i due marescialli. E che non ne resti nel piatto!».

«E adesso Santovito?»

«Adesso mangiamo prima che si raffreddi. Senti il profumo...»

«L'unico profumo che sento, è quello dei guai, Santovito. Già, ma a te...»

«M'importa, tu non sai quanto, ma troveremo il modo, Garbin, troveremo il modo. Adesso godiamoci le specialità di Amalia, se no si offende.»

Il maresciallo Garbin aveva perduto la voglia di parlare e guidava il gippone in silenzio, attento solo alla strada per la Ca' Rossa che la galleria degli alberi aveva fatto buia prima del tempo.
«Oooh, Garbin, stai allegro che la vita continua!»
«Cosa ci sarà mai da stare allegri?»
«Per esempio c'è che probabilmente i tre giovani non c'entrano con l'omicidio.»
«Vuoi farmi credere che la jeep è bruciata per caso? Vuoi farmi credere che Amado si è dimenticato di mettere il freno a mano? Uno come lui che vive per le automobili...»
«Vedi che ho ragione io? Se ti preme la vedova, non puoi tirartene fuori.»
«E per questo dovrei stare allegro, Santovito? Hai mai avuto a che fare con i Servizi Segreti?»
Non parlarono più fino alla Ca' Rossa.
«Entri a bere qualcosa, Garbin?» Il maresciallo Garbin fece di no con il capo, ficcò dentro la retromarcia, fece manovra e riprese la via del paese. Troppo velocemente. Santovito gli gridò dietro: «Vai piano Garbin, piano! È una strada che frega!» ma Garbin non lo sentì.

IX
Dai monti alla città passando per la Borda

Si svegliò sudato e stanco per una notte agitata da sogni aggrovigliati nei quali era apparsa, con un volto diverso, anche Raffaella, la sua.

Una di quelle mattine da sedere dinanzi a casa a scaldarsi al sole, ma c'era da andare a Bologna e controvoglia prese l'auto, scese la statale fino alla curva della Leona e imboccò la sterrata per i Sassi della Borda. Voleva dare un'altra occhiata tranquilla alla carcassa della jeep.

Gli uomini del maresciallo l'avevano recintata con il solito nastro di plastica bianco e rosso che non avrebbe tenuto lontano i curiosi, ammesso che fossero passati di là. Un foglio pieno di timbri e firme, incollato sul parafango destro della carcassa, avvertiva che l'oggetto in essere era sotto sequestro e vietava la manomissione e l'asportazione di qualsivoglia oggetto nel raggio di cento metri.

Santovito controllò ben oltre i cento metri e quando tornò alla jeep capì cosa non gli tornava in quello scheletro bruciato. C'era tutto quello che deve esserci, se pure bruciacchiato, su una jeep: le cassette per gli attrezzi sui parafanghi, la piccola vanga fissata alla fiancata, l'antenna per la radio applicata al parabrezza... Mancava solo la tanica della benzina sul paraurti posteriore! E su quella jeep c'era sempre stata, l'aveva incontrata spesso per le vie del paese e lungo le stradacce di montagna, al volante Edo o uno degli amici. Per loro non avrebbe avuto senso mostrare in giro una jeep che non fosse una vera jeep, completa di tutti i suoi accessori.

Arrivò a Bologna più tardi del previsto. Patrizia gli disse: «Credevo avessi cambiato idea».

«Ho avuto dei problemi. Novità?»

Patrizia era in vestaglia, il volto teso, sciupato per troppe notti insonni, la sigaretta fra le labbra. Aveva fumato troppo, il salotto era annebbiato e il posacenere colmo. Indicò una sedia, aprì la finestra, schiacciò sul davanzale la sigaretta e gettò la cicca in mezzo alla strada. Tornò al tavolino, prese un'altra sigaretta e l'accese; sollevò il posacenere e, con il palmo, vi fece cadere i resti di tabacco e cenere sparsi sul tavolino.

«Ti preparo un caffè» disse sottovoce.

L'aveva guardata muoversi a scatti e nervosa. Di sfuggita diede un'occhiata alla camera: letto sfatto, coperta arrotolata, cuscino sgualcito e, sul comodino, tre tazzine da caffè vuote e una bottiglia di brandy, vuota anche quella.

«Dormi poco in questi giorni...»

«Non dormo proprio.»

«... E bevi troppo.» Patrizia tirò su di spalle. «Guglielmo?»

«Credo a lavorare. Non mi parla più... non so... Cosa farai adesso?»

«Ho ancora qualche amico in Legione. Vedrò.»

«Resterai a Bologna per un po'.» Non era una domanda, era una preghiera.

«Qualche giorno, sì. Darò un'occhiata in giro, i luoghi che frequenta di solito Raffi...»

«Abbiamo una camera libera... e io posso farti da mangiare.»

«Preferisco l'albergo.»

«Ti capisco. Non è allegro qui. Io e Guglielmo... due estranei che non si parlano, nessuna voglia di compagnia.»

«Non è questo. Sono libero di andare e venire a qualsiasi ora e non disturbo.»

«Mi terrai informata?»

«Continuamente.» Patrizia accese un'altra sigaretta. «Fumi anche troppo.»

«Che dovrei fare? Penso continuamente.»

«Se fumi e bevi non pensi?»

«Per adesso mi va così.»

«Ti telefono appena ho qualche notizia.»

Sulla porta Patrizia gli sussurrò: «Mi raccomando». Aveva gli occhi lucidi.

«Stai tranquilla, stai tranquilla che alla tua Raffaella non è successo niente.»

E finalmente Patrizia urlò: «Come fai a dirlo? Eh? Come fate tutti a essere così sicuri?»

Santovito l'abbracciò: «Se le fosse successo qualche guaio, lo sapresti già. Faccio... ho fatto questo mestiere per una vita e un po' d'esperienza me la devi concedere. Le disgrazie arrivano subito al destinatario».

Patrizia si sentì meglio, quasi tranquilla su quella spalla e avrebbe voluto restarci, ma si staccò e si asciugò gli occhi.

Ogni volta che veniva in città per i consueti rapporti con i superiori, alloggiava all'albergo Tre Gobbi, in Broccaindosso, via del centro storico vicina a Porta San Vitale e alla Legione. Strada popolare e tranquilla, con i suoi portici bassi e silenziosi, la sua atmosfera d'antico, la sua penombra che in estate manteneva una temperatura accettabile in una Bologna sempre troppo calda in estate e troppo fredda in inverno. C'erano trattorie e osterie, frequentate dagli abitanti della zona e dagli studenti, dove era ancora possibile mangiare decentemente senza spendere una fortuna. Vi si respirava un po' del passato e capitava che qualche anziano entrasse per un bicchiere e finisse con la chitarra che si era portato dietro. C'erano vecchi negozi che vendevano un po' di tutto, dalle sedie impagliate agli abiti usati, e dai quali uscivano umidità e profumo di legno lavorato e di vernicetta per lucidare i mobili. Insomma, una parte di città rimasta indietro con il calendario e che a Benedetto Santovito piaceva assai.

I Tre Gobbi glielo aveva indicato un collega: «È pulito e tranquillo, non costa molto e ti trattano bene. Abbiamo un accordo non ufficiale con il proprietario» gli aveva detto «che è un nostro confidente».

Non importava telefonare per la prenotazione: «Per voi c'è sempre posto» piaceva ripetere al proprietario. Così si parava le spalle per una certa clientela occasionale che veniva dai viali di circonvallazione, a pochi passi. Non era mai successo che richiedesse l'intervento delle Forze dell'Ordine e quando c'era da buttare in strada un rompipalle, il titolare lo faceva di persona e senza problemi. Aveva il fisico.

L'albergo aveva preso nome dagli originari proprietari, ultimi anni dell'Ottocento, marito, moglie e un fratello di questa, tutti e tre gobbi. I clienti abituali, gli abitanti, i bottegai e i passanti, chiamavano Stupai l'ultimo proprietario e signor Stupai lo chiamava anche Santovito, sforzandosi di pronunziarlo decentemente.

Di tanto in tanto Stupai buttava lì una frase in dialetto, specie quando era arrabbiato. Accadeva con i fornitori che non lo fornivano come voleva lui, o per la situazione politica, per gli amministratori locali, ma soprattutto per la donna delle pulizie «ch'l'a 'n in fa mai ónna dal bóni». Passava buona parte delle giornate dietro al bancone.

Incassate nel muro alle sue spalle, c'erano una macchina per il caffè sempre in pressione e una piccola vetrina con alcune paste e brioche per la colazione dei clienti, che la donna serviva sull'unico tavolo dinanzi al bancone. E se per caso i clienti che facevano colazione erano più di quattro, si aspettava il turno.

Una scala stretta e senza finestre saliva ai piani superiori e da una porta, sempre nell'atrio, si scendeva in cantina. Un'altra porta, in fondo al corridoio dell'ingresso, metteva nel cortile interno. In tutto dieci camere su tre piani, più tre stanzette a piano terra, riservate notte e giorno alle signore dei viali. Con pochi comodi, queste: una piccola finestra, un lavandino, un cesso e un bidè, questi ultimi divisi dalla stanza da una tenda di plastica, un letto e una specchiera. Tanto bastava per quello che ci si doveva fare.

Nelle foto appese ai muri e lungo le scale si riconosceva uno Stupai giovane, in costume da lottatore di grecoromana. Sopra il banco, incorniciata e protetta da un vetro, una medaglia d'oro vinta in chissà quale gara.

Stupai non aveva più il fisico delle foto, ma aveva mantenuto la struttura del lottatore, forse un mediomassimo, pelato, con collo e testa che facevano un unico blocco, senza interruzioni. Quella parte del corpo assomigliava a un tappo, grosso sopra e leggermente rastremato verso le spalle. Le orecchie erano piene, senza i canali, gli avvallamenti e le pieghe e Stupai sosteneva che gli si erano ridotte così a forza di lottare.

Affittava a studenti, palestinesi e giordani in particolare, certi ambienti che possedeva al piano terreno delle vecchie case operaie costruite già a partire dal Quattrocento, quando alcuni opifici cominciarono a trasferirsi subito fuori dalle mura. Erano state cantine, depositi di materiali, tettoie, legnaie che Stupai aveva comprato per una canta, come si diceva da quelle parti, proprio perché non era pensabile che si potessero rendere abitabili. Il pavimento in terra battuta, l'umidità che saliva dalle fondazioni, non c'erano finestre, ma li aveva fatti sistemare alla meglio: un'intonacata, una gettata di cemento, una passata di bianco, una verniciata alle porte e potevano andare per gli studenti con pochi soldi. In nero, naturalmente, e senza la denuncia in questura, come prescriveva la legge antiterrorismo. Agli studenti andava bene così. Poco importava se il cesso era in comune nell'androne della casa. Importava che non costassero molto e in questo senso Stupai si accontentava, contrariamente ai suoi concittadini che sugli studenti ci facevano affari d'oro.

Stupai lo accolse con la solita cordialità: «Signor maresciallo, che piacere rivederla!». Uscì dal banco per riceverlo di persona.

«Mi tratterrò un po' di giorni, signor Stupai.»

«Al temp ch'a i pèr, maresciàl, il tempo che vuole. Qué chi cmanda l'é ló, chi comanda è lei» e gli mise in mano la chiave della sette.

«Mi fa piacere rivederti» disse il tenente colonnello Friggerio. Si alzò dalla scrivania e andò a posargli le mani sulle spalle. «Oh, se aspettavi ancora qualche mese, non ci saremmo incontrati. Sto per andare in pensione e me ne tornerò al mio paese.»

«Te l'ho già sentito dire, Friggerio. Almeno dieci anni fa e sei ancora qui, in divisa.»

«È vero, ma poi mi hanno offerto questo posto in Legione e... eccomi qua. Ma questa volta è sacrosanto. Mia moglie mi ammazza se rimando.»

«Farebbe bene, stai nell'Arma da una vita! Mi accompagnasti tu alla caserma, su in paese.»

«Ne sono passati di anni!» Il tenente colonnello tornò dietro la scrivania e fece segno a Santovito di sedere. «Sai che non mi è andata giù la tua richiesta di pensione?»

«A volte nella vita si fanno certe scelte...»

«Avrai avuto le tue ragioni. Il maresciallo Garbin mi ha detto che sei rimasto in paese.»

«Mi ci sono affezionato.»

«Allora, cosa mi racconti?»

Santovito non rispose e offrì la scatola dei sigari: «Con un buon toscano mi viene meglio».

«Non per me, grazie, ho smesso da un pezzo. E tu non sei passato alle sigarette, come hanno fatto tutti?»

«Nei secoli fedele.» Accese e raccontò la storia per la quale era venuto.

«E io che posso fare?»

«Fammi parlare con chi se ne occupa. Mi piacerebbe dare una speranza a quella povera donna.»

«Aspetta un momento» e il tenente colonnello lasciò l'ufficio, restò fuori un bel po' e rientrò scuro in viso. «Ci sono dei problemi.»

«Di che tipo?»

«Intanto se n'è occupato un tuo amico, il maresciallo Amadori.»

«Non è questo il problema. Poi?»

«Poi, poi... Abbiamo controllato: la ragazza è schedata... Ma vieni, ti dirà di più il maresciallo Amadori.» Mentre andavano: «Oh, non dirgli che hai lasciato l'Arma. Quello è rimasto il coglione che era dieci anni fa e magari può farti delle storie».

«Lo conoscevi, perché te lo sei portato qui?»

«Non io, non io! Quello ha troppi amici. Suo padre ha troppi amici che contano e così...»

Originario di Ferrara e ancora giovane, Ares Amadori era stato nominato maresciallo e spedito su, in paese, come comandante della caserma dei carabinieri. Aveva sognato qualcosa di meglio di un paesino di montagna fra la Toscana e l'Emilia.

«Deve aver pazienza, maresciallo Amadori» gli ripeteva Friggerio ogni volta che Ares scendeva al Comando Gruppo Carabinieri e si lamentava. «Si accontenti come prima nomina... Verrà il suo momento, verrà il suo momento e io non dimentico che mi hanno parlato bene di lei.»

Nell'attesa del suo momento Ares cercava di assolvere al compito meglio che poteva, anche se in paese non c'era molto da fare: qualche rissa fra ubriachi, incidenti stradali il più delle volte senza gravi conseguenze, un paio di furti l'anno nelle case disabitate in inverno... Insomma, normale amministrazione.

Stava in paese e ci soffriva da tre anni quando Benedetto Santovito tornò fra quei monti, spinto da chissà quale malinconia. S'incontrarono e Santovito, che conosceva bene il paese e i montanari, gli fece un bel piacere portandogli, su un piatto d'argento, il responsabile di una serie di brutti omicidi.

Friggerio entrò nell'ufficio senza bussare: «Ecco qua, vi conoscete e non c'è bisogno di presentazioni. Ti lascio in buone mani, Santovito. Passa a salutarmi». Prima di uscire disse ancora: «Maresciallo Amadori, tratti bene il mio vecchio commilitone».

«Non dubiti signor colonnello, non dubiti. Quando uscirà dal mio ufficio, il maresciallo Santovito ne saprà più di me su questa storia.»

«Non faccio fatica a crederlo» borbottò in corridoio Friggerio.

«Allora Santovito, come vanno le cose in paese? E come mai t'interessi a questa...» controllò nel fascicolo che aveva aperto sulla scrivania. «... A questa Santini Raffaella? Oh guarda, ha lo stesso nome della tua donna. Come faceva di cognome?» Lo sapeva benissimo, l'aveva filata per mesi e mesi e se l'era presa a male quando capì che gli preferiva Santovito. «Anceschi, Raffaella Anceschi, sì. Vi siete poi sposati o state ancora...» e, sorridendo con complicità, batté assieme gli indici. Ascoltata una volta, la voce di Ares Amadori non la si dimenticava e per i suoi toni alti e prepotenti e per la caratteristica cadenza ferrarese.

Non aveva nessuna voglia di parlargli della sua Raffaella: «Stiamo ancora, stiamo ancora. Cosa mi puoi dire della sua scomparsa?».

Ares finse di scorrere il rapporto, che doveva pur conoscere visto che se ne occupava di persona, lo richiuse, vi posò sopra le mani aperte e disse: «Associazione sovversiva, adunata sediziosa, occupazione abusiva di locali... Una bella serie di reati, di quelli che i giovani si sono specializzati a commettere perché, dicono, è venuto il momento di sovvertire l'ordine sociale».

«Posso fumare?»

Ares non rispose ma accese una sigaretta, una delle solite, dal tabacco biondo e profumato. «Una delle mie?» chiese poi porgendo il portasigarette d'oro. Santovito glielo aveva già visto fra le mani, quel portasigarette, anni fa, come gli aveva già visto l'accendino, pure d'oro.

«Fumo solo sigari, dovresti ricordarlo.»

«È vero, è vero, m'appestavi la caserma. C'è dell'altro che devi sapere, Santovito, su questa Santini Raffaella.» Si sporse verso Santovito e continuò sottovoce, con complicità. «Lotta armata. Sospettiamo che assieme a un gruppo di studenti della sinistra extraparlamentare si stia preparando alla lotta armata contro lo Stato. Sai, Lotta Continua, Potere Operaio, Autonomia...»

«Siamo certi...»

Amadori riaprì il fascicolo, lo sfogliò, controllò e porse alcune foto: manifestazioni studentesche per le strade di Bologna, giovani con il viso coperto dalla kefiyah o dal passamontagna, grandi striscioni con le solite parole d'ordine:

"Dalla fabbrica alla scuola al quartiere prendiamoci la vita",
"Ricchi godete sarà l'ultima volta",
"Movimento studentesco",
"Studenti operai uniti nella lotta",
"Uniti contro i padroni",
"Contro l'imperialismo e il riformismo lotta di classe vince",
"Più soldi meno lavoro."

E poi bandiere rosse e cartelli con su Che Guevara e la grande

A cerchiata dell'anarchia. C'erano anche dei giovani armati di bastoni sui quali Amadori picchiò l'indice:

«Li chiamano katanghesi e sono i più violenti. Se dipendesse da me... Un branco di delinquenti! Se dipendesse da me li sbatterei tutti al muro!» Negli ultimi tempi il maresciallo Ares Amadori era decisamente migliorato. Mostrò altre foto, ingrandimenti delle precedenti. «Se la tua Santini Raffaella è questa, allora sono sicuro.» Era soddisfatto delle notizie che forniva e sarebbe stato soddisfatto anche il tenente colonnello Friggerio.

La ragazza ritratta aveva parte del viso coperto dalla kefiyah, ma Santovito la riconobbe. Restavano fuori i capelli biondi e gli occhi chiari e grandi, ereditati dalla madre. In una panoramica di studenti, lei era indicata con una freccia a pennarello. In un'altra serie di foto, Raffi era ripresa a spasso per la città assieme a un ragazzo dai capelli castani, lunghi fin sul collo e arruffati. I due della foto ridevano felici.

«Lui chi è?»

«Uno poco raccomandabile: Dio li fa e poi li accompagna.» Sfogliò ancora il dossier. «Vincenzo Di Vincenzo... Che fantasia i suoi genitori! Studente all'Accademia di Belle Arti, senza fissa dimora. Abbiamo sue notizie fino a due mesi fa, poi l'abbiamo perduto.» Ritirò le foto e richiuse il fascicolo. «E c'è un'altra cosa: tre giorni fa il SID si è preso l'inchiesta e qui finisce il mio lavoro.»

Lui non lo sapeva e Santovito non glielo avrebbe mai detto, ma il SID si era preso anche l'inchiesta del maresciallo Garbin sulla morte di un certo Lagudoru Sebastiano da Orgosolo, ventinove anni, agente del SID, ucciso nel campo paramilitare con una raffica di Kalashnikov.

«Posso avere una foto dei due?»

Amadori ci pensò su, riaprì il dossier, sfogliò: «Ti posso dare questa che ne ho due quasi uguali e si vedono bene entrambi».

«Ti ringrazio.»

«Posso farti una domanda?» Santovito annuì. «Non è che sei passato al SID? A me lo puoi dire: sono una tomba!»

In strada, Santovito si chiese perché mai avesse annuito. Forse per il gusto di vedere il disappunto del giovane ex collega. O forse per lasciargli un motivo d'invidia, convinto com'era, Ares Amadori, che un posto al SID lo avrebbe meritato più lui di quell'individuo del sud vissuto troppo a lungo al nord, fra montanari e pecore. Che esperienza poteva avere di servizi segreti un tipo così? Ma quelli che contano non ne hanno mai fatta una giusta.

Da un diario americano

Pare che si siano stancati di starmi dietro. L'auto non la vedo più da una settimana, ma le cose non vanno come vorrei. Non riesco a legare con i colleghi, non riesco a stabilire un rapporto che vada al di là delle battute. Se comincio con loro un discorso importante, la mettono in battuta. Eppure ci sono cose importanti, ci sono eccome! Lo capisco dal malessere degli studenti, dal loro agitarsi, dal loro atteggiamento di sfida.

Ho fatto amicizia con Alessandro, il professor Giuliani, e gli ho chiesto:

«Ma questi non hanno dei problemi da discutere?»

«Per esempio?»

«Non so, la loro vita, i problemi dell'insegnamento, la guerra...»

«Hanno tutto: attrezzature, soldi, possibilità di ricerca...» ed è finita lì.

Gli studenti stanno preparando una manifestazione all'interno del campus, contro la guerra in Vietnam. La cosa interessa anche me e ne vorrei parlare con un ragazzo che non fa che chiedermi notizie del mio paese. Voglio anch'io sapere del suo. Chissà che non capiti l'occasione. Si chiama Alan Wasselman, ha diciotto anni, parla un italiano decente che ha imparato, dice, dalla sua ragazza di origini italiane.

Poi c'è il professor Ricky Newman. Ho idea che mi faccia il filo. Me lo trovo sempre attorno. Avrà poco più di trent'anni. È il classico giovanotto americano sano, sportivo e di buona famiglia. Uno di quelli che, se i film che ho visto non mentono, hanno in tasca il certificato medico, completo di esame del sangue, da mostrare alla partner prima di fare l'amore. Non alloggia al campus, ha una macchina che non finisce più, cerca di sedermi accanto alle riunioni o in mensa e ha sempre un buon motivo per fermarsi a chiacchierare con me. Se va bene a lui... Non abbiamo molto in comune e non ho capito bene cosa insegni, ma quando ho chiesto chiarimenti, mi ha fatto un discorso confuso del quale ho capito poco e che credo fosse più o meno:

«Mi occupo di elettronica, il ramo dell'elettrotecnica che, limitato in origine allo studio e all'utilizzazione dei fenomeni connessi con il moto di elettroni liberi nel vuoto o nei gas e quindi anche nei tubi elettronici, si è esteso ora a considerare anche alcuni fenomeni analoghi che si verificano nello stato solido, come quelli nei transistor, nei diodi a semiconduttori eccetera. Mi occupo di sviluppo dell'elettronica e di microcircuiti integrati su piastrine estremamente piccole di silicio, dette chips, che consentiranno un enorme salto tecnologico nel campo degli elaboratori elettronici, delle telecomunicazioni... Per farla breve, si tratta del futuro dell'informatica.»

Anche se era una spiegazione da manuale, non è che le cose siano cambiate e io abbia capito di più e meglio, ma mi fido, mi fido di quello che ha detto. La tecnica non è mai stata il mio forte e perciò ho scelto gli studi umanistici.

Andando in aula ho incrociato Alan, il giovane con fidanzata di origine italiana. In calzoncini e maglietta con sopra la scritta dell'università, attraversava il parco in direzione dei campi di tennis. Mi ha visto, mi ha fatto cenno di aspettarlo, ha deviato e mi ha raggiunto. Stavo per chiedergli perché, in una giornata fredda e con il pericolo di pioggia, non avesse rinunciato al tennis, ma lui mi ha preceduto:

«Ho parlato di lei alla mia ragazza. Vorrebbe conoscerla... È figlia d'italiani e le piacerebbe incontrarla.»

«Quando volete.» Poi gli ho chiesto: «Perché io?».

«Sua madre le ha parlato di lei.»

«Di me?»

Alan ha annuito e ha ripreso la strada verso i campi di tennis. Di lontano mi ha gridato: «Le dirò quando!».

Ho fatto un cenno per dire "Va bene", che forse lui non ha neppure notato perché è sparito oltre una siepe di sempreverde.

Il mondo è davvero piccolo se negli Stati Uniti una donna parla alla figlia di me che sono arrivata da poco dall'Italia.

In casa ho pasta e pomodoro e avevo intenzione di prepararmi un piatto, ma prima dell'una ha ripreso a piovere e ho dovuto rassegnarmi a mangiare in mensa. Mi sono seduta vicino ad Alessandro.

«Cosa mangi di buono?» Ha scosso il capo e ha indicato il vassoio. Non c'era da stare allegri: verdura tagliata a pezzi piccolissimi, carote soprattutto, condita con dressing, una coscia di pollo impanata e patatine fritte. «Che mi consigli?»

«Be', oltre a questo e se ti piace c'è hamburger con bacon fritto oppure una fetta di torta. Per bere puoi scegliere fra latte, gingerale, coca, acqua rigorosamente priva di grassi, caffè.» Ha allontanato il vassoio ancora mezzo pieno di cibo.

«Proprio come nei film. Non mi piacciono le loro torte e non mi piace il loro caffè.»

In verità non mi piace nulla di quello che sta dietro il banco del self service. Non mi piacciono le loro verdure crude tritate troppo fini e condite con salse che hanno troppi sapori e alla fine non ne hanno affatto, non mi piace il pollo fritto, non mi piace l'hamburger, non mi piace la pasta scotta e condita con una salsa di pomodoro prelevata da un contenitore di plastica e sbattuta direttamente sugli spaghetti, non mi piacciono il ketchup e la senape che si trovano immancabilmente su ogni tavolo, come se si dovessero spalmare su tutto, dal primo al dolce. Non mi piace soprattutto mangiare senza un bicchiere di vino, accidenti! All'università è rigorosamente vietato, come se il vino fosse la causa dei mali del mondo. Anche fuori pare che bere sia vergognoso. Si nasconde la bottiglia dentro sacchetti di carta che hanno poi la forma della bottiglia!

Ho preso una fetta di torta ai mirtilli, che aveva lo stesso sapore di quella di ieri ai lamponi e una tazza di caffè e ho mangiato guardando la pioggia che ha ripreso a cadere e io non ho portato né l'ombrello, che non ho ancora comprato e neppure so dove comprare, né l'impermeabile. Pare che qua girino tutti senza ombrello.

Spero che prima di sera smetta o mi ridurrò il classico pulcino bagnato. Quello che ci vuole per i miei capelli che già sono uno strazio.

Chiederò a una delle mie ragazze il nome e l'indirizzo di una parrucchiera che sappia fare un minimo il mestiere. Sono una che si accontenta. Non ho particolari esigenze, non ne avevo neppure da ragazza, ma la parrucchiera dalla quale sono stata già tre volte dal mio arrivo non ci sa fare, non ci sa proprio fare e ho l'impressione di servirle da cavia. "Tanto" penserà "a questa italiana va bene tutto." Non mi va bene!

X
Per osterie

Voleva incontrare anche Guglielmo e si presentò di mattina presto. Aprì Patrizia, in vestaglia, spettinata, sigaretta accesa. Sull'uscio di cucina, Guglielmo prendeva il caffè. Disse:
«Vedo che quella ha rotto le palle anche a te.»
«Lo faccio volentieri... quello che posso.»
«Quella non vuol capire che sua figlia se n'è andata perché era stanca di noi, perché vuole vivere la vita a modo suo...»
"Quella" lo interruppe: «Me lo avrebbe detto, mi ha sempre detto tutto!».
«... Ma soprattutto se n'è andata perché ha sempre fatto quello che voleva. Mai un minimo di regole, mai una restrizione, mai un bel no, questo non si può fare e non lo fai!»
«Così sarebbe colpa mia!»
«Sta' a vedere che è colpa mia» più a se stesso che alla moglie. «Comunque ti ringrazio per l'interessamento. Devo andare...»
«Solo un paio di domande a tutti e due: sapete se aveva un ragazzo?»
«Chiedilo a quella! Era lei la confidente, io non ho mai saputo niente di mia figlia, io!»
Patrizia si coprì il viso con le mani. Gridò: «Non hai mai voluto sapere! Ogni volta che ti ha cercato hai fatto di tutto per non esserci, per non impegnarti!».
«Quella parla a vanvera e io devo andare a lavorare!» Se ne andò sbattendo la porta.
Santovito si rigirava il sigaro fra le mani, senza accenderlo. Fumare sigari è piacevole se si è tranquilli. Con le sigarette è diverso. Se ne accorse Patrizia:
«Il sigaro non mi dà noia, anzi, mi piace il suo profumo. Ri-

cordo che anche a Raffaella, la tua...» Cambiò discorso: «Sì, ha un ragazzo... Lo chiamano Vangog».

«È questo?»

Patrizia guardò la foto: «È venuta bene... era felice. Sì, è lui. Dove... come l'hai avuta?».

«Sai dove abita?» Patrizia negò con il capo. «Si chiama Vincenzo Di Vincenzo, studia all'Accademia, è sparito da mesi...»

«Da quando se n'è andata Raffi!»

«Sì e probabilmente se ne sono andati assieme per un viaggio d'amore e ti stai preoccupando per nulla.»

«Raffi mi avrebbe avvertita... come ha fatto altre volte.»

«Forse per lei questa volta è diverso.»

«No, no e no, tu non la conosci!»

«Va bene. Dove s'incontravano?»

«Al Sanleonardo, un teatro alternativo, oppure in un'osteria fuori Porta San Mamolo... Non ricordo il nome.» Anche i tre ragazzi (o quattro?) del paese andavano in un'osteria fuori Porta San Mamolo. Una strana ragnatela. «Poi alle riunioni in università anche se non frequentavano la stessa facoltà. Cosa hanno detto i tuoi colleghi?»

«Che mi puoi aiutare.»

«Come?»

«Raccontami tutto quello che sai di Raffi, dei suoi rapporti con te e con Guglielmo, con chi si vedeva, se c'è qualcosa che dovrei sapere di Vangog... Mi puoi aiutare accompagnandomi in giro nei luoghi che frequentava. Da solo insospettirei: che ci fa un uomo della mia età in un posto da studenti? Con una donna giovane, invece...»

Patrizia riuscì a sorridere. «Mi vestirò bene, mi truccherò e ti farò sembrare un maturo signore che porta l'amante in giro per osterie e luoghi alternativi. Quando?»

«Questa sera. Che dirai a Guglielmo?»

«Da dove cominciamo?»

«Affidiamoci alla fortuna.» Aveva altre possibilità?

Il trucco leggero le aveva ridato colore, i capelli raccolti dietro la nuca e l'abito aderente la facevano più giovane. Sorrideva anche e Santovito s'illuse che la brutta storia fosse finita e che Raffaella fosse tornata a casa.

«Ti ha vista Guglielmo così in tiro?»

«Guglielmo non mi vede da molto. Finalmente ci muoviamo.» Ecco cosa l'aveva trasformata.

Patrizia non era una gran guidatrice e stava assorta, tesa. Fece i viali e a Porta San Mamolo prese a sinistra e parcheggiò.

«Ci siamo.» Scese e si guardò attorno. «Ma qui, qui è tutto cambiato.»

«Cambiato come?»

«Sì, cambiato. Raffi la frequentava spesso e anch'io ci sono capitata un paio di volte. Non mi aspettavo di trovarla così, diversa. Mi aveva accennato che il vecchio gestore stava per vendere, che forse sarebbe cambiata, ma non sapevo quando e come. Vedi?» Indicò la porta. «Mezze tendine, e poi rosa. Non c'erano prima, sembra quasi che vogliano nascondere qualcosa. Poi le luci dentro, così fioche, come un night. Non è più l'osteria che conoscevo.»

«Com'era?»

«Be', c'era più luce, più vita, era piena di giovani... C'erano ancora i vecchi clienti, quelli della bottiglia e della partita a briscola, ma da un po' la frequentavano anche dei giovani, ragazzi e ragazze, studenti, italiani, americani, greci, somali... C'era di tutto e suonavano la chitarra, cantavano... Adesso mi sembra tutto morto.»

«Andiamo lo stesso a guardare» e Santovito aprì la porta. «Non ci mangeranno.»

Al banco una bionda sulla cinquantina, ossigenata, grassa, dal trucco pesante. A un tavolino due vistose ragazze e un tizio dall'aspetto poco rassicurante; i tre li guardarono di sfuggita e continuarono a parlare a bassa voce. Le ragazze bevevano bibite gassate e l'uomo aveva dinanzi un bicchiere, forse whisky con ghiaccio. Fumavano. La bionda ossigenata uscì dal banco e si avvicinò al tavolo dove si erano seduti Patrizia e Santovito.

«Cosa posso servirvi?» fece.

«Va bene del vino?» e all'assenso di Patrizia: «Una bottiglia di... Cosa avete?».

«Bianco frizzante e Sangiovese.»

«Anche per te?» Altro assenso di Patrizia. «Sangiovese, allora.»

La bionda si allontanò e Patrizia si chinò verso Santovito: «Nella vecchia osteria bibite e whisky non li vedevi proprio, andava solo vino. Oddio, per esserci c'erano, ma nessuno li chiedeva. Poi c'era da mangiare, salume, uova sode...».

«La clientela è cambiata.» Entrarono altri due individui che si unirono ai tre già al tavolo. «Guarda che fauna. Si vede che ci sono i viali vicini. Aspettano che venga l'ora di mettersi al lavoro. E anche la padrona, dall'aspetto, sembra aver avuto a che fare con il mestiere...» S'interruppe perché un uomo, uscito dal retro, stava avvicinandosi al loro tavolo con bottiglia e bicchieri. «Grazie» gli disse Santovito e mentre si allontanava: «Qua ci vorrebbe qualche amico della Legione, per me è tutta gente schedata».

«Quindi?»

«Quindi di tua figlia qui non sa proprio niente nessuno» e sorrise per dare un senso ironico al seguito: «A meno che non si sia messa a fare la vita anche lei. Al massimo si può trovare un po' di fumo o peggio» e posò una mano sul braccio di Patrizia che stava per protestare. «Non parlo del peggio, ma il fumo circola fra i giovani d'oggi, dovresti saperlo. Figurati che è già arrivato su, al mio paese.» Si guardò di nuovo attorno. «Comunque questo non è il giro giusto.» Assaggiò il vino. «E anche il vino è cattivo.»

«Allora?»

«Allora pago e ce n'andiamo. Conosci qualche altro posto?»

Uscirono. Dopo la porta dell'osteria c'era un grande arco che metteva in un antico cortile, poi la vetrina illuminata di un bar. Ci stava entrando un gruppo di ragazzi.

«Andiamo a vedere in quel bar. C'è caso che i ragazzi si siano trasferiti lì» disse Santovito.

Un uomo anziano, grassoccio e sorridente, stava dietro al banco. Ai due bigliardi giocavano quattro giovani e un gruppetto di altri li guardava. Commentarono a voce alta il fortunoso filotto appena eseguito da "quel gran busone" di uno dei giocatori.

Due anziani bevevano vino e conversavano con il proprietario, al banco. A un tavolo sul fondo quattro ragazzi giocavano a carte, nascosti da altri giovani che, in piedi, seguivano la partita. Appoggiata al muro, poco discosta dal tavolo, una chitarra.

«Qui mi pare che andiamo meglio» mormorò Santovito. «Sediamoci.»

Il proprietario li raggiunse pigramente, come se muoversi dal banco fosse una fatica da evitare: «Desiderano?».

«Che vino avete?»

L'oste ristette pensoso, come per ricapitolare le possibilità di una nutrita cantina. «Sangiovese e bianco frizzante» disse poi.

«Le possibilità sono infinite, vedo. Una bottiglia di Sangiovese.» In attesa si mise a guardare i giocatori di carte. «Quelli mi sembrano giusti. Ci sono i capelli lunghi e le barbe, c'è l'eskimo e c'è persino la chitarra. Dobbiamo solo trovare una scusa per attaccare discorso.»

«Perché non vai a vedere come giocano? È lecito, in tutti i bar.»

«Mi sembra una buona idea ed è quello che farò.»

Li raggiunse e lo guardarono appena.

Le carte non erano quelle da briscola che conosceva. Più lunghe e molte di più delle classiche quaranta alle quali era abituato. Alcune figure erano riconoscibili, con i semi di spade, bastoni, denari e coppe, ma altre non le aveva mai viste.

Si concentrò sul gioco.

Uno dei quattro giocatori, un tipo alto, magro, barba e capelli scuri e lunghi, prese una carta con un numero e bussò. Risposero tutti con quel tipo di seme e, al turno, il suo compagno giocò una carta che raffigurava il sole, poi ne strisciò un'altra numerata. Le strane figure continuarono a viaggiare sul tavolo finché uno dei quattro gettò con rabbia una carta raffigurante un omino con in testa uno strano cappello e imprecò:

«Ce l'hai poi fatta a mangiarmi il Bégato! Mi bastava un numero in più e te lo prendevi nel didietro.»

Il tipo alto, magro, barba e capelli scuri e lunghi, rise: «Senza contatori dovevo dargli la caccia. Avevo uno sbanderno di numeri!».

«Sì, il mio busone, così andate fuori. Contate mo', ma fate anche criccone, mi pare, e siete a... quanto? Seicentoventi! Auguri.» Radunò e raccolse le carte. «Questa è persa, dài per la bella. A mille. Chi è cartaio?»

In quello strano movimento di carte Santovito non si raccapezzava. Chiese sottovoce a uno dei giovani spettatori: «Ma che gioco è?».

«Ottocento o carte lunghe. È il Tarocchino bolognese.»

«Mai sentito.»

«Eeeh, è un gioco difficile, forse il più antico che esista.»

«Come funziona?»

Il giovane diede un'occhiata al cartaio che ancora mescolava il mazzo: «Sai giocare a tressette? È una specie di tressette briscolato. Ci sono quaranta carte di mazzo e ventidue briscole».

«Che sono quelle carte strane?»

«Se le conosci non sono strane. C'è l'Angelo, il Mondo, il Sole...»

«E quella carta... quella che ha fatto bestemmiare il giocatore quando... quando gliel'hanno mangiata?»

«Quello è il Bégato. È la briscola più piccola, ma è importante perché serve ad aumentare il valore di certe combinazioni.» Il cartaio aveva cominciato a distribuire e il giovane abbassò il tono: «L'ho detto, è un gioco difficile, ci vuole già del tempo per imparare a contare i punti».

Anche Patrizia si era avvicinata. Guardò il giovane che stava parlando con Santovito e gli chiese: «Scusa, ma tu non sei Mattioli?».

«Così mi chiamo» ma il giovane era diventato sospettoso.

«Conosci Raffi, mia figlia! So che avete studiato assieme...»

«Una Raffi la conosco, ma non so se sia tua figlia.»

«Sì, avete preparato l'esame di storia medievale... Ti ho visto per casa. Conosci anche il suo ragazzo, Vangog...»

Patrizia aveva cominciato a parlare a voce alta e i giocatori si erano fermati e guardavano la strana coppia entrata a mettere confusione nel loro gioco. Quello alto e magro posò le carte sul tavolo e fece, anche lui sospettoso:

«Perché tante domande?» Arrotondava la erre.

«Perché lui conosce... conosce mia figlia e...» Patrizia si stava agitando. «Ecco perché, e lui...»

Santovito posò una mano sul braccio di Patrizia. Disse: «Non sono della Politica, sono un suo amico e stiamo cercando sua figlia che è scomparsa da troppo tempo, così» e schioccò le dita. «Se avete sue notizie o sapete qualcosa che ci possa aiutare...»

Il tipo che arrotondava la erre disse: «Sì, conosciamo Raffi e conosciamo Vangog, ma non sappiamo niente, solo che è un po' che non si vedono in giro, da nessuna parte, ma dove siano finiti...». Strinse le labbra e sollevò il capo. «Siete sicuri che non siano andati da qualche parte, non so, per un viaggio?»

A Patrizia si erano inumiditi gli occhi e continuò a parlare con voce alterata: «Ma che viaggio, ma che viaggio!». Tirò su col naso, per non cominciare a piangere.

Santovito se ne accorse e la sostituì nel dialogo: «Non sapete proprio niente? Che so? Aveva accennato a dei progetti?».

«Non sappiamo niente» intervenne un altro giocatore. «Vogliamo continuare o la piantiamo lì?»

«La piantiamo lì, la piantiamo lì. Come si fa a giocare con tutto 'sto casino?» disse l'alto e magro e si allungò per prendere la chitarra appoggiata al muro dietro di lui.

«Sì, va bene, è meglio, va' mo' là. Cantaci qualcosa che ci tiriamo su» intervenne dal banco il barista per stemperare, evidentemente, l'atmosfera pesante.

«Cosa volete?»

«Quello che ti pare» disse ancora il barista.

«No, no» protestò uno dei clienti, «comincia con quella degli anarchici che mi avevi promesso.»

Attorno al tavolo aumentò il gruppo degli avventori. Un paio di accordi e poi:

Addio Lugano bella
o dolce terra pia
scacciati senza colpa
gli anarchici van via...

Altri si unirono a fare il coro e, quando la canzone stava per finire, Santovito mormorò all'orecchio di Patrizia:

«Non abbiamo altro da fare qui, andiamo.»

Patrizia annuì, ma non lo seguì al banco dove Santovito pagò. Tornò al tavolo dei giocatori e prima che partisse un'altra canzone, disse:

«Scusate ancora... poi non vi disturbo più. Lascio qui il numero di telefono della madre di Raffi, caso mai vi arrivi qualche sua notizia o vi ricordaste qualcosa.» Segnò il numero sul foglietto a quadretti sul quale il barista aveva scarabocchiato il suo avere e lo posò sul tavolo.

Uscirono e in strada Patrizia piangeva. Il tipo alto, magro, barba e capelli scuri e lunghi, era già partito con:

Di antichi fasti la piazza vestita
grigia guardava la nuova sua vita...

XI
Per teatri

«Al Sanleonardo c'è qualcosa tutte le sere» aveva detto Patrizia «teatro, canzoni, film... e se ci andiamo presto possiamo vedere quelli che entrano.»

Andarono presto, ma non abbastanza e dinanzi al Sanleonardo c'erano già molti giovani vestiti alla rinfusa e quasi tutti con la kefiyah sulle spalle o attorno al collo a mo' di sciarpa. L'eskimo era una sorta di divisa per tutti e alcuni indossavano anche l'iqal. Alla parlata italiana dalle molte inflessioni si mischiava la musicalità della lingua gutturale degli arabi. Sotto il portico stagnava l'odore dolciastro dell'erba bruciata in quantità e senza problemi. I muri attorno all'ingresso e la porta erano coperti da manifesti colorati con sopra il viso di un'araba, in parte nascosto dalla kefiyah rossa e bianca, ma dal poco che di quel viso restava scoperto si riconosceva Leila Khaled, per giorni su tutti i giornali, la fedayin arrestata a Londra per aver dirottato un aereo.

Nell'atrio, due giovani, un uomo e una donna, li fermarono. «Servizio di sicurezza» disse lui. Magro, viso scavato, naso affilato, barba corta su tutto il viso e capelli castani quasi biondi, occhi chiari.

«Di cosa avete paura?» gli chiese Santovito.

«C'è sempre qualche matto in giro» e sollevò le braccia a Santovito.

«Ti sembro un matto che va in giro con la dinamite?»

Il giovane lo guardò in viso, gli sorrise e lo perquisì superficialmente. La sua compagna si occupò di Patrizia. «La borsetta» disse. La controllò senza metterci dentro le mani. Fecero segno di passare.

Il corridoio, tappezzato di manifesti e fotografie, era affollato e anche qui l'odore dell'erba. Dietro la cassa, un tavolino traballante coperto da un panno verde, un tale dai capelli grigi faceva del suo meglio con i biglietti e con il resto, ma si capiva bene che non era quello il suo mestiere. I biglietti li stracciava una bambina che avrà avuto sì e no dieci anni.

«Qui utilizzano anche la mano d'opera infantile» mormorò Santovito.

Il teatro era una chiesa sconsacrata che conservava ancora la cantoria dove erano stati appesi i fari. Nella navata centrale erano sistemate vecchie poltroncine di legno recuperate da qualche demolizione e fissate a caso sul pavimento in cemento, come se il lavoro lo avesse fatto un muratore ubriaco. Le due navate laterali erano i corridoi e in una nicchia di quella a sinistra restava, ultimo segno della sacralità del luogo, l'enorme statua di un santo, forse il Leonardo da cui il nome storpiato del teatro. Il poveretto sembrava guardare sconsolato una platea alla quale non si era ancora abituato. Nel corso dei secoli la sua mano destra, sollevata a benedire, aveva perduto il medio e l'anulare e aveva acquistato il significato laico e volgare delle corna. Tutta la statua era scolorita tranne che il naso, di un rosso beone. Destino di un santo. Il palco occupava il posto che era stato dell'altare maggiore e là sopra ci si apprestava a celebrare un'altra funzione.

Prima di sedere Patrizia cercò fra gli spettatori e poi, a spettacolo iniziato, si sistemò accanto a Santovito. Continuò a voltarsi ogni volta che la tenda dell'ingresso si scostava per far passare i ritardatari assieme a un po' della luce dell'atrio. Non prestò attenzione agli attori, non vide i fedayin sollevare in alto i Kalashnikov nel nome della Palestina, non sentì i versi con i quali i poeti guerriglieri invocavano libertà per il loro popolo e la loro patria.

Questo sangue che impasta la terra
davanti alla porta di casa mia,
non fa che chiamare altro sangue.
Non sarà mio, questa volta,
né dei miei figli...

Non vide e non udì il giovane magro, viso scavato, naso affilato, barba corta su tutto il viso, capelli castani quasi biondi e occhi chiari che, dal proscenio, mormorava al pubblico il suo dolore:

*Oggi è sabato,
terzo giorno dall'inizio della strage.
Io sono vivo e voglio
dirvi di un popolo che sfida la morte...*

Improvvisamente strinse il braccio di Santovito e gli mormorò all'orecchio: «È entrata Raffi!». Chiamò: «Raffi!».
Si alzò e, uscendo in fretta dalla fila, calpestò piedi e indumenti. Nella penombra del teatro, Raffaella la guardò, mormorò qualcosa agli amici e uscì alla svelta.
«Raffaella!»
Sul palco gli attori tacquero, Patrizia corse fuori, Santovito la raggiunse sotto il portico.
«Appena mi ha visto, è scappata. Perché?»
«Sei sicura che fosse lei? Era buio...»
«Conoscerò mia figlia, accidenti! Credi che abbia le visioni, che sia già matta? Perché è scappata?»
Santovito tornò nell'atrio dov'era rimasta solo la bambina dei biglietti. Le chiese: «Hai visto la ragazza appena uscita?». La bambina annuì. «La conosci?»
«Sì, era Raffi.» Aveva la voce dolce e dolci gli occhi.
«Sai dove abita?» La piccola fece segno di no con il capo. «Viene spesso qui?»
«Sì, viene. Lei e Vangog hanno fatto le foto dello spettacolo. Hanno fatto le foto anche a me, ma non lei, a me le ha fatte Vangog, la macchina fotografica è sua e non la dà a nessuno, nemmeno a Raffi.»
«E Vangog lo hai visto questa sera?»
«No, non è venuto. Le foto dello spettacolo le ha già fatte.» Indicò le foto appese alle pareti: «Sono quelle».
«Hai visto con chi è entrata Raffi?» La bambina annuì. «Me li indichi quando escono? Io e la mia amica aspettiamo sulla porta e quando ne vedi uno, mi fai un segno con la testa, un segno così, va bene?» Le sorrise, le fece un gesto d'intesa e tornò da Patrizia, sotto il portico.
La piccola non ricambiò né il sorriso né il cenno. Ne avrebbe parlato con suo padre. Quel tipo sapeva tanto di questura. Ce l'avevano spesso fra i piedi, a teatro, e lei cominciava a non sopportarli, con tutte le domande che facevano e i sospetti.

*Sogno dei gigli bianchi,
strade di canto*

e una casa di luce.
Voglio un cuore buono
e non voglio il fucile.
Voglio un giorno intero di sole
e non un attimo
di una folle vittoria razzista.
Voglio un giorno intero di sole
e non strumenti di guerra.
Le mie non sono lacrime di paura,
sono lacrime per la mia terra.
Sono nato per il sole che sorge,
non per quello che tramonta.

Applausi, grida, fischi. Uscirono i primi spettatori, ma non il padre della bambina, che aveva sempre tanto da fare là dentro, e la piccola fece il cenno che il tipo sospetto aspettava da lei. Al padre ne avrebbe comunque parlato. Lei ci veniva volentieri al Sanleonardo. C'era un buon profumo di palcoscenico e tanta gente. Le piaceva.

Presa Patrizia sottobraccio, Santovito si avvicinò ai tre che la bambina gli aveva indicato, fermi sotto il portico. Si passavano una sigaretta arrotolata alla meglio e ridevano.

«Scusate» disse.

Patrizia lo interruppe: «Sono la madre di Raffi...».

«Non conosciamo nessuna Raffi» disse il giovane.

«Ma come? Siete entrati assieme a lei, vi ha anche parlato...»

Santovito la interruppe: «Tu sei Mattioli e l'altra sera al bar di San Mamolo hai detto che la conoscevi».

Una delle ragazze rise forte: «Scommetto che tu sei il padre di Raffi».

«No, ma mi preme molto, come se lo fossi.»

«Non conosciamo nessuna Raffi e abbiamo da fare» disse Mattioli, duro e deciso. Se ne andarono.

Per un poco Patrizia li seguì a mendicare una risposta: «Vi ho visto entrare assieme a Raffi. Perché non volete dirmi... e tu hai anche studiato a casa mia...».

«Guarda che ti sbagli. Siamo entrati noi tre e non c'era nessuna Raffi.»

«Lascia perdere, Patrizia!» le gridò di lontano Santovito.

Immobile sotto il portico e urtata dai passanti che uscivano dal Sanleonardo, Patrizia piangeva.

La stanza numero sette dà su un cortile interno stretto fra quattro muri scrostati dall'umidità che sale dal pavimento in terra battuta e stinti dalle intemperie. C'è accatastato di tutto in quel cortile: casse di minerale e copertoni d'auto, rottami di biciclette e mucchi di legna protetti con lastre di eternit, sedie sgangherate e arrugginite reti da letto. Dal cortile si accede alle tre stanze riservate alle signore dei viali e ai loro clienti, ma né le une né gli altri si accorgono del disordine.

Nella sette c'è di bello che i rumori della strada non arrivano, eppure Santovito non riuscì a prendere sonno. Troppi problemi, troppi avvenimenti da collegare fra loro e, appoggiato al davanzale, fumò anche l'ultimo sigaro. Aveva perso il conto delle coppiette che s'erano imbucate nelle tre camere del cortile. Stavano nelle stanze il tempo di un veloce rapporto e poi via. La donna di servizio aveva appena il tempo di sostituire la biancheria (un albergo pulito, da complimentarsi con il signor Stupai) e subito un altro giro.

Si addormentò che l'alba entrava nella stanza e il posacenere era colmo.

Si svegliò. Sudava anche se la finestra era aperta. Le sette e Santovito aveva la bocca impastata per i troppi sigari. Non c'era abituato, su al paese. Un sigaro prima di cena, seduto fuori dalla porta ad aspettare il tramonto, e uno dopo cena, dinanzi al camino acceso e con un libro in mano e poi, dormisse o no, niente sigari fino al mattino.

Bussarono. «Sì, chi è?»

«Sono io, signor maresciallo. La vogliono al telefono» disse sottovoce, la bocca accostata alla porta per non disturbare i clienti delle altre stanze, la donna delle pulizie, quella che, secondo Stupai, "l'a 'n in fa mai ónna dal bóni", non ne fa mai una giusta.

Il telefono per i clienti era uno scarafaggio nero appeso al muro nell'atrio dell'albergo e quindi per niente riservato.

«Sono Santovito.»

«Passa da me che ci sono notizie importanti.»

«Guai, Friggerio?»

«Vieni da me prima che puoi.»

Una stretta allo stomaco. Come e cosa avrebbe raccontato a Patrizia se Friggerio gli avesse comunicato che Raffi... «Ti ringrazio, Friggerio, e se posso esserti utile...»

«Non dire cazzate, Benedetto!» il tenente colonnello era uno dei pochi che ogni tanto lo chiamava con il nome di battesimo. «Ci conosciamo da una vita.»

Appese il microfono e borbottò: «Vediamo di che si tratta, prima». A Stupai che lo guardava da dietro il banco: «Un caffè per favore».

«Niente colazione, maresciallo?»

«Non ho tempo.»

Stupai mise la tazzina in macchina e macinò una dose abbondante di grani: «Guai in vista?».

«Non lo so ancora.»

«Speriamo di no. Adesso le faccio un caffè da leccarsi i baffi, signor maresciallo.»

Nell'attesa Santovito ammorbidì il primo sigaro di una giornata che si stava presentando niente bene, dopo una notte infame e un risveglio peggiore. Il caffè era buono, cremoso e non troppo ristretto. Lo disse a Stupai.

«Grazie, signor maresciallo. Facciamo quello che si può per soddisfare i clienti» e quando Santovito uscì: «Buona giornata».

Santovito borbottò che non sarebbe stata una buona giornata.

E non lo fu. Intanto il tenente colonnello Friggerio gli mise dinanzi un altro mistero.

«Guai in vista per la tua protetta, Santovito. C'è un mandato d'arresto per il suo fidanzato che si chiama...» Controllò i documenti.

«Di Vincenzo» disse Santovito.

«Lo conosci?» Santovito negò. «Vincenzo Di Vincenzo detto Vangog. È accusato di omicidio nella persona di...» e consultò ancora i documenti.

«Lagudoru Sebastiano.»

Il tenente colonnello Friggerio chiuse la pratica: «Ne sai più di me. Come ci sei arrivato?».

«Mettendo assieme i guai che mi sono arrivati addosso e gli indizi, ma ti sarà più preciso il maresciallo Garbin» e si rifugiò nel sigaro, un modo per raccogliere le idee e prendere tempo. Accese con calma, con calma tirò qualche boccata e poi Friggerio chiese, più a se stesso che all'amico:

«Che si fa?»

«Per la ragazza che novità ci sono?»

«Accusa di favoreggiamento. Almeno per ora.»

«Quando e come pensi di arrestarlo?»

«Questa notte. Sappiamo di un covo delle bierre del quale l'indiziato si sarebbe già servito. Ho qui un fonogramma del SID nel quale mi si chiede, o meglio mi si ordina di procedere celermente e con la massima discrezione, Santovito.»

«Sto per chiederti qualcosa che non dovrei, Friggerio...» Il tenente colonnello gli fece segno di continuare. «Posso assistere all'operazione?»

L'ex superiore non rispose e si alzò. «Ti accompagno.» Prima di lasciarlo, gli porse la mano: «Se ti trovassi a passare dalle parti di Broccaindosso questa notte alle due, fai molta attenzione perché non sarebbe la prima volta che ci scappa una sparatoria in operazioni di questo genere. Figurati che avrò fra le palle anche loro, un paio di quelli del SID». Rimase sulle scale e lo guardò scendere.

Lungo Broccaindosso cercò di immaginare in quale delle tante porte, sotto il basso porticato, poteva nascondersi il covo dei brigatisti. Tutte uguali, vecchie, scrostate, spalancate su corridoi bui e cortili umidi. Controllò alcuni campanelli: molti nomi stranieri.

L'osteria Cesarina non aveva tendine e i tavoli arrivavano fin contro le due vetrine. Un batacchio fissato sopra la porta avvertì la padrona del suo ingresso. Non c'erano clienti e la titolare era più larga che alta e stava dietro un vecchio banco di legno unto, bisunto e consumato dai tanti gomiti che vi si erano appoggiati nel corso del tempo. Vi si appoggiò anche Santovito e chiese un bicchiere. La donna lo servì senza chiedere se lo desiderasse bianco o rosso. Dalla cucina, una porta a vetri sgangherata, usciva il buon profumo di ragù alla bolognese.

«Fate anche da mangiare?»

«Sì, qualcosa per chi si accontenta, alla buona» rispose la donna più larga che alta, classica cuoca di una cucina abbondante.

«A che ora chiudete?»

«Dipende. A volte stiamo aperti fino a tardi, se ci sono clienti. A volte vengono, bevono e si mettono a cantare e vanno di lungo fino al mattino. Non posso micca cacciar fuori i clienti. Tanto poi ci sta mio marito. Io servo fin che ne ho e quando non ne ho più vado a dormire. Che si arrangino loro!» Una che andava per le spicce.

«Sto ai Tre Gobbi...»

«Aaah, da Stupai!»

«Sì, e questa sera verrò ad assaggiare il suo ragù che fa un così buon profumo.»

«Oooh, è vero che c'ho il ragù sul fuoco!» e corse in cucina continuando a parlare a voce alta. «Non venga presto perché fino alle sette ci sono quelli che giocano a carte e occupano quasi tutti i tavoli. Se viene dopo c'è più calma e la serviamo meglio.»

«Va bene alle nove?»

«Va benissimo. Vuole qualcosa di speciale?»

Per non continuare un dialogo urlato, Santovito si affacciò alla cucina che, contrariamente a quanto si poteva supporre guardando l'osteria, in particolare il bancone, era pulita e in ordine. La donna mescolava il ragù e si occupava di un altro paio di tegami.

«Vorrei la sua specialità.»

«Oooh, la mia specialità sarebbe il coniglio al forno, ma questa mattina non l'ho trovato. C'erano solo quelli d'allevamento che sanno di pesce. Le vanno bene le tagliatelle come primo e poi dopo le crescentine nelle tigelle con la consa o con del salume? Sa, io vengo dalla montagna e mi sono portata dietro le tigelle e la consa da far assaggiare a questi cittadini.»

«Andrà benissimo. Quanto le devo per il vino?»

«Non si preoccupi, che ci mettiamo poi d'accordo questa sera. Adesso non posso lasciare i fornelli se no qui mi si brucia tutto.»

«Ci vediamo questa sera, signora... Come si chiama?»

«Come vuole che mi chiami? Cesarina, come l'osteria» e per un attimo tralasciò i fornelli e si voltò per confessare: «Veramente mi chiamerei Augusta, ma bisogna pure che qualcuno si chiami Cesarina, no?»

Seduto su una sedia inclinata, appoggiata al muro sotto il portico accanto alla porta dell'albergo, Stupai sembrava appisolato, ma quando Santovito gli arrivò a pochi passi, si alzò e andò ad aprire la porta a vetri.

«Già di ritorno maresciallo? Tutto bene?» Era più curioso di una scimmia, ma forse faceva parte del mestiere. Santovito entrò e non gli rispose. «Ha telefonato una signora. Tre volte e sembrava molto preoccupata. Ha detto di chiamarla con urgenza.» Andò al banco, stracciò il bordo del giornale e porse il brandello di carta con sopra scarabocchiato un numero di telefono. Santovito non lo prese e disse:

«Se richiama le dica che non sono rientrato.» A metà scale tornò indietro per chiedere: «Come si mangia da Cesarina?».

Stupai portò l'indice della destra alla guancia, lo ruotò un paio di volte e disse: «Da Porta San Vitale fino a Castenaso e anche oltre, la Cesarina non ha paura di nessuno. Vada tranquillo, maresciallo! Piuttost ch'al vaga pian con al vein, vada piano con il vino che suo marito è un griccio che pelerebbe le pulci per vendere la pelle».

XII
Il covo caldo

Una nebbia umida e pesante confondeva i portici, li sfumava. Poca gente in Broccaindosso e i pochi passanti apparivano e svanivano, fantasmi che c'erano e poi non c'erano più. Notte ideale per un'operazione del reparto speciale dei carabinieri.

Il solito batacchio fece voltare il capo agli avventori non impegnati con le carte e uscire dalla cucina un ometto anziano, calvo e rotondo e con uno sporco grembiule annodato in vita. Salutò cordialmente il nuovo cliente:

«Prego, si accomodi che arrivo subito. La Cesarina mi ha detto...»

La prima delle due sale era piccola, con pochi tavolini e il bancone del bar con sopra il registratore di cassa e dall'altra parte la macchina del caffè. Dietro, lo scaffale per le bottiglie di liquore dalle dubbie etichette. C'erano anche una specchiera con la pubblicità di un amaro forse scomparso dalla circolazione, un calendario e il classico quadretto sotto vetro nel quale erano esposte le molte licenze con regolamentari marche da bollo, di un importo ormai introvabile, e la tabella dei giochi proibiti, ben visibile in ogni locale pubblico e che Santovito, per il mestiere che aveva fatto, conosceva ormai a memoria e si era spesso chiesto quanti degli avventori conoscessero quei giochi dai nomi misteriosi come Cucù o Spilli. O chi mai avesse giocato a Pitocchetto o a Camuffa che nel gergo della mala aveva qualcosa a che vedere con rubare, nascondersi. E poi Erbette: che razza di gioco poteva mai essere? Ma la burocrazia ha le sue regole di cose inutili, molte dimenticate, che però devono apparire in bella vista, a scanso di multe che lui, Santovito, non avrebbe mai elevato.

L'ometto anziano indicò l'altra sala, con tavoli apparecchiati, uno solo dei quali era occupato da tre giovani che mangiavano e discutevano. Si voltarono appena all'ingresso di Santovito e continuarono a parlare di esami e di università, senza abbassare il tono.

«Si metta a sedere dove vuole, tanto è ancora tutto libero.»

Santovito adocchiò un tavolo vicino alla vetrina da dove poteva controllare strada e portico.

«Cosa le porto?»

«Questa mattina la Cesarina mi ha detto delle sue tagliatelle...»

«Certo, le tagliatelle, ma abbiamo anche i passatelli in brodo...»

«No, vada per le tagliatelle.»

«Speciali. È ancora sfoglia tirata a mano e con il mattarello. Ho paura che così non le troverà più, a Bologna. Eeeh, tutto cambia! Il ragù è speciale, è di quelli fatti all'antica. Sentirà che roba! E per secondo?»

«Cosa c'è?»

L'oste alzò gli occhi al cielo, per ricordare: «Dunque... spezzatino col friggione di contorno, roba leggera» ammiccò. «Un spezzatino! Speciale!» E con un gesto semicircolare della mano enfatizzò quel "spezzatino". «Poi c'è l'alesso col purè e la salsa verde. Aaah, oggi ci sono anche le tigelle, sa, mia moglie è della montagna modenese. Se non le ha mai mangiate, gliele consiglio. Sono speciali. Adesso gliele faccio vedere.»

«No, no» Santovito lo fermò con un gesto. «Me l'aveva detto sua moglie. Le conosco, sono come le cine che fanno su da me. Però le tigelle non le ho mai assaggiate. Con cosa si mangiano? Col prosciutto, col formaggio?»

«Nooo!» L'oste arretrò scandalizzato. «Ci vuole la consa, il pesto...»

«Quello con il basilico?»

«Nooo!» Scosse la testa sempre più scandalizzato. «Quello che dico io è con un tritato di lardo, aglio e rosmarino. Poi ci si mette sopra una spolverata di grana. Sentirà. Speciale!» e ancora accompagnò il suo "speciale" con il gesto semicircolare della mano.

«Va bene, vada per le tigelle. Da bere?» Santovito temeva la risposta.

«Bianco frizzante o Sangiovese.»

«Ti pareva! Un litro di Sangiovese, allora.»

L'oste tornò con il vino. Santovito assaggiò e lo trovò buono.

«Stupai aveva torto, è il migliore fra quelli che ho bevuto a Bologna» mormorò. «Speriamo che la cucina sia all'altezza. Mi preoccupano tutti i suoi "speciale".»

Arrivarono altri avventori: un uomo da solo che stese un quotidiano sul tavolo, una coppia, un gruppetto di studenti e Santovito riascoltò l'oste proporre il suo menù e i suoi "speciale". I giovani di prima avevano finito di mangiare, fumavano e bevevano vino, discutendo sempre, non capiva se di sport o di politica.

Entrò una comitiva di persone di mezz'età. Uno di loro portava una vecchia chitarra malmessa. Con molta cura, quasi si trattasse di cosa preziosa, l'appoggiò a una sedia, che trascinò accanto a sé, e tutti sedettero ordinando rumorosamente.

Santovito trovò le tagliatelle davvero speciali. Doveva far venire un certo orario e indugiava sul cibo chiedendosi come avrebbe fatto a rimanere lì a lungo. Almeno fino alle due, se conosceva bene Friggerio. All'ultima tigella chiamò l'oste.

«Allora, tutto bene?»

«Aveva ragione, tutto speciale.»

«Le serve altro? Per dolce abbiamo zuppa inglese e mascarpone...»

«Mi porti un caffè e... una grappa, bianca, secca.»

«Ne ho proprio una speciale!»

«Mi sarei meravigliato del contrario» e trattenne l'oste: «A che ora chiudete?».

«Alle due, a volte di più, se c'è gente. Questa sera mi sa che tiriamo tardi» e indicò la comitiva con chitarra. «Appena finito di mangiare quelli si mettono a suonare e a cantare e allora...» Allargò le braccia come a dire che ci voleva pazienza e se ne andò per il caffè e la grappa anche quella speciale.

Quelli con la chitarra ordinarono altro vino e uno di loro disse: «Dài mo', Quinto, facci sentire qualcosa!».

«Cosa volete sentire?» Le proposte si accavallarono, fra il fumo delle sigarette e i bicchieri di vino. «Va be', va be'» tagliò allora il nominato Quinto. «Buoni tutti che ci penso io» e intonò una canzone.

Santovito capiva abbastanza il dialetto bolognese, soprattutto se parlato adagio, e la canzone era lenta e malinconica. La trovò bella. Raccontava di una chiesa che non c'era più, di una Madonna portata in processione e di due quartieri della vecchia Bologna, il Pratello e Borgo San Pietro, che un tempo si litigavano il diritto di portare quella Madonnina, arrivando anche a darsi "un frach éd bòt", un fracco di botte. Poi tutto questo se n'era andato con gli anni e solo i vecchi ricordavano il passato, che per loro significava anche una giovinezza perduta.

La canzone finì e, dopo un attimo di silenzio, tutti applaudirono. Uno esclamò: «Mo' sócc'mell, Quinto, t'um' fèe zighèr! Canta bén qualcosa di più allegro!».

«Di più allegro? Quale faccio? *La muiéra smuntàbil?*»

«*La Flèvia!*» fece uno, e tutti:

«Sì, sì, vai con *La Flèvia*, Quinto!»

«No, no» disse Quinto. «No, che poi mi mettono in galera!» Ma attaccò:

L'è Vittóri un bèl zuvnòt
Impieghè int'un banch dal lòt,
péin ed vétta, péin 'd calura
e cun l'óca sàmper dura...

Santovito cercò di seguire le parole, ma la canzone era veloce e molti significati gli sfuggivano. Intuì, qua e là, che l'argomento era grassoccio e lo si capiva dal fatto che certi passaggi della canzone erano sottolineati da rumorose risate.

Il brano finì in un grande, convinto applauso anche di quelli che non erano entrati con la comitiva. Cominciò poi una giovane dall'accento americano che cantava e suonava la chitarra davvero bene.

I due, Quinto e l'americana, si alternavano. A Santovito, che si era fatto portare altro vino, tanto per stare in compagnia, e aveva anche saldato il conto, piaceva quell'alternarsi di inglese e dialetto bolognese, e gli piaceva l'atmosfera gioviale che si era creata. Lo distolse il rumore di brusche frenate e capì che le auto dei carabinieri stavano bloccando gli accessi a Broccaindosso.

Infatti, dinanzi alla vetrina e nel chiarore di una notte appena illuminata dai fanali, passarono di corsa carabinieri in assetto di guerra. Gli altri clienti, occupati com'erano a vociare, non se ne accorsero e continuarono a cantare e a bere.

Santovito uscì e si nascose dietro una colonna.

«Bloccate l'uscita!»

«Di qua, di qua!»

«È qui, è qui, coprimi che sfondo!»

Un botto, schianto di legno spezzato, pesanti passi di corsa sul pavimento del portico, voci concitate, ancora passi di corsa... Uscì dal buio e si avvicinò. Un carabiniere gli piantò il mitra nello stomaco:

«Fermo lì! Chi sei?»

Lo tolse dai guai la voce di Friggerio: «Lascia, appuntato, lascia, tutto a posto, lo conosco, lascia passare».

«Allora?» gli chiese Santovito.

«Andiamo a vedere se il nido è occupato o vuoto.»

La lampadina nel corridoio non illuminava granché. Due carabinieri, mitra spianato, stavano dinanzi alla porta sfondata di un appartamento a piano terreno e altri erano già dentro. Un'unica stanza, due brandine sfatte, un armadio, alcune sedie, un tavolo coperto da materiale... Una porta metteva in un locale con water, lavandino e doccia e prima che Friggerio e Santovito vi entrassero, uscì un tipo in borghese, un giovane alto, biondo e robusto e dai modi sbrigativi persino con il tenente colonnello Friggerio.

«C'erano, accidenti, c'erano! Sono scappati dalla finestra del cesso e chissà dove sono adesso! C'è una casbah di cortili e tetti, qua dietro!»

Friggerio bestemmiò: «Lo sapevo! Capitano Donner, se mi avesse lasciato organizzare come volevo io...».

«E come?» chiese Donner, ma si capiva bene che non credeva ai metodi del tenente colonnello Friggerio.

«Anzitutto avrei fatto un sopralluogo e le assicuro che non sarebbero scappati. Poi meno casino, meno uomini, cazzo! Mica c'era nascosta una divisione qui dentro!»

«Non c'era tempo!»

«Non c'era tempo e sono scappati... Be', non stiamo a litigare e...»

Lo interruppe un appuntato: «Signor colonnello, quando sono entrato la luce era accesa e il ciclostile stava ancora andando. Lavoravano e se la sono filata appena ho cercato di sfondare la porta. Non prevedevo...».

«Lascia perdere, appuntato, che non è colpa tua. Vediamo cosa hanno lasciato.»

Il ciclostile si fermò quando entrarono nella stanza e il volantino fresco di stampa aveva in testa la stella delle bierre. Trovarono anche altri volantini e foto della città e piantine di Bologna, via Zamboni e piazza Verdi, zona universitaria, segnate in rosso. In terra in un angolo, l'occorrente per un fotografo professionista. Nell'armadio e gettate alla rinfusa, due tute mimetiche e un Garand.

«Scommettiamo che è quello che ha ammazzato quel poveraccio dalle tue parti? Come si chiamava?» disse sottovoce Friggerio a Santovito.

«Lagudoru Sebastiano, ma non credo che sia quello.»

«Perché?»

«Lo hanno ammazzato con una raffica di Kalashnikov, se il mio amico maresciallo Garbin ha letto bene il verbale della Scientifica.»

«Oh, Santovito, tu ne sai più di me.»

«Guardi qua, colonnello» disse l'appuntato. Si era tolto il giubbetto antiproiettile e lavorava, guanti calzati, attorno al materiale trovato sul tavolo. Mostrò una patente. «A occhio direi che è falsa.»

Era intestata a Ferrucci Michele, ma la foto appiccicata era di Vincenzo Di Vincenzo. Lui era stato lì, ma c'era rimasta solo la patente. E falsa per giunta.

«E poi abbiamo trovato queste... Ce ne sono almeno un centinaio!» e sparpagliò sul tavolo un pacco di foto. «Stavano nella cassetta da fotografo.»

Santovito riconobbe il luogo: il campo per l'addestramento, su, al paese.

Da un diario americano

«Ho qualcosa per te» mi ha detto Alessandro e mi ha consegnato una busta chiusa con sopra il mio nome e cognome.
 «Chi te l'ha data?»
 «L'ho trovata nella mia casella.»
 «Perché non l'hanno consegnata a me?»
 «Non hai ancora la casella e hanno usato me come postino. Hai intenzione di aprirla o la rispedisci al mittente?»
 L'ho aperta, ho letto, non ci ho capito niente. Poche righe scritte a macchina e in italiano. Nessuna data, nessuna firma e chi me l'ha inviata sa molte cose di me.
 «Problemi?»
 Cosa gli rispondo? Ho guardato l'ora: «Scusa, devo proprio andare».
 «Ma se non hai ancora mangiato... e poi hai lezione fra due ore.»
 Gli ho fatto un vago cenno e sono andata in biblioteca.
 Di visori ce ne sono dodici disposti in quattro sale sparse nella biblioteca. In quale dei dodici mi hanno dato appuntamento? Ho riletto la lettera e ho capito: la sigla L III 8, 7b, che sta al posto della firma, è il luogo dell'appuntamento. Nella sala L, parete III c'era un visore già acceso. Da un palchetto ho preso un microfilm a caso, mi sono seduta, l'ho inserito e ho aspettato. Qualcosa avrebbe dovuto succedere.
 Non è successo. Ho aspettato fino all'ora della mia lezione facendo scorrere più volte sul visore il microfilm, una rivista di cinema, ma guardando chi entrava nella sala L. Ho spento il visore e ricollocato il microfilm. Mi ha tutta l'aria di uno scherzo. A meno che... La lettera non diceva "appuntamento oggi alle due

in biblioteca al visore microfilm". Diceva semplicemente "appuntamento in biblioteca al visore microfilm". Oggi? Domani? Quando?

Dovrò chiedere ad Alessandro quanto tempo la lettera può essere rimasta nella sua casella.

Pioveva quando stavo per tornare nel mio appartamento e ci sarei arrivata bagnata dalla testa ai piedi se non avessi incontrato Ricky, appena uscito dal parcheggio con la sua enorme vettura. Ho idea che mi aspettasse e infatti era fermo, seduto sull'auto, e ha messo in moto appena mi ha veduta.

«Ti accompagno» ha detto abbassando il finestrino.

Che sia quello che avrei dovuto incontrare alle due in biblioteca? Per vedere come sarebbe andata a finire, ho risposto: «Grazie, è quello che ci voleva» e sono salita. «Sai professore che non ho ancora un ombrello?»

«Ti porto dove ne vendono.»

Ne ho comprato uno dai colori orribili, ma era il meno peggio e spero che non sarò mai costretta ad aprirlo.

«Ti va di mangiare qualcosa?» mi ha chiesto quando siamo risaliti in auto.

«Mi andrebbe sì, ma cosa? Non è che qui si mangi tanto bene, almeno per me.»

«Pizza! So dove la fanno buona.»

Ci ho creduto, ci ho creduto fino a quando non me l'hanno messa dinanzi. Eppure Ricky se l'è divorata tutta, non so come abbia fatto, ed era convinto della sua bontà. Abbiamo parlato di tutto e di nulla e non un accenno alla lettera e così ho provato a stuzzicarlo:

«Ho ricevuto una lettera...» Nessuna reazione. «Ne sai qualcosa?»

«Di che?»

Meglio lasciar cadere il discorso: «Mi accompagni a casa?».

«Per questo ti ho aspettato dinanzi all'università, per accompagnarti a casa.»

C'è ancora la possibilità che in macchina o a casa mia mi parli della lettera. A meno che non gli siano venute strane idee sulla sottoscritta. Non è il momento e non è il luogo!

Né la lettera né strane idee. Dinanzi a casa è sceso, mi ha aperto la portiera e mi ha detto: «Ci vediamo domani».

Non pioveva più, la sera era fredda, da brividi. Prima di chiudere la porta ho guardato il cielo. C'erano le stelle e mi ha preso di nuovo la malinconia. Spero che sia questione di tempo e che passi. Prima passerà, meglio sarà. Non si può andare a letto con un groppo in gola e questa sera c'è anche la lettera a complicarmi la vita.

L'ho riletta, ci ho capito ancora meno e ho pensato a uno con del tempo da perdere o a un povero matto. Ce ne sono anche da queste parti e mi ci abituerò. L'ho buttata nel cestino e ho cercato di dormire. Ne ho bisogno. Da quando sono qui dormo poco e male.

XIII
Stupai e i suoi amici

Alle quattro del mattino rientrò ai Tre Gobbi e, vestito, si buttò sul letto e accese un sigaro. Nessuna voglia di dormire e nessun bisogno di farlo.

Scese per la colazione e i clienti se n'erano andati da un pezzo. Stupai in persona gli servì cappuccino e brioche e si portò un caffè anche per sé.

«È stata una brutta notte per via Broccaindosso, vero maresciallo?»

«Sono tempi brutti per tutte le vie.»

Stupai cambiò discorso: «Si è divertito al Sanleonardo l'altra sera, signor maresciallo? E con una bella signora, a quanto mi dicono».

Santovito sospese la colazione: «Come lo sa?».

«Eeeh, maresciâl, a san in t'un pajàis, siamo in un paese e la gente sa tutto di tutti.» Sorrise con complicità. «Si sarà divertito di sicuro, con quella bella signora.»

«Ne dobbiamo parlare, signor Stupai, ne dobbiamo parlare ora!»

«A sua disposizione, signor maresciallo. Lo sa che quando posso... Ma brisa que, non qui che anche i muri hanno orecchie, come si dice» e si alzò per tornare dietro il banco a sfogliare il giornale. Quando anche Santovito si alzò, chiamò: «Cataréina! Cataréina, lasa mo' stèr al stanzi e vieni al banco, che devo uscire un dieci minuti!».

Caterina non rispose ma la si sentì ciabattare al piano di sopra e, prima che si mostrasse dalle scale, Stupai fece segno a Santovito di seguirlo a una certa distanza e con discrezione, e uscì.

Salì Broccaindosso e si fermò tre porte sopra i Tre Gobbi. Controllò che Santovito avesse visto dove stava per entrare e aprì il portone, l'unico in tutta la via rifatto da poco e sempre chiuso ed entrò. Aspettò Santovito nel corridoio facendo roteare la catenella con le chiavi, che si avvolgeva e svolgeva nell'indice della destra.

«Sa, le precauzioni non sono mai troppe e non vorrei che qualcuno mi prendesse per una spia dei carabinieri. Chiuda, chiuda pure» e aprì la massiccia porta di casa. «Io abito qui.»

Tende e tappeti, mobili antichi e profumo d'essenze orientali, luci soffuse, quadri, soprammobili d'argento... Un appartamento ricco.

«Beve qualcosa, maresciallo?» Santovito negò con il capo. «Le piace il mio appartamento?»

«Be', non me lo sarei aspettato da uno come lei.»

«Eeeh maresciallo, bisogna essere quello che gli altri credono che siamo. Poi, nell'intimità, uno è com'è. Anche lei scommetto non è sempre maresciallo. Si accomodi che io invece qualcosa la bevo.» Si versò da una preziosa bottiglia lavorata e decorata e con il tappo di vetro. Andò a sedere nella poltrona dinanzi a Santovito: «Cosa posso fare per lei, maresciallo?».

«Intanto permettermi di accendere un sigaro.» Stupai fece scivolare sul tavolino un posacenere d'argento, a portata di mano per Santovito. «Ho bisogno di sapere alcune cose.»

«Se sono in grado, volentieri.»

«Lei non fuma?»

«Non ho mai cominciato. Sa, per via che facevo lotta greco-romana. A dormire presto, niente bere, niente fumo, niente donne. Quando ho smesso con la lotta e ho cambiato vita, era tardi per cominciare a fumare. Per il resto, be', per il resto mi sono rifatto e continuo» e a dimostrazione si versò un altro bicchierino che sollevò, alla salute.

«Come e da chi ha saputo che sono andato al Sanleonardo?»

Stupai si sistemò meglio nella poltrona: «Deve sapere che io affitto a degli studenti palestinesi... Tutto in regola, eeeh. Gli faccio dei favori, quando posso e sempre nella legge, come un affitto basso o aspetto che arrivino i soldi da casa e così quelli mi tengono informato. Può sempre servire e in Legione lo sanno bene. Dunque, un paio di notti fa... saranno state le due... un paio di notti fa incontro un certo Ibrahim. Mi dice dello spettacolo sulla Palestina e di un tale, un signore con una bella donna, che faceva troppe domande, anche alla bambina che stracciava i biglietti. Mi chiede se ne so qualcosa, io gli chiedo di descrivermi il tipo e lui mi fa il suo ritratto, maresciallo». Posò il bicchiere e si sporse. «Perché non le ha fatte a me quelle domande, maresciallo? Lo sa che se posso aiutare l'Arma...»

Santovito mostrò la foto: «Cosa mi dice di questi due giovani?».

Prima di rispondere Stupai accese la lampada sul tavolino, mise bene in luce la foto e la guardò a lungo. La restituì: «Lui non lo conosco, la ragazza l'ho vista bazzicare da queste parti, soprattutto al Sanleonardo, ma non so chi sia. Posso informarmi. Sa, Broccaindosso è una strada dove tutti sanno gli affari degli altri».

«Per la ragazza non importa, ma per lui... Qualsiasi informazione, signor Stupai, qualsiasi. Devo trovarlo.»

«Se lo avessi saputo prima... Adesso, dopo l'affare di stanotte, dopo il casino che i suoi colleghi hanno combinato, quel tipo starà in orecchio e sarà difficile anche fare delle domande in giro, ma vedrò, vedrò...»

Santovito tirò un paio di boccate, in silenzio, e schiacciò nel posacenere quanto restava del sigaro. Si alzò: «Faccia quello che può» disse. «La ringrazio» e uscì sotto il portico.

Conosceva la città per quel poco di tempo che gli avevano lasciato i periodici viaggi in Legione, quando era maresciallo, e per il cinema con Raffaella. Una cena, una passeggiata in centro, sempre troppo movimentato per i loro gusti e finivano in albergo, come due amanti. Mai ai Tre Gobbi.

Gli mancava Raffaella, la sua, quella incontrata su un treno per la montagna. E senza di lei Bologna lo intristiva. Soprattutto di sera, quando la gente si chiude in casa per la cena e i portici si spopolano e resta nell'aria il brusio di un movimento che non si vede ma è lì, dietro le finestre socchiuse. La città lo intristiva eppure quello era il momento che preferiva per passeggiare portandosi i pensieri, prendendo il caffè in un bar tranquillo, lui e un barista annoiato. Aveva scoperto certe viuzze del centro, proprio accanto alle due Torri, dove era difficile incontrare gente e dove il tempo passato si leggeva ancora sui muri, nelle lapidi scolorite a ricordo di avvenimenti dei quali si era persa la memoria. Piccole botteghe di artigiani che lavoravano fino alle nove di sera e dalle quali usciva un odore antico che gli ricordava dov'era nato. Odore di legno piallato, colla, carta ammuffita e pressata, frutta ed erbe povere che al suo paese servivano per dare profumo, non certo sapore, ai cibi.

«Vieni a cena da noi questa sera» gli aveva telefonato in albergo Patrizia. «Vediamo cosa fare e poi...»

C'era poco da decidere e c'erano pochi "poi". Le cose stavano come stavano e Raffi non si sarebbe fatta viva tanto presto. Non di sua volontà. Nome, cognome e foto, poco somigliante, del suo Vangog erano su tutti i giornali: ricercato per omicidio, banda armata, attentato alla sicurezza dello stato... Per lei, per Raffaella Santini, l'accusa era di partecipazione a banda armata. La sua foto era più somigliante perché Patrizia aveva consegnato ai carabinieri, quando si erano presentati per la perquisizione, quella dove Raffaella era "venuta meglio". Non si vergognava delle scelte di Raffi e da quando aveva capito i motivi per cui se n'era andata senza dirle niente, era più tranquilla, dormiva un paio d'ore ogni notte, non piangeva, fumava meno, beveva solo quattro caffè al giorno, vestiva meglio e, insomma, aveva ricominciato a occuparsi di se stessa.

La convocavano spesso in questura e al Comando dei carabinieri «per ulteriori informazioni».

«Il SID, la questura, i carabinieri... In quanti sono a occuparsi della mia ragazza?» ma Santovito non le aveva risposto. Avrebbe dovuto ricordarle che la sua ragazza non era messa bene, che i guai nei quali si era cacciata non erano uno scherzo, che prima o poi sarebbe finita nella rete che il SID e le altre Forze dell'Ordine stavano tessendole attorno. Non le aveva parlato soprattutto dei sospetti che gli si erano piantati in testa. Per il momento solo a lui, ma quando anche qualcuno del SID avesse avuto fra le mani le informazioni che, solo per un caso, lui aveva avuto di persona, su, al paese, be', allora la situazione della sua ragazza si sarebbe fatta più nera.

«Vieni a cena da noi questa sera. Vediamo cosa fare e poi...» ma Santovito non si decideva e passeggiava sotto i portici attorno a casa di Patrizia e Guglielmo perché, se fosse salito, avrebbe dovuto dire che le cose erano andate oltre le sue possibilità di maresciallo maggiore dei carabinieri in pensione e che lui qui, a Bologna, non serviva.

Una serata gradevole, all'apparenza tranquilla, ma la città bolliva di giorno e di notte. Bologna ha sempre cercato di apparire come non è, ma bastava guardare dietro la facciata, bastava ascoltare le parole d'ordine che arrivavano dal quartiere universitario, bastava leggere i giornali della sinistra extraparlamentare:

"Fuori dalle galere imperialiste i compagni arrestati."
"Riforme e rivoluzione, due modi per intendere la ricchezza."
"Armare le masse."
"La casa si prende, non si chiede."

"D'ora in poi gli acquisti li faremo così."
"Chi sono gli infiltrati, chi li comanda, chi li paga."
"Strategia rivoluzionaria."
"Attacco allo Stato capitalista."
"Se il '60 è stato l'anno della rinascita capitalistica, dei grandi progetti dell'industria imperialista, della speranza e delle illusioni degli operai, il '70 sarà l'anno del Vietnam, della morte degli ideali, del cinismo, della disperazione e del fallimento del capitalismo e dell'imperialismo."

Fece venire le nove, i fanali si erano accesi e mettevano il chiaroscuro sotto i portici. Era l'ora degli animali anche per Bologna e ci si poteva nascondere nel suo ventre.

Per Santovito, appoggiato al muro sotto il portico dinanzi alla casa di Patrizia e Guglielmo, era arrivato il momento di salire o tornare al paese senza salutare.

Un'altra occhiata alle finestre illuminate, un ultimo tiro al mezzo toscano, che poi gettò e calpestò come faceva sui sentieri di montagna, e si avvicinò alla porta. Nel lungo elenco del condominio cercò il campanello Santini, lo trovò, ma non gli lasciarono il tempo di premerlo. Uno lo bloccò a destra e l'altro a sinistra, gli tapparono la bocca e lo trascinarono di peso, e Santovito non era peso da poco, dentro una porta, nel buio di un lungo corridoio umido. Gli piantarono negli occhi la luce di una torcia elettrica.

«Chi sei?»

«Chi sei tu» ma una botta nello stomaco gli tolse la parola e lo piegò in due.

«Fai il furbo? Le domande le faccio io. Chi sei?» Santovito cercò aria. Lo tenevano inchiodato al muro. «Non farmelo ripetere!»

«Mi chiamo Santovito Benedetto...»

«Perché stai andando dalla famiglia Santini? Chi cerchi e che vuoi?»

«Li conosco... mi aspettano... Se mi fate prendere il portafogli vi mostro la mia tessera di maresciallo maggiore dei carabinieri...» Ce l'aveva ancora.

La torcia si spense, lo lasciarono e accesero la luce delle scale. Piegato in due, Santovito frugò nella tasca interna della giacca e consegnò il portafogli.

Controllarono: «Ci dispiace signor maresciallo... Noi abbiamo ordine...».

Santovito annuì. Riuscì anche a mormorare: «Me lo sono immaginato, ma se fate così con tutti quelli che si presentano alla porta...».

«Non con tutti, signor maresciallo, con quelli che cercano la famiglia Santini.»

«Probabilmente domattina arriverà anche il fattorino del fornaio.»

«Ci scusi ancora, ma l'abbiamo vista passeggiare avanti e indietro, guardare la finestra...»

«Fa niente, fa niente, vi capisco» anche se non era vero. «Posso andare? Posso salire?»

Aprì Patrizia. Non la vedeva da tre giorni. Un velo di trucco, capelli in ordine e abito di cotone leggero e colorato di primavera. Gli sorrise e lo invitò, con un cenno, a entrare.

Santovito disse: «Un saluto veloce a te e a Guglielmo e me ne vado. Non ho più niente da fare qui, purtroppo».

A Patrizia scomparve il sorriso: «Avevo preparato la cena...».

«Mangerete tu e Guglielmo. Salutalo per me...»

«Guglielmo non c'è.»

«Quando tornerà, allora.»

«Non credo che tornerà. Ho sempre odiato i saluti sulla soglia, ma pare che dovrò farci l'abitudine. Anche Guglielmo si è presentato come te, ha suonato, gli ho aperto e non è entrato. Di lì dove sei tu, dalle scale, mi ha rinfacciato di aver allevato una terrorista, mi ha detto che non voleva più esserne il padre, che io meritavo di esserne la madre... e se n'è andato.»

«Non sembri addolorata.»

«Non era più mio marito da tanto di quel tempo che...» Lasciò perdere e allora Santovito entrò. Lei chiuse la porta e disse: «Grazie per avere trovato il tempo di salutarmi come si deve e non dalla soglia».

C'era un buon profumo di bastoncini d'incenso bruciati, un sottofondo di musica e il tavolo apparecchiato per due.

«Siedi e prendi almeno un caffè.» Santovito andò al divano. «Cosa ne faccio della cena? Volevo festeggiare...»

«Festeggiare cosa, Patrizia? Forse non hai presente la situazione di Raffi oppure non capisci...»

«Ho presente e capisco, ma io ero ormai sicura che l'avrei rivista solo morta... Festeggio il suo ritorno, anche se non so dove sia. Festeggio la sua rabbia che capisco... Guglielmo no, lui non capisce. Dice che ci sono delle regole...»

«Ci sono.»

«Non per tutti!» Parlava in piedi, dinanzi a Santovito. Fece un gesto per troncare una conversazione che non avrebbe portato a nulla e disse: «Allora, il caffè e poi te ne vai o la cena?».

«Non mi piace che festeggi da sola, anche se non sono d'accordo sul motivo della festa.»

Patrizia sorrise di nuovo, fece segno di aspettare e andò in cucina. Tornò con una bottiglia e versò un vino chiaro e frizzante nei due bicchieri che subito si appannarono. Sollevò il suo per un brindisi.

«Alla tua salute e a quella di Raffi» disse Santovito. «Che finisca presto e bene.»

«Sono sicura che finirà bene» disse Patrizia e tornò in cucina.

«Ho il tempo per un sigaro?»

«No, fra un minuto porto in tavola. Versa il vino anche per me. Il rosso, mi raccomando.»

A piatto vuoto Santovito disse: «Solo da Serafina, tanti anni fa, ho mangiato lasagne come queste» e innaffiò le lasagne con un bicchiere di rosso. «Sei brava e mi dispiace che non ci sia Guglielmo.»

«A me no» e anche lei mandò giù il rosso e riempì di nuovo i bicchieri. «Mentre aspettiamo che il secondo sia pronto.»

«Non ho nessuna fretta.»

«Ma se non volevi neppure fermarti!»

«Non sapevo cosa raccontarti, non ti sono più utile.»

«Lo sei stato, non puoi immaginare quanto. Ero disperata.»

La filodiffusione mandava Gershwin, un disco che la Raffaella di Santovito metteva spesso sul giradischi.

«Un paio di tiri in attesa del secondo...»

Patrizia non lo lasciò accendere. Si alzò e gli tolse di mano il sigaro, che posò sulla tovaglia: «Vieni che ti faccio vedere una cosa».

La stanza di Raffi: un letto basso, coperto da pupazzi colorati, manifesti alle pareti, libri e dischi, disordine... Nella parte interna della porta, la pagina de «l'Unità», sabato 13 dicembre 1969. Il titolo a caratteri di scatola: "Nel quadro di provocazioni fasciste e manovre reazionarie. Un orrendo attentato provoca una terribile strage a Milano. Tredici morti e novanta feriti".

«Diceva che così lo vedeva tutte le mattine prima di uscire e non dimenticava» spiegò Patrizia sottovoce.

In un angolo una pila di giornali e su tutti una copia di «Potere Operaio» con molte parti evidenziate in rosso:

"Data l'attuale struttura dei meccanismi di potere, chiedere – con la violenza o senza – i servizi sociali, significa garantire uno stipendio a tanti amministratori comunali, significa promuovere un rilancio del mercato edilizio. L'una e l'altra cosa sono contro l'interesse operaio, sono contro la richiesta pressante di salario subito, di reddito garantito..." La frase "con la violenza o senza" era anche sottolineata e più sotto, nello stesso articolo: ".., e la polizia dello Stato italiano, uscito dalla resistenza, ha sparato e ucciso disoccupati meridionali che s'erano messi a costruire una strada gratis".

«Non è quello che volevo mostrarti» disse Patrizia togliendo di mano a Santovito la copia di «Potere Operaio».

«Sì, ma è da qui che Raffi è partita per arrivare al covo di via Broccaindosso.»

«E allora? Io sto con lei, ma non ne voglio parlare, non capiresti. È lì che studia, guarda» e indicò una foto incorniciata e posata sul tavolo vicino alla finestra. C'erano Santovito e Raffaella, la sua, sorridenti, sulla riva del bacino, in paese. «L'ho scattata io quando sono venuta a trovarvi la prima volta e lei se la tiene sul tavolo.» Lasciò che lui ricordasse quel giorno e poi: «Ti ha mai raccontato la tua Raffaella di come l'ho invidiata?».

«No, e per cosa?»

«Per te... Mi veniva a trovare e mi parlava di Santovito, mi parlava, mi parlava... Le ho chiesto come e quando vi siete incontrati.» Patrizia si era avvicinata tanto che Santovito ne sentiva il profumo. «In treno a primavera, mi ha risposto, e lui fumava il sigaro e leggeva Hemingway e nello scompartimento eravamo soli.» Gli posò la destra sul braccio. «Mi è parso tanto bello che da quel giorno ho cominciato a invidiarla.»

«Forse il secondo è pronto e...»

«Non brucerà» mormorò Patrizia.

Improvviso e violento, nella calma dell'appartamento, il suono del campanello. La mano di Patrizia strinse assieme camicia e pelle sul braccio di Santovito. Respirò e andò ad aprire. Lui tornò a tavola e finalmente accese il sigaro. Dall'ingresso gli arrivò la voce di Patrizia, bassa e concitata. Entrò in sala.

«È tornata» disse sottovoce. Dietro di lei entrò Raffi. «Hai visto? È tornata. Io... io lo sapevo!»

Santovito non la vedeva da un po' e se la ritrovava dinanzi con addosso un'accusa di partecipazione a banda armata: «Non ti hanno bloccata giù, alla porta?».

«Non ho visto nessuno.»

«Ti arresteranno, l'appartamento è sorvegliato e fra poco...»

«Lo so, li ho visti entrando dal cortile e sono qui perché mi arrestino. Ma prima...» Lo abbracciò. «Prima volevo ringraziarti per essere stato vicino a lei, per averla aiutata...»

La porta, con rumore di legno stracciato e di calcinacci, finì sul pavimento, due uomini con il volto coperto dal passamontagna, armi spianate e giubbetti antiproiettile scaraventarono Raffi contro il muro e ve la tennero, il viso schiacciato alla parete. Altri quattro, mitra spianati, si divisero l'appartamento spalancando le porte a calci.

XIV
L'uomo con il passamontagna

«... È in partenza dal piazzale ovest, binario tre.» Il suo treno era sempre partito da lì e Santovito era sempre salito sul primo vagone dopo la motrice, il più lontano e quindi meno affollato. Come sempre sedette accanto al finestrino, accese il sigaro, aprì il libro ma cominciò a leggere solo dopo che il treno si mosse. Non sollevò più gli occhi.

All'arrivo, avrebbe aspettato la corriera per il paese, nel bar di Trepalle, due ore a leggere il giornale, a bere un caffè, ad ascoltare le chiacchiere degli anziani sulla situazione politica, sempre più incasinata, sui risultati delle partite di calcio, sulle spose che facevano le corna ai mariti...

Seduto al volante della Campagnola dallo sportello spalancato, Garbin diede tre piccoli colpi di clacson appena lo vide uscire, unico passeggero. Gridò:
«È la tua mattina fortunata. Sto salendo al paese.»
«Direi che aspettavi me.»
«Ma cosa distu? No, sono qui per caso. Salta su che andiamo.»
«Non ci prendiamo un caffè prima?»
«Oooh, abbiamo due marescialli in una volta! Brutta mattina per i delinquenti!» disse Trepalle.
«Due caffè e delle paste che io devo ancora fare colazione!» ordinò Garbin. Se le mangiò tutte lui.
«Avevi proprio fame» disse Santovito.
«Quando ho dei problemi mi viene fame.»
«Che problemi? Hai avuto culo e ti hanno risolto tutto quelli del SID.»
Garbin andò a pagare: «Visto che le paste le ho mangiate io».

La Campagnola prese la strada del paese e solo dopo un paio di chilometri Garbin chiese: «Ghe xe gnente de niovo?».

«Ci dovrebbe essere?»

Garbin inchiodò. «In malora quanti che sé!» gridò. «Hanno arrestato la ragazza della quale ti occupavi o no? È qualcosa di nuovo o no?»

«Oh, Garbin, ti sei fermato in mezzo alla strada.»

Garbin maltrattò la leva del cambio e portò la Campagnola in uno slargo. «Allora, cosa mi dici?»

«Perché sei venuto giù dal paese?»

«Affari al Comando, te l'ho detto!»

«Scendi al lunedì, oggi è venerdì, cazzo. Sai cosa c'è di nuovo? C'è che ti hanno ordinato di controllarmi.»

Garbin aprì il cruscotto e prese il pacchetto di sigarette: «Maledetto mestiere» borbottò «mi sono rimesso a fumare!». Tirò una boccata tanto veloce che il fumo non si fermò neppure in bocca. Poi: «Ma cosa accidenti hai combinato a Bologna, Santovito?».

«Poi ti racconto. Adesso sono stanco e ho solo voglia di una dormita di quelle che facevo una volta.»

Garbin gettò la sigaretta dal finestrino, bestemmiò, scese a schiacciare il mozzicone e risalì. Nessuno parlò più fino alla Ca' Rossa.

«Bevi qualcosa?»

«Cosa pensi di fare adesso?»

«Dormire fino a domattina» e Santovito scese. «Novità per i ragazzi?»

«Che novità, Santovito? Ormai le cose sono chiare.»

«Se lo dici tu...»

«Non lo dico io, lo dicono le indagini!»

«Ah sì? E cosa dicono le indagini sulla jeep? Dicono che manca la tanica di benzina? Io sono sicuro che c'era, Garbin!»

«Oooh, Santovito! Adesso ti metti altri problemi? Non ti bastano quelli che hai?» e, con un colpo di gas che fece slittare le ruote posteriori, lasciò il collega sull'aia della Ca' Rossa.

«Vai piano Garbin, vai piano che è una strada traditora.»

Non si mise a letto. Infilò un pezzo di pane e uno di formaggio nelle tasche della cacciatora, staccò dal muro il fucile e controllò le ultime quattro cartucce. «Quando tornerò a Bologna dovrò comprarne un paio di scatole.»

Passò tutto dalla finestra posteriore e tornò sull'aia per l'ultima occhiata al cielo, alla strada e al bosco, come faceva ogni sera prima di chiudere a chiave la porta e andare a letto. Tornò dentro per uscire dalla finestra posteriore. Accostò gli scuri come se fossero chiusi dall'interno, indossò cacciatora e fucile, e s'imboscò nel sentiero dietro casa.

La mattina calda faceva salire dai fossi un'umidità che appannava le cose e si stemperava bassa nel sottobosco. Conosceva i posti come li conoscevano solo i più anziani; i giovani non frequentavano più la montagna e avevano perduto memoria e cultura dei luoghi. Lui ci aveva passato anni su quei sentieri e Bleblè gli aveva fatto da guida, gli aveva insegnato a muoversi e a viverci. Gli tornava spesso il ricordo di Bleblè.

Lo aveva trovato Santissimo, in giro nei boschi a fare legna. «Pare che dorma» gli aveva detto in caserma, ma a lui, quando lo vide, fece l'impressione di un animale ancora forte che aveva scelto di morire in solitudine.

Per non farsi vedere in paese, tagliò per i boschi e arrivò all'accampamento nel primo pomeriggio.

La capanna di Nasone e Ligera era sgangherata come se avesse preso una botta sul tetto, ma si reggeva e i pali di castagno erano ancora solidi e ben piantati nel terreno.

Le due pietre annerite, dinanzi alla capanna, erano servite, molti anni prima, a Nasone e Ligera per farci il fuoco sul quale cuocere polenta o paioli di maccheroni che poi condivano con pancetta appena soffritta; ma che la cenere fosse ancora tiepida da allora, a Santovito non tornava.

Scaricò sull'erba l'armamentario che si era portato dietro, si sistemò su un sasso e mangiò pane e formaggio. Si accese poi un sigaro e lo fumò per una buona metà. Lo spense, si sistemò meglio, chiuse gli occhi e poco dopo la testa gli ciondolò di lato. Aveva la mano sul fucile.

L'uomo spuntò dagli sterpi che chiudevano la radura, il capo coperto da un passamontagna e, curvo e cauto, si avvicinò a Santovito. Sul petto gli pendeva un Kalashnikov. Un'arma come quella aveva ucciso, poco lontano di lì, Lagudoru Sebastiano. C'era ancora il suo sangue ai piedi del castagno, e i fori delle pallottole nel tronco.

«Se ti muovi, tiro» disse Santovito. «Le mani sulla testa!» Di media altezza, indossava tuta mimetica e stivali anfibi e aveva mani e avambracci tinti di nero fumo. «Chi sei e cosa fai da queste parti?»

«Potrei farti le stesse domande...»

«Sì, ma adesso sei tu che devi rispondere. Io non vado in giro mascherato da marine.»

«Sono un agente dei Servizi Segreti. Posso abbassare le mani?»

«No!» e perché capisse che faceva sul serio, sollevò le canne in linea con la fronte. «Togli il passamontagna.»

«Ti stai mettendo nei guai, maresciallo, e io non sono venuto solo.»

«Che i tuoi colleghi si mostrino.»

Sempre con le mani alzate e senza girare il capo, l'agente urlò: «Ehi tu laggiù, fatti vedere!».

Le frasche di un roveto, al limite del bosco, si mossero e Santovito spostò il fucile in quella direzione. Lo spostò di poco, ma abbastanza perché un calcio glielo strappasse di mano e il Kalashnikov gli si piantasse fra le costole.

«Questa volta ti è andata bene, maresciallo, ma la prossima potrebbe andarti peggio!»

Santovito recuperò il fucile, ma l'uomo con il passamontagna si era già ficcato nel bosco. Tirò lo stesso due colpi in aria. Caddero le foglie di un castagno.

«Non sparate, maresciallo, non sparate che sono io!» gridò Santissimo dal roveto.

«E tu che ci fai qui?» Santissimo si mostrò, ma non si mosse. «Abbassa le mani e vieni avanti, non sei tu che mi aspettavo uscisse dai rovi!»

«Chi aspettavate maresciallo?»

«Che ci fai qui?»

«Oh santissimo, stanotte ho visto il fuoco e mi sono detto: vuoi vedere che quelli sono tornati...»

«Quelli chi?»

«I fascisti, santissimo!»

«Sapevi del campo?»

«Oh santissimo, maresciallo! Malperfvisto è abbastanza vicino! Arrivo qui e ti trovo quello, nascosto fra gli sterpi, in maschera e con il mitra, che tiene d'occhio il signor maresciallo. O santissimo, dico, e cosa ci fa questo? Sto un po' a guardarlo e poi... e poi, santissimo, voglio proprio vedere come va a finire, mi dico.»

«Hai visto e adesso mi spieghi perché quando quello ha gridato, ti sei mosso?»

«Ci sono rimasto male, santissimo, e ho pensato che mi avesse scoperto e dicesse a me di venire fuori.»

«Hai visto altri nei dintorni?»

«No.»

Per un po' Santovito rimase in silenzio, poi «Vieni con me» disse. Si portò dietro il fucile.

La pioggia non aveva slavato il sangue ai piedi del castagno e neppure le gocce sparse sul tronco e attorno, come schizzate da un pennello intinto. Erano macchie scure raggrumate. Santovito le indicò con le canne del fucile:

«Ne sai qualcosa?»

«Le ho viste, se è questo che intendete, maresciallo.»

«Intendo se sai come e perché sono lì.»

Prima Santissimo negò con il capo e poi disse: «Giù al campo ne hanno fatte di tutti i colori, santissimo!».

«E cioè?»

«Cioè, cioè... Sparavano, santissimo, tiravano bombe a mano, si picchiavano... e nessuno, che io sappia, si è mai fatto male.»

«Usavano pallottole a salve, Santissimo, a salve tranne quelle che hanno procurato questo sangue...» Si chinò a controllare il tronco. «... E questi fori. Hai un coltello? Mi hanno fregato il mio Pattada.»

I vecchi montanari non si prendono da casa e vanno per i boschi se non hanno il coltello in tasca. Per farsi un bastone, per staccare un frutto dal ramo, per pelare una mela o una pera, per tagliare una fetta di formaggio o di pane, per scavare un tartufo, per pulire un fungo o semplicemente per sentirselo addosso, che dà un senso di sicurezza, forse residuo di antiche paure. Santissimo porse il suo, già aperto, il manico d'osso e la lama di un palmo, lucida e affilata.

Santovito lavorò attorno ai fori nel tronco e recuperò alcuni proiettili appena sformati dall'impatto ma riconoscibili.

«Bene» disse «non è stato un viaggio inutile. Abbiamo incontrato un amico che per questa volta non ci ha fatto del male e abbiamo recuperato queste» e mostrò i proiettili al vecchio. «Che ne dici Santissimo?»

«Sono contento per voi, maresciallo.»

«Quel tipo... lo hai visto in faccia?»

«Oh santissimo, e come volete che abbia fatto? Quello prima si sporca la faccia con il carbone e poi si infila il passamontagna...»

«Non raccontare balle, Santissimo, non a me. Se hai visto che si sporcava la faccia, vuol dire che la faccia gliel'hai vista. Guarda che se non collabori ti metti nei guai. Il maresciallo Garbin non ti conosce come ti conosco io e non ha riguardi. Per lui questo è un paese di delinquenti e ha intenzione di mettere le cose a posto! Intanto ti sequestro il coltello e te lo restituirò quando ti sarà tornata la memoria.» Chiuse il coltello e lo infilò in una tasca della cacciatora.

«Oh santissimo, voi non potete... Insomma, sì, forse l'ho anche visto in faccia, ma giuro per il santissimo che non lo conosco.»

«Sei sicuro?»

«Non lo conosco... anche se non mi è una faccia nuova.»

Per scrupolo, perché nel suo mestiere bisognava non trascurare nulla, Santovito ci provò, ma avrebbe scommesso sul risultato. Mostrò la foto di Raffi e di Vangog.

«È questo?»

Santissimo guardò bene, riguardò e disse: «No, non è lui. Questo avrà vent'anni...».

«Ne ha ventidue.»

«... Quello ne avrà quaranta o cinquanta.»

«Quando e dove lo hai già visto?»

«Oh santissimo, e chi se lo ricorda! Ho solo detto che non mi è una faccia nuova.»

Santovito si caricò del fucile e, prima di prendere il sentiero per il paese, guardò bene in viso il vecchio e gli disse: «Fattelo venire in mente, Santissimo, fattelo venire in mente presto! Mi sa che ti conviene».

Scese il sentiero, il sigaro fra i denti e le orecchie tese a cogliere ogni rumore del bosco, perché il tipo che giocava a fare il marine poteva non essersi rassegnato. Se si era trovato da quelle parti, un motivo ci doveva pur essere e sarebbe stato interessante conoscerlo.

Si fermò sullo Spungone dalle acque chetate e guadabile quasi senza bagnarsi le suole, sedette su un macigno e finì il sigaro in pace prima di attraversarlo. Gli arrivavano solo rumori del bosco e forse l'uomo dal passamontagna aveva deciso di lasciarlo perdere. Almeno per il momento.

XV
Un'altra visita indesiderata alla Ca' Rossa

Arrivò sull'aia della Ca' Rossa che il giorno stava per finire e bestemmiò di brutto, come aveva sentito fare solo dalle parti di Toscana. Preparò il fucile, ma non gli servì perché se n'erano andati lasciandosi dietro il segno: portone del fienile, ora garage, spalancato, catena a terra e lucchetto forzato. Non erano andati per il sottile! Avevano vuotato anche l'auto e libretto di circolazione, attrezzi, cartine stradali... tutto sul pavimento. La porta di casa spalancata, mobili frugati, svuotati i cassetti, all'aria panni e biancheria. I libri erano in ordine sullo scaffale, ma non avevano risparmiato il cesso. Per rimettere un minimo d'ordine avrebbe speso settimane, ma non aveva nessuna voglia di cominciare e accese il camino. La fiamma si alzò e si mangiò subito i bacchetti, si attaccò ai rami più grossi e ruppe il fresco che, di sera, si faceva ancora sentire all'interno di una casa dai muri di sasso spessi quasi un metro.

Portò fiasco e bicchiere accanto al fuoco, assieme ai sigari e ai fiammiferi, e sedette dinanzi alla fiamma che rischiarava la cucina. Accese il sigaro, aspirò e chiuse gli occhi. Mandò giù un sorso di vino rosso. Stava bene alla Ca' Rossa, ci stava in pace, ma gli mancava Raffaella, seduta accanto al fuoco, vicino a lui.

La luce dei fari illuminò la facciata della Ca' Rossa, per un attimo entrò dalla finestra e uscì. Si spense il motore e si spensero i fari. Santovito non si alzò.

«Sta qui al buio, signor maresciallo?»

Un'ultima tirata e Santovito gettò sulle braci il mozzicone che prese fuoco e bruciò con fiamma azzurra. «Non sono al buio: il fuoco è più che sufficiente per quello che devo vedere qua dentro.»

Domenica accese la luce: «Ma... ma cos'è successo?».
Santovito si alzò: «Non lo so, Domenica, proprio non ne ho idea». Raddrizzò una sedia accanto alla sua. «Siedi qui» disse. «Che sei venuta a fare a quest'ora?»
Domenica controllò il disastro, scosse il capo e borbottò: «Veramente viviamo in brutti tempi se i ladri hanno il coraggio di andare a rubare a casa dai carabinieri».
«Non so se hanno rubato. Mi sembra che non manchi niente.»
«Allora?»
Santovito allargò le braccia, sistemò meglio la sedia per Domenica, proprio dinanzi alla fiamma, andò a spegnere la luce e si rimise seduto. Disse: «Fa freddo questa sera. Vuoi bere qualcosa?». Domenica negò con il capo. «Allora cosa mi racconti?»
«Che Amado non mi dice la verità, ecco cosa le racconto.»
«Lo so.»
«Sa anche il perché?»
«No. Se lo sapessi, avrei chiare anche molte altre cose. Vuoi sedere o preferisci parlare in piedi, come davanti all'autorità costituita?»
Prima di sedere Domenica si tolse il cappotto e cercò un pacchetto di Camel che offrì a Santovito.
«Lo sai, fumo il sigaro.» Il movimento della fiamma, nel camino, scavava luci e ombre sui visi. Nessun rumore, solo il crepitio della legna mangiata dal fuoco. «Questi figli... un bel problema. Come hai capito che non ti dice la verità?»
Domenica non rispose e fumò in silenzio. Gettò nel fuoco la sigaretta, ancora da fumare per metà. «Ha un esame e ha smesso di studiare, ha sempre fumato pochissimo e solo in compagnia e adesso non fa che accendere sigarette, non va all'università...»
«Starà attraversando un brutto periodo.»
«Dovuto a cosa?» gridò Domenica. Ma non aveva raccontato tutto. Troppo agitata. «E poi...» Scosse il capo e si accese un'altra sigaretta.
Santovito stuzzicò il fuoco. La legna crepitò, le faville si alzarono e sparirono nel camino e la fiamma prese aria sollevandosi alta: «E poi?».
«E poi... L'altra notte non ero di turno e sono andata a letto presto. Mi sono svegliata perché l'ho sentito muoversi per casa... Sa, con gli anni e i turni di notte, ho imparato a dormire con un occhio solo. In ospedale c'è sempre chi ha bisogno di te e devi stare pronta. Erano le tre ed è uscito, ha spinto in strada la Cinquecento, è montato e, sempre a motore spento, ha preso la di-

scesa.» Una pausa per un paio di boccate: «Il tempo per salire, mettermi addosso qualcosa, prendere la Vespa».

Il tepore del fuoco, la tranquillità, la penombra della Ca' Rossa e la notte stavano restituendo a Santovito un minimo di calma ed era il momento per un sigaro. Ne mise uno fra i denti, con le molle afferrò e sollevò una brace e con quella accese, buttando fuori subito il fumo perché il primo sa di brace e di caldo.

«Dov'è andato?»

«Non lo so! Ho cercato di seguirlo, ma alla curva della Leona l'ho perduto, così sono tornata a casa e l'ho aspettato. È rientrato alle cinque, a piedi. Aveva lasciato la Cinquecento davanti alla chiesa, per non svegliarmi, ha detto. E mi ha anche detto che non riusciva a dormire e se n'era andato in giro, senza sapere neppure lui dove. Da solo? gli ho chiesto. Da solo, cazzo! mi ha risposto.»

«Cosa ci trovi di strano?»

«Di strano ci trovo che non mi ha mai parlato in quel modo e poi che era ridotto come un solfanaio. I calzoni sporchi di terra, le scarpe infangate come se... E ti sei ridotto in quello stato? gli ho chiesto. Mi sono piantato con il Cinquino, Domenica! mi ha gridato in faccia. Si può sapere perché mi stai addosso? e se n'è andato a dormire.» Guardò la fiamma e vi gettò la cicca. «Sono venuta su questa mattina subito, ma lei non c'era. Cosa devo fare per quel mio figlio?»

«Niente, Domenica, lascialo in pace. Si calmerà e ti racconterà cosa non funziona.»

«Sì, ma intanto il maresciallo Garbin va in giro a fare strane domande sui ragazzi e sulla jeep...»

«Di che genere?»

«Che fine ha fatto la tanica per la benzina, chi c'era oltre a voi tre sulla jeep, a che ora la jeep è caduta dai Sassi della Borda, a che ora siete partiti da Bologna... Questa è una brutta storia e finirà male!»

Santovito non aveva molto da dire per consolare Domenica. Ci provò così: «Il maresciallo Garbin è una brava persona».

A Domenica non bastò e, delusa, scosse il capo. Si aspettava di più da Santovito. Si alzò e si guardò attorno. Disse: «Domani quando smonto dall'ospedale, vengo su a darle una mano per sistemare questo...» e fece un gesto largo con la destra «questo disastro».

Santovito l'accompagnò alla Cinquecento e le disse: «Vedrò di parlare con il maresciallo, vedrò di sapere qualcosa».

La Cinquecento si lasciò dietro il puzzo di benzina bruciata. Tornò il buio e il silenzio e per un po' Santovito rimase sull'aia, sigaro in mano, a guardare un cielo chiaro di stelle sopra e attorno alla Ca' Rossa. Rabbrividì.

Si alzò presto e senza voglia di sistemare la casa. Contava sulla promessa di Domenica, ma per non vedersi attorno il massacro andò a fare un giro per i boschi nel caso che qualche fungo primaticcio si fosse deciso a mettere fuori la testa. Preparò le cose che si sarebbe portato dietro: il bastone, che teneva sempre appoggiato all'uscio, il cestino di vimini da pescatore da portare a tracolla... Era una sua idea, quella del cestino, per avere le mani libere in caso avesse dovuto arrampicarsi.
«Ma tanto non ci sarà niente, ancora» borbottava riempiendo il cestino con mezza pagnotta di pane, del pecorino sardo, un paio di mele e una bottiglia di vino, di quelle con il tappo automatico. Avrebbe portato il coltello, il Pattada con il manico di corno che gli aveva regalato il vecchio Pastura, se non glielo avessero rubato. In mancanza, mise nel cestino il coltello che aveva requisito a Santissimo. Non si va a funghi senza. Finì di preparare tutto, indossò la cacciatora di velluto sopra la camicia di flanellina e i jeans, si mise la cesta a tracolla e uscì.
Sull'aia guardò, a giro d'orizzonte, le cime dei monti che, da nord a sud, circondavano la Ca' Rossa e gli piacque l'abituale ma sempre nuova serie di sfumature diverse di verde che il sole di prima mattina faceva rabbuiare o rilucere, là più chiaro e là più scuro, dove i valloni sprofondavano o i dossi si ergevano. Respirò una lunga boccata d'aria e la destra andò alle tasche per il primo sigaro della giornata. Ci ripensò:
«Sarebbe sprecare tutta quest'aria buona» borbottò. «Sono anche a corto di fiato e stare un po' senza tabacco non mi farà male.»
Si girò per prendere il bastone e chiudere e gli arrivò il solito rumore di qualcuno che si muoveva nel bosco. La cosa cominciava a infastidirlo e prima o poi avrebbe dovuto decidersi a stanarlo.
Si girò di scatto e scrutò attorno. Nessuno.
«Questo si muove come un ciabattone e non può essere né uno di qui né un animale. Va bene, ti farò sputare i polmoni e vedremo chi ha più fiato da spendere.»
Tornò dentro a prendere anche il fucile.
Dalla Ca' Rossa passava una strada che, in altri tempi, era te-

nuta pulita e riparata nei punti dove un inverno più rigido colpiva duro di gelo. Portava in alto, a un gruppo di case sul crinale, abitate anni prima e abbandonate da gente andata a cercare migliore fortuna nelle città o addirittura dispersa, quasi senza memoria, in Belgio o in Francia. La mulattiera, anch'essa abbandonata, si era ridotta a un viottolo. La lasciò e prese dritto a inerpicarsi nel bosco. La temperatura era fresca, ma poco dopo cominciò a sudare.

Il fitto degli alberi, anche se trascurati, gli dava sempre un'emozione piena e quando vi entrava sentiva crescergli dentro una gran pace e una specie di felicità. Gli piaceva l'odore della legna e del muschio. Osservava i fiori selvatici della già avanzata primavera, li riconosceva ormai, le gialle primule, i cucamelli, come li chiamavano in paese, i ciuffi verdi dell'elleboro, le piccole macchie azzurre delle veroniche e dei nontiscordardimé... Funghi niente. Scostava piano piano con il bastone i mucchietti di foglie rinsecchite, i cesti delle felci, guardava attorno ai tronchi dei castagni...

«È ancora presto, è presto» borbottava e aveva dimenticato di essere seguito.

Gli venne sete e stava per aprire il vino, ma a pochi passi scorreva un fossatello e si chinò per raccogliere l'acqua, e di nuovo alle sue spalle il rumore di rami spostati con poca prudenza.

«Ci sei ancora! Vediamo quanto resisti.» Bevve, piano, riempiendo d'acqua gelata le mani a coppa e si asciugò le labbra con la manica della cacciatora. Si rimise in cammino.

Si fermò quando gli arrivò, portato dal vento, il tocco della mezza. Sudava ma non era stanco. Si sistemò vicino a un masso che gli fece da tavolo e preparò per uno spuntino. Gli piaceva mangiare in mezzo ai boschi.

«E tu, ti sei portato qualcosa da mangiare o sei a secco?» borbottò. «Forse non ti aspettavi che ti tenessi fuori tanto. E guarda che non è ancora finita.»

Se lo portò a spasso per l'intero pomeriggio e a sera fece in modo di trovarsi vicino a un canìccio, che sapeva da quelle parti, uno degli edifici usati, un tempo, come essiccatoio per le castagne. Ci avrebbe passato la notte e che l'altro se ne restasse fuori, all'umidità e chissà che non gli andasse via la voglia di spiarlo.

Da un diario americano

Alan mi ha detto: «Sabato e domenica c'è una festa dai genitori della mia ragazza. Vorrebbero che ci fosse anche lei. Può restare a dormire da loro».

Perché io? E mi è venuto il sospetto che c'entrino con la lettera.

«Come si chiamano?»

«Parisotto, italiani che sono qui da vent'anni. Lui si chiama Eugenio Parisotto e fa il costruttore.»

Me lo ha chiesto lunedì e ho passato la settimana a frugare nella memoria per trovare un legame fra questi Parisotto e me. Non l'ho trovato. Non conosco la ragazza, Cristina, non conosco i genitori, non so dove abitino.

Abitano sulla costa, in una villa non appariscente, ma graziosa e funzionale. Venerdì sera Alan mi ha detto: «Vengo a prenderla domattina alle undici, va bene per lei?».

Andava bene e in auto gli ho chiesto perché io.

«Sarà una sorpresa» mi ha risposto. «Non posso dire altro. Mi hanno fatto promettere.»

Vuoi vedere che sono quelli della lettera?

Davanti c'è un piccolo giardino aperto sulla strada, poi c'è la casa e poi c'è la spiaggia e quando l'ho vista venirmi incontro, l'ho riconosciuta subito. Gli stessi capelli castani e tagliati corti, magra come allora, lo stesso viso triste e direi anche lo stesso abito leggero di cotone colorato e il fazzoletto, colorato anche quello, annodato attorno al collo. Come se non fossero passati vent'anni! Ho avuto un tuffo al cuore, le sono corsa incontro.

«Margherita!»

Ci siamo abbracciate e credo di avere pianto.

Non la vedevo da almeno vent'anni ed era stata la mia migliore amica! Le elementari assieme e le medie. Un giorno vado a trovarla, ricordo, un martedì di mercato, e Margherita non c'è più, non c'è più nessuno della famiglia. L'appartamento è aperto e dentro è tutto in ordine come se fossero usciti un momento. È come l'ho lasciato il sabato precedente quando, dopo essere state a ballare assieme, sono rimasta a dormire da lei, nella sua camera al primo piano.

Aspetto e poi chiedo in giro e nessuno sa dirmi che fine abbia fatto la famiglia Schiavina e tutti sono preoccupati. C'è chi pensa di avvertire i carabinieri e forse l'ha fatto.

Se ne sono dette di ogni colore sulla loro scomparsa, si sono fatte ipotesi fantastiche, ma la verità? Da mezze frasi che coglievo, ho sempre avuto l'impressione che in casa mia si sapesse ma non si dicesse per l'amicizia che mi legava a Margherita, per non darmi un dolore. Qualcosa di brutto. Poi la scomparsa della famiglia Schiavina diventò un fatto acquisito e si perse fra i tanti fatti del dopoguerra, ma il ricordo di Margherita è sempre rimasto legato alla mia giovinezza.

Se n'era andata che avevamo vent'anni e vent'anni dopo la ritrovo negli Stati Uniti!

«Adesso mi spiegherai» le ho detto quando abbiamo smesso di abbracciarci.

«Sono passati tanti anni... Lasciamo perdere e recuperiamo il tempo perduto. Quanto resterai?»

Lei preferisce così, ma prima o poi la costringerò a raccontare. «Non lo so, ho un contratto per due anni e poi si vedrà.»

Mi ha abbracciato ancora e mi ha detto all'orecchio: «Vorrei che restassi per sempre». Ha un marito, Eugenio Parisotto, una figlia, Cristina, una nuova casa e chissà che altro.

«I tuoi?» le ho chiesto.

«Mio padre... Lo ricordi?» Come no? Ricordo i suoi cocomeri, i più buoni della zona, i migliori che io abbia mangiato. Dopo non ne ho sentiti più di così zuccherini! «Mio padre è morto tre anni dopo che eravamo arrivati in America e mia madre...» La dolce Caterina, che tutti chiamavano Rina! I suoi tortelli di zucca! «Mia madre se n'è andata cinque anni fa. È sepolta al cimitero di qui, sulla collina. Sai dov'è?»

No, non lo so: «Mi ci devi portare, ho voglia di rivedere Rina, anche se in una foto su una lapide».

Abbiamo passato il giorno e buona parte della notte a ricordare: l'infanzia, la giovinezza, gli studi, i balli del sabato sera, i filarini e i primi baci rubati nei bagni della scuola media...

«La prima sigaretta! Ricordi l'effetto che mi fece?»
Finalmente ho mangiato come non ricordavo si mangiasse: «Hai imparato da tua madre, accidenti! Sei brava! Dove trovi la farina, il sugo di pomodoro, l'olio, il vino... Il parmigiano e il prosciutto e il caffè, accidenti!».
«Un negozio di periferia, lo tiene il figlio di un emigrato che fa venire tutto dall'Italia. Ti ci porterò, ti ci porterò, perché adesso ci vedremo spesso.»
«Come hai saputo che ero qui, che ero io?»
Margherita ha dato di spalle e mi ha trascinata in cucina per mostrarmi una scansia piena di cose che avrebbero fatto felice sua madre Rina. Spaghetti, maccheroni, caffè, passata di pomodoro...
«E vedessi la cantina! Parisotto ci tiene a mangiare bene e bere meglio.»
Il fine settimana, due giorni di sole, di mare e di ricordi, se n'è andato e ho passato il pomeriggio della domenica in acqua.
A sera Alan mi ha accompagnata a casa. Ero stanca e felice. Se n'è accorto anche lui e mi ha detto:
«Sono contento che non si sia annoiata. A volte i connazionali non fanno che parlare dei loro ricordi e della patria lontana. Si mettono a cantare e non la smettono più.»
«Come hai visto, non abbiamo cantato e Margherita non è solo una connazionale, fa parte della mia vita.»
«Meglio così.»
Prima di riaddormentarmi ho pensato a vent'anni fa, al mistero della scomparsa della famiglia Schiavina, alle mezze parole che passavano in casa mia, al dolore per un'amica che credevo non avrei più rivisto, forse morta.
Dovrà dirmi cos'è successo. La costringerò!

XVI
Che razza de zente che se trova a 'sto mondo

Il canìccio era una costruzione a due piani con muri di sasso tenuti insieme da malta, coperto con lastre d'arenaria, annerite dagli anni e invase dal muschio e dai licheni. Lo conosceva bene, ci si era rifugiato dentro, tempo prima, per ripararsi da una pioggia improvvisa che lo aveva colto in mezzo al bosco. Succede da quelle parti, succede che te ne vai di casa con il sole e ti ritrovi in mezzo alla pioggia. Sapeva che il cannicciato, il ripiano che serviva d'appoggio alle castagne da seccare, era mezzo sfondato e sapeva che, in alto, dall'altra parte, c'era l'apertura per buttare dentro le castagne, un buco quadrato che dava a monte, direttamente sul terreno.

Ci arrivò e prima di entrare si guardò attorno come se temesse di essere osservato. Dentro si liberò del cestino, del bastone e del fucile e si arrampicò sul muro, aiutato dalle pietre sconnesse. Fece forza sulle braccia, puntò i piedi su un travetto d'appoggio e uscì dal foro per le castagne, rotolando sul terreno. Non era più abituato a certi esercizi e ansimava.

«Ma guarda cosa mi tocca fare alla mia età!»

Strisciò fino a un grande tronco di castagno, vi si appoggiò e guardò attorno. Nessuno. Si alzò leggermente appoggiandosi sui gomiti e vide un porcino solitario, pochi metri sotto.

«E non posso neanche coglierlo, ora!»

Aspettò e in basso le frasche si mossero e apparve il viso sudato e stravolto dell'appuntato Peluso. Stringeva gli occhi e guardava il canìccio dov'era entrato Santovito.

«È così? Sono i colleghi che mi spiano. Non hai imparato molto nei cinque anni che sei stato con me, caro il mio Peluso, se non riesci nemmeno a nasconderti in un bosco. Mi dispiace per te, ma questa notte ti guadagnerai lo stipendio che lo Stato ti passa.»

Rientrò nel canìccio, uscì dalla porta e si preparò per la cena. Il porcino poteva aspettare fino a domattina. Fra due sassi sistemò una manciata di foglie secche, sopra vi posò alcuni rami, sotto i più sottili e sopra i più grossi, e diede fuoco. Prese subito, e lo alimentò con rami più grossi. Le foglie secche, ancora appese, prendevano fuoco subito e, crepitando, alzavano la fiamma.

Seduto accanto al fuoco, mangiò pane e formaggio. Dopo, raccolse un rametto acceso e diede brace al sigaro. Si sentiva solo il chiacchierare del fuoco e Santovito fumò, scaldato dalla fiamma che tenne viva fino a tardi.

Consumato che fu l'ultimo stecco, ricoprì le braci con la cenere e lasciò cadere alcuni bacchetti qua e là, dinanzi alla porta sgangherata, nel caso che all'appuntato Peluso venisse voglia di avvicinarsi, e poi si sistemò su un letto di foglie secche in un angolo del canìccio, accanto alla porta, ben serrato nella pesante cacciatora.

Si svegliò prestissimo e uscì dal foro per le castagne. Controllò il porcino e gli parve che nella notte fosse cresciuto e stesse aspettando solo di essere colto, e strisciò dietro le frasche che nascondevano Peluso. Dormiva rintanato dentro il tronco cavo di un grosso castagno. Si era tolto la giacca d'ordinanza e con quella si era coperto alla meglio. Aveva sistemato le frasche in modo che, da dove si era rifugiato, poteva tenere d'occhio la porta del canìccio. Non gli era servito.

«Ohilà, appuntato, ma che bella sorpresa!»

Il povero Peluso sobbalzò, si alzò di scatto, sbatté la testa contro il castagno. «Oh signor maresciallo...» balbettò. Aveva il viso sgualcito, gli occhi gonfi e la barba lunga.

«Anche tu a funghi? Guarda che chi dorme non trova funghi. Aspetta, ne raccolgo uno che ho appena visto e poi...» Con due salti raggiunse il fungo, estrasse il coltello e tagliò il porcino alla base, senza toglierlo completamente dal terreno. Lo pulì dal terriccio, tornò verso Peluso e glielo mostrò soddisfatto. «Guarda che roba, stasera mi faccio un umidino... Meritava proprio la passeggiata. Ma tu? Trovato niente?»

«Be', io...» fece Peluso dondolandosi a disagio.

«Aspetta un momento» e Santovito tornò nel canìccio a recuperare il materiale. Uscì, raccolse alcune foglie di castagno, le sistemò nel cestino e vi posò sopra, con cura, il porcino. «Bello, eh? È anche questione di fortuna, non c'è tanta roba in giro, adesso. Ma tu» e indicò l'appuntato da capo a piedi «tu proprio, scusami, ma non te ne intendi. Come si fa ad andare a funghi in divisa, anche con la bandoliera. Senza neanche un bastoncino per rimuovere le foglie. E se trovi qualche vipera? E poi... con le scarpe d'ordinanza. Si scivola, con quelle, per i boschi. Ci vogliono queste.» Mostrò un paio di pedule con la suola di vibram.

«Be', maresciallo, io non sono di queste parti...»

«Lo so, lo so, ma sei stato con me per cinque anni e qualcosa avresti pur dovuto imparare. E poi, io sono di queste parti? Un po' di testa perbacco. Non te l'hanno insegnato al corso? Bisogna essere pronti per ogni evenienza.»

«Non... non ricordo.»

«Non ricordi, eh? Voi giovani, chissà dove avete la testa. Va be', dài.» Santovito sedette su un sasso, dinanzi al confuso appuntato che, in piedi, cercava di risistemarsi alla meglio. «È ora di mangiare qualcosa. Oh, ce n'è anche per te: pane e formaggio, roba buona. E anche un po' di vino, vuoi favorire?»

«No, grazie, no, si è fatto tardi e devo tornare...»

«Tardi?» Santovito guardò l'orologio. «Ma sono appena le cinque del mattino!»

«No, no, è tardi!» Peluso si mise sull'attenti, salutò militarmente, si girò rigido e scomparve tra il fogliame.

«Se aspetti che io finisca di fare colazione, facciamo la strada assieme» gli urlò dietro Santovito. Peluso non rispose. «Vai, vai, tanto ti raggiungo» borbottò Santovito.

Con il coltello grattò la crosta del formaggio (aveva imparato, dai vecchi del paese, che la crosta non si taglia via ma si gratta, per non gettare niente di utile) e lo mangiò con il pane, dando ogni tanto una bella sorsata di vino. Sbucciò una mela e finì il vino.

«Sono proprio a posto» e si accese il mezzo toscano.

Tagliò a metà del bosco, nella parte più ripida, che gli avrebbe fatto risparmiare un bel po' di strada, e raggiunse Peluso prima che arrivasse in paese.

«Ehilà Peluso. Ti accompagno in caserma che devo parlare con Garbin.»

«Ma... ma signor maresciallo, a quest'ora il maresciallo Garbin...»

«... Starà dormendo, lo so, lo so.»

La caserma nuova dei carabinieri era una palazzina con piano terreno e primo piano. Al piano terreno c'erano gli uffici, la cucina, la saletta mensa e i servizi. Le camere per il maresciallo e i quattro carabinieri erano al piano superiore. Sul retro, l'autorimessa per l'auto in dotazione. In paese si continuava a chiamarla caserma nuova anche se l'avevano costruita più di dieci anni prima, per distinguerla dalla precedente. Non ce n'era bisogno perché la caserma vecchia, dove Santovito era rimasto per i primi anni del suo servizio in paese, alla vigilia della Seconda guerra, era stata trasformata in scuola. L'aveva inaugurata Raffaella, quella scuola, e ci aveva insegnato per nove anni.

La caserma nuova l'aveva inaugurata il maresciallo Ares Amadori, il ferrarese che non aveva lasciato di sé un buon ricordo. Grazie all'aiuto di Santovito, capitato in paese per una nostalgia del passato che ancora non aveva capito ma che gli aveva cambiato la vita, Ares Amadori aveva arrestato un tale che si era divertito a seminare cadaveri nei boschi, aveva fatto carriera ed era finito in Legione, a Bologna.

«Aspetti signor maresciallo che vado a svegliarlo.» Peluso non ce la faceva proprio a considerare Santovito un indagato. Era stato ai suoi comandi e continuava a ritenerlo un superiore.

«Non ti preoccupare, Peluso, che lo sveglio io! Con tutta la delicatezza necessaria!» Salì le scale, seguito da un Peluso piuttosto preoccupato. Senza tanti complimenti spalancò la porta della stanza e si piantò dinanzi al letto: «Allora Garbin! Mi vuoi dire cosa accidenti ti passa per la testa?». Garbin saltò a sedere sul letto prima ancora di spalancare gli occhi: «O mona, cossa gh'è!».

«Gh'è che non si va a funghi in divisa d'ordinanza» e accennò a Peluso, rimasto prudentemente sulla soglia.

Garbin ci mise un po' a rendersi conto. Borbottò: «Funghi?».

«Funghi, sissignore, funghi. Ho trovato Peluso nel bosco che andava a funghi, ma è uno strano fungaiolo. Va a funghi in divisa d'ordinanza. Dovresti istruire meglio i tuoi uomini.»

Garbin guardò in faccia Santovito: «Ho capìo» disse. Sempre seduto sul letto, sfilò una sigaretta dal pacchetto posato sul comodino. Due boccate a pieni polmoni e gridò: «Peluso!».

«Comandi, signor maresciallo.»

«La prossima volta fai entrare in camera mia anche il canonico, mi raccomando.»

«Veramente signor maresciallo...» e la piantò lì.

«Che razza de zente che se trova a 'sto mondo.» Mise i piedi fuori dalle coperte. «Se permetti vorrei vestirmi. Non mi va di mostrare il sedere a un collega.»

«Non mi dirai che dormi nudo, Garbin!»

«Non te lo dico.» Poi a Peluso, che si era defilato appena il superiore aveva accennato a mettere i piedi fuori dalle coperte: «Una cuccuma di caffè! E che sia forte!».

«Agli ordini, signor maresciallo.»

Garbin entrò in ufficio che Santovito aveva avuto tutto il tempo per accendersi il sigaro e Peluso di posare, su due presine per non rovinare il piano della scrivania, una cuccuma da cinque caffè.

«Ce n'hai messo per infilarti un paio di braghe, Garbin.»

«Fazzo quel che posso...»

«Avrai almeno avuto il tempo per pensare a una buona scusa.»

«Una scusa... per cosa, Santovito?»

«Lo sai benissimo, tant'è vero che su, in camera, hai borbottato il tuo solito ho capìo. Allora se hai capìo facciamo che non ci prendiamo per il culo. Prima mi vieni a prelevare alla stazione e poi mi fai seguire da Peluso e se Peluso era nel bosco, non era certo di sua iniziativa. Obbediva a un ordine, e quell'ordine glielo hai dato tu.»

Il maresciallo scompigliò le carte sulla scrivania: «Santovito, sei stato carabiniere anche tu. Figurati se mi passava per la testa di farti seguire. Ma sai che se c'è un ordine dall'alto, quello non si discute!».

«Un ordine? E da chi, e perché?»

«Il perché non lo so... ma cossa oggio da far, Santovito? Mi hanno ordinato di tenerti d'occhio, di controllare i tuoi spostamenti... Ho chiesto spiegazioni e mi hanno risposto che gli ordini non si discutono.»

«Lo so anch'io, ma perché non avvertirmi?»

«Ti sembra serio?»

«Vuoi dire che non ti fidi di me?»

«Mi fido, mi fido, ma cosa scrivevo nel rapporto? Avvertito l'indagato, non si sono verificati fatti che possano dare luogo a ulteriori sospetti circa il suo interessamento per una presunta terrorista... eccetera, eccetera?» «No, bastava che chiedessi e io ti avrei spiegato perché m'interesso a una presunta terrorista...»

«Non è esatto. In questo momento Santini Raffaella è terrorista dichiarata e assassina confessa» lo interruppe, dalla soglia, un uomo biondo, giovane, alto e robusto che Santovito guardò appena e riconobbe. Durante l'irruzione nel covo di Broccaindosso, il tenente colonnello Friggerio lo aveva chiamato Donner.

«Capitano di Marina Cristiano Donner» presentò Garbin. «Del SID.»

«Che ci fa la Marina su questi monti?»

«Gli amici e i colleghi mi chiamano Cris.»

«Gli amici e i colleghi mi chiamano Santovito.»
«Lo so.»
«E che altro sa?»
«Che con lei i suoi superiori stanno prendendo una cantonata...»
«Ex superiori.»
«Un carabiniere è sempre un carabiniere.»
«Questa l'ho già sentita.»
«Prendono una cantonata perché lei si occupa di Santini Raffaella solo per il senso d'amicizia che ha verso la madre.»
Santovito si alzò: «Allora, visto che è tutto chiarito...».
Schiacciò nel posacenere il resto del sigaro e si avviò alla porta. «Visto che tutto è chiarito, me ne vado a dormire.»
«Cossa gh'è? Eeeh no, Santovito, proprio no! Mi hai tirato giù dal letto e adesso te ne stai qui con me!»
«Sei già in buona compagnia e non vedo a cosa potrei servirti.»
«Lo vedo io, lo vedo.»
«Ai tuoi ordini, maresciallo» e Santovito tornò a sedere.
«Vuoi farmi credere che non t'interessa sapere come e perché la tua protetta abbia confessato un omicidio?»
«M'interessa, ma so che non mi racconteresti tutta la verità.»
«Ma cossa distu, Santovito? Non ti fidi più di me?»
«E tu di me?»
Nervosamente il maresciallo Garbin schiacciò la cicca: «Va bene, va bene, Santovito. Vogliamo fare finta che non sia successo e ripartiamo dal principio?».
«Perché?»
Gli rispose il capitano di marina Cristiano Donner: «Perché abbiamo bisogno della sua esperienza, perché lei conosce meglio di noi la Santini, perché questi monti e questi boschi per lei non hanno segreti e infine perché anche lei vorrà conoscere come sono andate veramente le cose». Si accese una sigaretta e l'ufficio era invaso dal fumo: «O ci sbagliamo?». Santovito non rispose. «Dunque, abbiamo interrogato la Santini e le abbiamo contestato i reati di associazione sovversiva, detenzione di armi... e siamo arrivati al concorso in omicidio nella persona di Lagudoru Sebastiano, il nostro agente infiltrato fra l'eversione di destra. Lei, di sua spontanea volontà e senza alcuna sollecitazione da parte nostra, si è dichiarata colpevole non di concorso ma dell'omicidio stesso.»
«La madre è stata avvertita?»
«Non ancora. Prima di procedere abbiamo bisogno di alcuni riscontri.»

«E cioè?»

«Ogni volta che arrestiamo un terrorista, quello si dichiara prigioniero politico e si rifiuta di rispondere alle nostre domande o risponde con proclami. Le sembra normale che la ragazza sia venuta meno a un comportamento politico che ormai è divenuto una loro norma inderogabile?» Santovito si strinse nelle spalle. «A noi no. Soprattutto se pensiamo che ha dichiarato anche di aver ucciso Lagudoru con una raffica di MAB.»

«E allora?»

«Lei sa benissimo che il nostro agente è stato ucciso da una raffica di Kalashnikov.»

Santovito guardò il maresciallo Garbin che allargò le braccia e cercò di scusarsi: «Che dovevo fare Santovito? Che avresti fatto tu al posto mio?».

«Io non ci sono al posto tuo! Io me ne sono andato!»

«Il maresciallo Garbin ha fatto il suo dovere e lei lo sa.»

«Se è tutto, io me ne andrei volentieri a dormire. Sono due notti che non chiudo occhio.»

«E come mai, maresciallo Santovito? In pensione si dovrebbe recuperare il sonno perduto nei lunghi anni di servizio.»

«Di notte mi piace stare fuori, in giro per i boschi. A lei non è mai capitato?»

«No, sono di città e i boschi non sono il mio elemento. Il massimo che può capitarmi è venire alla caserma del maresciallo Garbin e fermarmi. Posso sapere cos'è andato a fare nei boschi?»

«Lo chieda all'uomo mascherato da marine che mi ha spedito dietro e che mi ha puntato contro un mitra.»

«Lei non si sta comportando bene, maresciallo Santovito...»

«Neppure lei.» Guardò di nuovo Garbin. «E neppure tu.»

«... E sono costretto a ricordarle che non si è comportato bene neppure con il maresciallo Amadori.»

«In che senso?»

«Gli ha estorto delle informazioni riservate dichiarandosi ancora in servizio attivo e per di più gli ha detto di essere nel SID.»

«Mi stai ricattando, Cris?» Il capitano annuì. «Fa' un po' come ti pare. Non è colpa mia se nell'Arma arruolate dei sottufficiali deficienti.» Sulla soglia, ficcò la destra nella tasca della cacciatora, ci pensò su, tornò da Garbin e gli aprì dinanzi il pugno con le pallottole che lasciò scivolare sulla scrivania. «Le ho cavate dal castagno, su al campo. Vedi da che arma sono uscite.» Al capitano Donner: «Se vengono da un Kalashnikov, è quello che ha ammazzato il povero Lagudoru e si tratterà semplicemente di trovare chi ha tirato il grilletto».

Se ne andò. La destra in tasca giocava con una delle pallottole recuperate, quella meno massacrata nell'impatto con il tronco del castagno.

«Non gli servono tutte e questa mi farà comodo.»

XVII

Una spiegazione che spiega poco

La Napoletana era l'ultima a lasciare il locale e chiudeva personalmente le porte del Ristobar dopo aver dato la buona notte all'ultimo cliente. Al mattino toccava a Oreste aprire. Lo aveva appena fatto e, dinanzi al locale, stava sistemando i tavolini con tovaglia, fermatovaglia e posacenere.

«Fatica sprecata, Oreste» gli disse Santovito.
«Perché, maresciallo?»
«Fra poco verrà giù il diluvio.»
Oreste controllò il cielo: «Non mi pare. Sembra sereno e...».
«Guarda un po' là.» Una linea scura di nubi pesanti saliva dalle cime e aveva coperto le più alte. «Quella è la Buca della Giacoma.»
«O che sarebbe codesta Buca di codesta Giacoma?»
«Una storia lunga, Oreste, ma stai sicuro che quando le nuvole salgono scure di là, promette male. Me lo faresti un caffè? O è il primo della giornata?»
«No, no, la signora Amalia vuole che i primi li butti via. Ne ho portato uno anche a lei, come tutte le mattine.»
«Glielo hai portato a letto?»
Oreste arrossì e si strinse nelle spalle. Disse a voce bassa: «Così vuole la signora Amalia. Dice che si sveglia meglio con un buon caffè e io...».
«E tu glielo porti a letto. E bravo il nostro Oreste. Adesso ne fai uno anche per me. Da mangiare?»
«Poca roba e rimasta da ieri, che il fornaio non s'è ancora veduto. Anzi, mi meraviglia molto perché di solito a quest'ora è già passato. La si accomodi, signor maresciallo, che quel bischero tarderà poco.»

Santovito si accomodò, ma le nubi che salivano dalla Buca della Giacoma lo avevano messo di cattivo umore. Aveva passato tanti anni da quelle parti che riconosceva i segni del tempo, come il vecchio Tripoli, tanti, tantissimi anni prima che neppure ricordava quanti.

Arrivò il camioncino del fornaio. Passava ogni mattina, salendo dal paese in valle, e la prima fermata era il Ristobar. Passò accanto a Santovito, salutò con un cenno e posò sul banco un grande vassoio di ferro, lo stesso che usava per infornare, coperto di pagnotte e ciambelle.

«Cosa le servo, maresciallo?» chiese Oreste.

«Un cappuccino e una fetta di ciambella.»

«Calda e profumata, maresciallo» disse il fornaio ripassandogli accanto per uscire.

La Vespa di Domenica si fermò dinanzi al Ristobar e la donna entrò: «Giusto lei, maresciallo». Sedette al tavolo di Santovito. Aveva appena acceso il sigaro dopo una colazione tranquilla. «Una notte d'inferno in ospedale. C'è troppa gente che sta male.» Portava sul viso i segni di una notte passata sveglia. «Un caffè, Oreste» ordinò. Nell'attesa si accese una Camel. «Se a lei va bene, io adesso salgo alla Ca' Rossa per mettere un po' d'ordine.»

«Dopo una notte in ospedale?»

«Ci sono abituata alle notti. Cosa crede che faccia adesso se vado a casa mia? Pulisco, metto ordine, preparo il pranzo...»

«Sì, ma è casa tua.»

Domenica alzò le spalle: «Mia o di altri, che differenza fa? Sempre lavoro è». Tirò nella sigaretta, per un po' in silenzio, poi: «Io credo che Amado abbia qualcosa da dirle».

«Non adesso, Domenica. Sono stanco, non dormo da chissà quante ore... Il maresciallo Garbin non vede l'ora di sentire il tuo ragazzo.»

«Ma Amado è salito a cercare lei, alla Ca' Rossa. Due volte.»

«Sai una cosa Domenica? Mi conveniva restare in servizio. Lavoro più adesso di prima.»

«Mi dispiace, maresciallo, mi dispiace proprio, ma non so come fare.»

«A quest'ora sarà già alzato a studiare» disse Domenica. Aprì la porta, posò la spesa e disse a voce alta: «Sono io, sono tornata. Adesso ti preparo la colazione. C'è qui il maresciallo...».

«Ancora!» gridò Amado dalla sua camera. «Ma che...» stava per dire cazzo, ma l'autorità incuteva pur sempre un minimo di rispetto fra quei monti e all'ultimo istante modificò in: «Ma che accidenti vuole ancora da me?».

«Non è Garbin, è il maresciallo Santovito.»

Amado si presentò in cucina. «Ho dormito pochissimo e...»

«Anch'io» lo interruppe Santovito.

«Non per colpa mia.»

«Ancora non lo so.»

Domenica disse: «Intanto che ti preparo la colazione tu potresti spiegare al maresciallo perché lo hai cercato».

«Io l'ho cercato?»

«Sì, non sei salito due volte alla Ca' Rossa?»

«E a te chi l'ha detto?»

«Nessuno, lo so e basta.»

Amado si lasciò cadere sulla sedia: «Cazzo, cazzo, cazzo! Andiamo bene! Mi hai seguito, tu mi hai seguito! Mi stai anche a spiare!».

«Oooh, abbassa la voce, ragazzo! Secondo te cosa dovrebbe fare una madre quando il figlio è nei guai, eeeh, cosa?»

«Domenica, io non sono nei guai, vuoi capirlo che non sono nei guai?»

«Ci sei, ci sei» intervenne Santovito. «Anzi, ci siete, tu e gli altri della jeep.»

Amado si alzò e fece per tornare in camera. Borbottò: «Non ho tempo da perdere io. Fra quindici giorni ho un esame, cazzo!».

«Che sei venuto a fare su alla Ca' Rossa?»

Amado si fermò e si voltò: «Una passeggiata, va bene? Una passeggiata! O è vietato in questo paese di merda?».

«Due passeggiate, allora.»

«Due passeggiate, sì!»

«Non ti ho mai visto dalle mie parti, Amado. Cos'è? Improvvisamente t'interessa la Ca' Rossa?»

«E se fosse così?»

«A me andrebbe bene se non ci fosse un fatto piuttosto grave...» Sedette lasciando in sospeso. Amado gli tornò dinanzi.

«E sarebbe?»

«Sarebbe che per due volte... e tu sei salito alla Ca' Rossa due volte... per due volte mi sono entrati in casa, l'hanno messa sottosopra, forse hanno anche asportato qualcosa... Con effrazione, Amado, che significa...»

«So benissimo cosa significa effrazione! Ma io non c'entro, capito? Non c'entro e basta!»

«Difficile da credere, no, Domenica?»

La donna balbettò: «Non crederà... non penserà che il mio ragazzo...».

«Io tiro le somme, Domenica, ma non ti preoccupare che non ne farò niente. Almeno per ora, almeno fino a quando non avrò capito alcune cose piuttosto importanti.» Era stanco e voleva che la cosa finisse presto per tornare alla Ca' Rossa, per riposare.

«È così? È come dice il maresciallo?»

«Ma che cosa ti viene in mente, Domenica. Ti pare che io...»

«Non lo so! Non so più niente, non ci capisco più niente! Dimmelo tu! Spiegami cosa sei andato a fare due volte alla Ca' Rossa!»

Amado tornò a sedere. Mormorò un va bene e non aggiunse altro.

«Va bene cosa?» chiese Domenica.

«Va bene, adesso vi spiego.» Cercò nelle tasche, non trovò e si guardò attorno. Domenica posò sul tavolo le sue Camel e il suo accendino. Cominciò a voce bassa: «È stato a una riunione degli Autonomi. Ho parlato anch'io per dire il mio disagio per una università che se ne frega degli studenti, che non mi dà un appoggio, che mi costringe a frequentare i corsi in piedi perché non c'è uno straccio di banco, che non mi dà un posto per dormire e mi costringe a fare il pendolare... Insomma, fa schifo e l'ho detto fuori dai denti. Quando è finita la riunione, uno studente che stava al tavolo mi ha dato una pacca sulle spalle e mi ha detto bravo, ti sei fatto sentire e mi ha chiesto da dove venivo perché il mio accento lo conosceva. È nato anche lui da queste parti e conosce il paese, i posti che conosco io...»

«Come si chiama?»

«... E conosce quasi tutti quelli di qui. Conosce anche il maresciallo. Una notte torno a casa e trovo un biglietto infilato sotto la porta. Era suo e mi dava appuntamento alla Ca' Rossa. Scriveva che si trattava di una cosa importante e io sono andato su ma non l'ho incontrato. L'altra notte un altro biglietto e ancora un appuntamento alla Ca' Rossa. Sono salito di nuovo.»

A Santovito serviva una risposta chiara. Sollevò a forza il viso del giovane e lo costrinse a guardarlo in faccia: «Quando è stata l'ultima volta?».

«Due giorni fa.»

«Due giorni fa mi sono entrati in casa per la seconda volta...»

«Lo so.»

«Lo sai?»

Amado si tolse di dosso le mani di Santovito. «Sono spuntato sull'aia e ho visto un tale uscire di corsa dalla Ca' Rossa. Ha sentito arrivare il mio Centoscudi...»

«Il tuo amico?» Amado annuì. «Che ti ha detto? Che ci faceva alla Ca' Rossa? Cosa cercava in casa mia?»

«Oooh, calma! Una cosa alla volta. Intanto mi ha detto che potevo tornare a casa e che non aveva più bisogno di me e si è scusato di avermi fatto salire. Per il resto...» ma non continuò.

«Per il resto?»

«Non so cosa ci facesse alla Ca' Rossa né cosa cercasse.»

«E non glielo hai chiesto?»

Amado negò con il capo. Santovito si alzò di scatto, lo prese per il bavero e lo sollevò di peso dalla sedia. «Tu, ragazzino! Tu non mi racconti storie, va bene? Cosa cercava alla Ca' Rossa?» Lo lasciò andare e disse sottovoce a Domenica: «Scusami, ma questo non ha ancora capito in che razza di guaio si è messo».

Domenica si chinò sul figlio e gli parlò adagio: «Devi fidarti del signor maresciallo. È qui per aiutarci». Amado non la guardò e allora lei alzò la voce: «Per l'amor di Dio, dovremo fidarci di qualcuno, no?».

«Mi ha detto che era venuto a cercare qualcosa da consegnarmi, che non l'aveva trovata, che potevo tornare a casa e mi ringraziava per essermi fidato di lui» mormorò. Sollevò il viso e guardò prima la madre e poi Santovito. «È tutto quello che mi ha detto prima di imbucarsi di corsa nel bosco.»

In paese c'era la calma che precede la pioggia: le donne avevano richiamato in casa i bambini, i vecchi si erano ritirati in un angolo della cucina e si erano accesi il toscanello, i cani si erano rintanati. Le prime gocce caddero leggere e rade. La Buca della Giacoma mente di rado e Oreste si affannava, sotto l'acqua, a rimettere tavolini, tovaglie e posacenere al coperto.

«Gliel'avevo detto» borbottò Santovito.

«Cosa dice maresciallo?» chiese Domenica.

«Niente, un'idea mia.»

«C'entra il mio Amado?»

«No, c'entra Oreste.»

Domenica non capì, ma lasciò perdere. «Adesso?» chiese.

«Adesso Amado mi dice il nome di quel suo amico.»

«Non è un amico, è uno che ho incontrato per caso.»

«Fa niente. Come si chiama?»

«Non lo so, cazzo, non lo so! Lo chiamano tutti Vangog e così lo chiamo anch'io, cazzo!»

Domenica gli lasciò andare una sberla sulla nuca: «La devi

smettere di dire sempre cazzo, va bene? In questa casa non si è mai sentito, eppure bestemmiavano, accidenti, ma non ho mai sentito dire cazzo né da mio nonno né da mio padre e non lo devi dire neanche tu, va bene?».

Da un giorno e una notte Santovito non si toglieva di dosso la cacciatora e non vedeva l'ora. Non vedeva l'ora di un bagno e di una dormita di quelle di una volta, da giovane. Mostrò la foto che gli aveva dato Ares Amadori.

«È questo il tuo amico?»

«Sì, è lui, ma non è mio amico. Andavo alla Ca' Rossa più per curiosità che altro.»

«Ed è stato sempre per curiosità che avete dato fuoco alla jeep?» Amado stava per gridare un altro dei suoi cazzo, ma Santovito non gliene diede il tempo: «Scherzo, scherzo, so benissimo che la jeep è scivolata da sola dai Sassi della Borda e da sola ha preso fuoco». Si alzò e a Domenica: «Convinci tuo figlio che questo non è uno scherzo. Ci sono di mezzo un morto, delle armi, delle bande armate... Insomma, cose da Servizi Segreti e prima si deciderà a raccontare tutta la verità, assieme ai suoi tre compari... Sì, Amado, due, due compari, scusa. Mi accompagneresti alla Ca' Rossa con la tua Cinquecento? Come l'hai chiamata? Ah sì, il Centoscudi. Mi accompagneresti che sono stanco marcio e non mi reggo più in piedi?».

Amado si alzò, ma Domenica gli fece cenno di non muoversi: «Tu studia che il maresciallo l'accompagno io». Poi a Santovito: «L'accompagno io e così le do anche una sistemata alla casa, che gliel'hanno conciata proprio male».

XVIII

Bleblè, Santissimo, la Buca del Diavolo e altre storie di montagna

Dormì tutto il pomeriggio e tutta la notte e si svegliò all'alba e la casa era in ordine. Domenica aveva fatto un gran bel lavoro. Sul tavolo un bigliettino:

"Grazie per la pazienza che ha con me e Amàdo. Non so come sdebitarmi. Domenica."

Si era già sdebitata, ma forse lei neppure lo ricordava, come succede alle persone che non segnano nel calendario i favori che fanno al prossimo e aspettano l'occasione per riscuotere. Accadde quando Raffaella si ammalò e Domenica, ogni giorno che Dio mandava in terra, smontava dal turno all'ospedale e saliva alla Ca' Rossa senza neppure passare da casa sua. La vegliava fino a sera e se n'andava solo quando Santovito lasciava il servizio e le dava il cambio. E gli si raccomandava di stare attento agli orari per le medicine, ai respiri di Raffaella... «e se appena la febbre cresce, la carichi in auto e la porti in ospedale, mi raccomando, ma prima passi da me che l'accompagno io».

Si era sdebitata anche quando avevano trovato Bleblè e lei si era occupata di tutto. Lo aveva pietosamente coperto, in modo che, trasportato in paese, la gente conservasse l'immagine che di lui aveva per i tanti anni passati fra quei monti. Lo aveva poi lavato e vestito con i panni della festa...

Bleblè era abituato a scendere in paese ogni giorno per un bicchiere e una partita, ma non si era fatto vedere per tre giorni e Santovito era salito alla Ca' Rossa a controllare. Bleblè aveva messo ordine in casa, sull'aia e nel fienile come se fosse Pasqua. Aveva governato le due bestie, nella stalla, con una scorta di fieno e acqua per una settimana e dato da mangiare alle galline e ai conigli. Lui, alla Ca' Rossa, non c'era.

Lo trovò Santissimo, sempre in giro per i boschi, una settimana dopo. Passò dall'oratorio di don Santino e diede un'occhiata dentro: Bleblè era sdraiato su una panca sotto il tabernacolo, la giacca arrotolata sotto la nuca come se si fosse messo lì per un pisolino. Solo che era nudo, nudo come sua madre l'aveva fatto. Era andato a morire nell'oratorio di don Santino, lui che non era mai entrato in chiesa. Era andato lassù a finire il suo tempo.

L'oratorio sta dall'altra parte dell'acqua, a metà del monte, poco sotto la Buca del Diavolo, che si chiama così perché si è ingoiata il Diavolo in persona. A quei tempi, molti anni fa, chissà quanti ne sono passati da allora, la parrocchia era tenuta da un prete talmente santo che aveva convinto tutti ad andare a messa ogni domenica e al rosario in maggio. Tutti, anche i bestemmiatori, e in paese ce n'erano! Non ce l'aveva fatta solo con un vecchio che ormai si era dannato l'anima e che era la preoccupazione più grande del sant'uomo, che avrebbe dato chissà cosa per recuperarlo alla fede. Un bel giorno il Diavolo si presentò a don Santino e gli disse:

«Io so che tu daresti chissà cosa per convertire anche il vecchio. Ti offro l'occasione. Vediamo chi salta più lontano. Se salti più lontano tu, ti restituisco l'anima del vecchio bestemmiatore che è già mia, ma se salto più lontano io, sarai tu a restituirmi le anime degli altri tuoi parrocchiani.»

Don Santino non ci pensò un secondo e andò sul balzo del Diavolo, una roccia a picco sul fiume che scorre un centinaio di metri in basso; si raccomandò alla Madonna e saltò. La Madonna gli diede una mano e don Santino arrivò dall'altra parte del fiume, a metà del monte.

Non si sa a chi si raccomandò il Diavolo che prese la rincorsa e saltò. Passò sopra la testa di don Santino, che lo guardava da dov'era arrivato con il suo balzo, e sarebbe atterrato un bel po' più su se la terra, che non se la sentì di accogliere il Diavolo, non si fosse ritirata tanto che il Diavolo sprofondò e di lui non se ne seppe più nulla.

Nel punto esatto dov'era atterrato don Santino, c'è l'oratorio e nell'anniversario del salto i paesani salgono, assistono a una messa speciale e poi scoperchiano i cesti e si mangia sul sagrato. Ma neppure in occasione della festa la gente si avventura dalle parti della Buca, che è poco oltre l'oratorio, dove il Diavolo è sprofondato e non se n'è saputo più nulla. Forse il Diavolo avrebbe piacere se qualcuno ci facesse una visita una volta l'anno, come fanno per il luogo dov'è atterrato don Santino. Ma la Buca del Diavolo è un posto talmente poco accogliente che mette i brividi solo a pensarci: le pareti sono coperte di vegetazione bassa e rinsecchita anche in primavera e lungo il pendio si aprono delle grotte buie e umide, dalle quali esce uno strano odore di zolfo come se fossero i portoni stessi dell'inferno. In realtà non è che un'abbondante sorgente di acqua solforosa che la gente di qui chiama acqua puzzola.

Bleblè era andato a morire all'oratorio di don Santino, sdraiato su una panca sotto il tabernacolo, nudo come sua madre l'aveva fatto.

Domenica era corsa su assieme a Santovito, si era chinata a chiudere gli occhi che Bleblè teneva ancora aperti a fissare il cielo fra le tavole sconnesse del tetto, lo aveva coperto con il suo scialle e alla Ca' Rossa lo aveva lavato e vestito con i panni della festa.

Si era sdebitata Domenica, e come. Ce n'è ancora, da queste parti, di gente come lei.

Si svegliò, dunque, all'alba, riposato e la barba di tre giorni gli pungeva il viso. Restò sdraiato sul letto a respirare l'aria fresca e umida della pioggia. La finestra della stanza, come tutte le altre finestre della Ca' Rossa, era una piccola apertura con spallette e architrave in un blocco d'arenaria, come scavata nello spesso muro di sassi.

«Muri spessi e piccole finestre tengono fuori il caldo in estate e il freddo in inverno» diceva Bleblè. Per Santovito in quella casa c'era sempre freddo, in estate e in inverno, ma quando alla Ca' Rossa c'era anche Raffaella, lui ci stava bene.

Le foglie sgocciolavano ancora e l'erba aveva preso il verde tenero del dopo pioggia. Le cime di là dall'acqua erano ancora scure, ma il sole, che stava per spuntare, schiariva il cielo per un giorno che sarebbe stato caldo, buono per i funghi.

Gli ultimi giorni convulsi non gli avevano lasciato neppure il tempo per la spesa e non c'era più caffè. Bestemmiò quando sentì il motore della Campagnola, che ormai conosceva a orecchio, fuori giri sullo strappo finale prima della Ca' Rossa.

«Non è mai salita tanta gente alla Ca' Rossa come in questi giorni.»

Il maresciallo Garbin mise la testa in cucina: «C'è niente di nuovo?».

«C'è che non ho più un grano di caffè!»

«Guarda che combinazione, ne ho giusto qui un pacchetto di quello buono, quello che prendi tu» e posò sul tavolo un pacchetto.

«Guarda che combinazione! Non è che l'appuntato Peluso, oltre a spiarmi, fruga anche in casa mia e nel rapporto ha scritto che l'ex maresciallo maggiore Santovito Benedetto ha finito il caffè?»

«Cossa vorressi dir?»

«Vorressi dir che fra i tanti che mi frugano in casa ci sono anche i tuoi uomini!»

«Non diciamo cazzate, Santovito! Va ben che mi son comportato male, ma da qui a frugarti in casa...»

«Allora diciamo che sono stati quelli del SID e che tu ne eri comunque al corrente. E sai una cosa? Comincio a pensare che i miei compaesani abbiano ragione a non fidarsi dei carabinieri» e andò a preparare il caffè. Bestemmiò: «È finita anche la bombola!».

«Non ne hai una di scorta?»

«L'ho vuotata il mese scorso e ho rimandato, ho rimandato...»

«Ti accompagno giù con la Campagnola.»

«Cos'è quest'improvvisa cortesia?»

«Non è improvvisa. Mi pare che ti ho sempre trattato bene. Se poi ce l'hai con me per quel coglione che mi hanno spedito in caserma... Ben, mi dispiace, mi dispiace molto.»

«È ancora lì? Dimmi una cosa, Garbin, li scelgono con un concorso per assegnarli al SID? Uno più coglione dell'altro.»

«Gli sono arrivati dei documenti e si è chiuso nel mio ufficio tutta notte a controllarli, mi ha detto. Per me ha dormito fino a questa mattina. Non si muove dalla caserma e pretende di trovare chi ha ucciso il suo collega. Gli ho chiesto se vuole che lo accompagni su, dove c'era l'accampamento, e mi ha risposto che lui non è tipo da andare a spasso per i monti. Quello è sempre stato in un ufficio.»

«Garbin, mi piacerebbe sapere che sei venuto a fare quassù. Non credo per parlarmi del capitano Donner né per portarmi a prendere una bombola nuova.»

Garbin lo aiutò a caricare la bombola sulla Campagnola. Disse: «Ho bisogno che tu mi dia una mano».

«Ecco qua, hai bisogno e ti presenti alla Ca' Rossa.»

«No, ma cossa distu? Me dispiase come ti hanno trattato... anca a riguardo mio! Quelli non ti conoscono... e poi...» Si sistemò al volante.

Salì anche Santovito: «E poi?».

Garbin mise in moto, fece manovra, imboccò la stradaccia e disse sottovoce: «E poi... ho trovato la tanica».

«Ah sì? E dov'era?»

«Adesso te lo mostro.»

Due fermate, una dal distributore di bombole e una al Ristobar dove Santovito fece colazione e il maresciallo Garbin si fece un grappino che giustificò così:

«Non ho chiuso occhio tutta la notte e ci vuole per tenermi su.»

«Ci vuole anche uno stomaco da struzzo per metterci dentro della grappa alle otto del mattino.»

«Dalle mie parti si fa colazione con un grappino.»

La carcassa della jeep era ancora lì, sul greto della Borda, accanto al mulino del Turco. Il vento aveva stracciato la cordella colorata che recintava la zona e si era preso anche i cartelli messi lì per tenere lontani i curiosi.

Il maresciallo Garbin indicò la tanica, per metà sotto un cespuglio di rovi, ai piedi di un alberello di ontano dalle foglie larghe e appiccicose, spuntato, assieme a tanti altri, fra i ciottoli del greto e destinato a passare lì l'inverno, se la Borda non lo avesse sradicato con le piene d'autunno. Sempre fra i sassi del greto, erano spuntati nel frattempo anche i fiori rosa delle saponarie che, sfregati fra le mani assieme all'acqua del torrente, producevano schiuma e qualche volta sostituivano il sapone.

«Eccola lì. Non l'ho toccata perché volevo che vedessi anche tu.»

Santovito controllò e si guardò attorno: «Quando sono passato io, non c'era».

«Che vuoi dire Santovito?»

«Che ti prendono per il culo, Garbin! Sveglia!» Raccolse la tanica e la passò sotto gli occhi del maresciallo rivoltandogliela da tutte le parti. «Dalla jeep a qui ha fatto un volo di almeno trenta metri.»

«Naturale, per lo scoppio.»

«Le mie palle, Garbin! Ha fatto un volo di trenta metri, è caduta sui sassi del greto e non c'è un'ammaccatura che è una.»

Garbin controllò, rivoltò la tanica e la scaraventò lontano. Bestemmiò nella sua lingua veneta. «Hai ragione, va' in mona, hai ragione! Allora?»

«Allora... Tu e la tua maledetta mania di parlare!»

«Non ho detto niente.»

«No? E come faceva Domenica a sapere che vai in giro a chiedere di una tanica?»

«Santovito, come posso fare le indagini se non chiedo?»

«C'è modo e modo, Garbin, c'è modo e modo e non te lo devo insegnare io.»

«Non capirò mai questi montanari!»

«L'ho detto anch'io, Garbin, e spesso, poi li ho capiti. Mi ci sono voluti anni.»

«Beato te.»

«Ne hai parlato anche alla marina, a quel Donner, della tanica?»

«Naturale, Santovito, naturale.»

Risalirono all'auto e, seduti sui sassi, ripresero fiato, sigaretta e sigaro accesi, a guardare il paesaggio. Nel canalone, dove s'infilava a stento fra rocce e alberi, il sole faceva scintillare la Borda che, vista di lassù, pareva la strisciata di una lumaca.

«Me despiàse de una cossa, ma me despiase assae.»

«E cioè?»

«Mi dispiace che in un così bel posto» e indicò attorno con un gesto largo della destra «in un così bel posto abiti gente che ammazza un uomo come se fosse... come se fosse un animale.»

«Chi ti dice che siano stati i miei compaesani?»

«Così li chiami? Tuoi compaesani?»

«Sto qui da una vita, Garbin, e ho imparato a capirli questi montanari, a volergli bene.» Si passò una mano sulla barba, che ancora non era riuscito a tagliarsi e che gli dava fastidio, e con il sigaro indicò in basso, verso il mulino del Turco: «Quella tanica... qualcuno ce l'ha portata laggiù e credo anche di sapere chi».

Da un diario americano

Credevo di aver dimenticato la lettera e invece era sempre lì, nel mio subconscio e aspettava il momento per tornare fuori e di prepotenza. È tornata fuori alle due di notte, nel mezzo di un sogno, e mi ha svegliato di soprassalto. La sigla!

La sigla alla fine della lettera non è il luogo dell'appuntamento, è la collocazione, in biblioteca, di un libro, di una rivista, di un microfilm, accidenti! Come ho fatto a non capirlo subito? E com'era quella sigla? E dove ho messo la lettera?

Ci ho pensato, sdraiata sul letto, ma la mente intorpidita non mi ha aiutato e così mi sono alzata e al secondo sorso di caffè ho ricordato. Non la sigla, ma dove avevo messo la lettera: nel cestino della carta. L'ho vuotato? Quando ho fatto pulizia l'ultima volta?

C'era, sgualcita, ma c'era. L'utilità di non vuotare spesso il cestino della carta! L'ho stirata e riletta con attenzione per cercare di capirci qualcosa:

"Pensavamo che tu fossi più giovane e ti aspettavamo molto prima. Qui c'è bisogno di una come te, ma sei in ritardo e adesso i tempi sono diventati stretti e dobbiamo accelerare. Non sappiamo se ti hanno informata su quello che dobbiamo fare, ma abbiamo urgente bisogno del tuo materiale, non possiamo farci vedere insieme con te, non possiamo esporci e quindi appuntamento in biblioteca al visore microfilm. Dopo fai sparire e ci rifaremo vivi noi. L III 8, 7b."

Non c'è dubbio che sia diretta a me e questi sanno troppe cose. Intanto è vero, avrei dovuto arrivare almeno tre settimane prima, ma all'uscita della questura mi hanno scippato la borsetta con dentro i documenti, il visto d'ingresso negli USA, il passaporto e i dollari che avevo appena cambiato. Tutto da rifare.

Non lo sapevano in molti e comunque non qui, negli Stati Uniti. E allora? Come si spiega? Chi è questa gente? E che significa che c'è bisogno di una come me?

Vediamo chi sapeva del ritardo della partenza. Lo sapevo io, lo sapeva lui, la segretaria di facoltà... il che significa che poteva benissimo saperlo l'università intera!

Troppo eccitata per tornare a letto, avrei voluto andare subito in biblioteca a controllare nella sala L, parete III, palchetto 8, posizione 7b.

Mi è tornata in mente l'alzata di spalle di Margherita alla mia domanda: «Come hai saputo che ero qui, che ero io?».

Sono entrata in biblioteca che l'addetta non si era ancora tolta il soprabito e mi ha guardato di traverso. Sono andata subito allo schedario e alla sigla L III 8, 7b corrisponde il microfilm del numero di aprile di «Screen», una rivista di cinema. Ci capisco sempre meno. Non è che non m'interessi il cinema. Mi piace e ci vado ogni volta che posso...

A proposito, dovrò andare a vedere M.A.S.H. e *Easy Rider*. Alessandro me ne ha parlato bene e di Alessandro c'è da fidarsi.

Non è che non m'interessi il cinema, ma non era mia intenzione consultare una rivista specialistica. Non in questi giorni, ma visto che ci sono...

Ho acceso il visore, ho inserito la pellicola e l'ho fatta scorrere. Niente «Screen», ma i disegni dell'università: aule, uffici amministrativi, direzione, palestre, appartamenti per i docenti e per gli studenti, aula magna, auditorium... E che ci faccio? Hanno preso una cantonata, ma perché non c'è «Screen» sotto la segnatura? Hanno sostituito il microfilm della rivista con i disegni e me li hanno mostrati!

Li ho ripassati con calma e attenzione. Planimetria generale dell'intera zona universitaria in scala uno a cinquecento, con l'indicazione degli impianti sportivi, i vialetti, le essenze delle alberature. Piante degli edifici in scala uno a cento. Tutto bello, tutto pulito tranne che per l'auditorium. Nella pianta del sotterraneo dell'auditorium hanno aggiunto a pennarello delle frecce che indicano alcuni pilastri di cemento armato e precisamente la serie interna. Ce ne sono dieci e dieci frecce.

Va bene, e adesso? Ne so come prima. Rileggo la lettera cercando di stare calma.

"Pensavamo che tu fossi più giovane..." Anch'io vorrei essere più giovane.

"... e ti aspettavamo molto prima" e va bene.
"Qui c'è bisogno di una come te..." Grazie.
"... ma sei in ritardo e adesso i tempi sono diventati stretti e dobbiamo accelerare." I tempi per fare cosa?
"Non sappiamo se ti hanno informata su quello che dobbiamo fare..." No, non mi hanno informata.
"ma abbiamo urgente bisogno del tuo materiale..." Quale materiale, di grazia? "... non possiamo farci vedere insieme con te, non possiamo esporci..." Perché?
"... e quindi appuntamento in biblioteca al visore microfilm." Fatto.
"Dopo fai sparire..." Faccio sparire cosa? È chiaro: il microfilm che ho trovato qui! Lo hanno sostituito con l'originale e io devo farlo sparire dopo averlo visionato. Perché? Non lo so, non m'interessa e non faccio sparire un bel niente!
"... e ci rifaremo vivi noi. L III 8, 7b." Vi aspetto e così mi spiegherete a che gioco giochiamo! Non vedo l'ora.
Arrivederci e grazie per lo scherzo.
Riavvolgo il microfilm, lo ripongo nel contenitore, lo deposito nel suo scaffale e tolgo il disturbo salutando la bibliotecaria, che adesso si è levata il soprabito e non si occupa più di me.
E così se n'è andata buona parte della mattinata.

XIX
Uno strano appuntamento

Il maresciallo Garbin lo scaricò dinanzi alla Ca' Rossa in tempo per il pranzo.
«Vuoi restare a mangiare qualcosa con me? Non c'è molto, ma roba buona.»
«Torno in caserma. Non voglio che il marinaio s'insospettisca per la mia assenza. Quello è capace che mi manda dietro un suo uomo.»
Prosciutto toscano, così gli piaceva, salato e pepato, e cipollotti di Tropea che quelli dell'orto dietro casa erano ancora indietro; c'era stato, la mattina, a guardarselo, e si sentiva fiero dei piselli già alti una spanna, dell'insalata, degli agli e delle cipolle che riempivano di verde le loro porchette di terra. Mangiò di gusto i cipollotti intinti in olio toscano e sale grosso e completò con pane e vino rosso toscani il pasto, consumato leggendo un libro e ascoltando la radio. Prima di accendere il sigaro, rito che richiede un minimo di tranquillità, lavò le stoviglie.
«Ora la chiamano colazione. Ai miei tempi c'era sì la colazione, ma al mattino, una tazza di latte e zucchero corretta con orzo, e pane, tanto pane.» Sorrise e la memoria gli andò alle enormi tazze, o così gli sembrava, che si trovava dinanzi al mattino, da piccolo. «Tanto di quel pane che il cucchiaio restava in piedi. Mah, che tempi, così diversi!» e per un poco lo abbandonarono i pensieri di Raffi che si era accusata di un omicidio non commesso e di Patrizia che quando lo avrebbe saputo...
Gli tornò l'immagine della madre, una bella donna tutto sommato, che al mattino si affaccendava alla cucina economica, fra il pentolino del latte e quello dell'orzo, nella grande casa. C'era anche la caffettiera napoletana, sul ripiano di quella cucina economica?
Ricordò il padre, alto, magro, due baffetti sottili, che sorbiva

il caffè. «Solo un cucchiaio di zucchero, il caffè bisogna gustarlo quasi amaro!» lo incitava. «Presto, giovanotto, presto, non guardare le mosche, la scuola ci aspetta, la scuola è importante!»

Assieme al maestro Giuseppe Santovito, di Benedetto, andava poi verso la scuola, trotterellandogli al fianco. Il padre lo aveva fatto mettere in un'altra classe per evitare favoritismi, lo aveva iniziato alla lettura e a tanti interessi. Li aveva lasciati presto, troppo presto e lui aveva dovuto interrompere gli studi e arruolarsi nei carabinieri per guadagnare qualcosa e subito.

«Se ci fosse stata allora la medicina che c'è adesso, sicuramente lo avrebbero salvato, e forse la mia vita sarebbe stata differente.»

Passava la spazzoletta di plastica sul piatto, il flacone del detersivo di fianco, sul ripiano dell'acquaio. Aveva fatto mettere l'acqua corrente alla Ca' Rossa quando Raffaella aveva deciso di venire ad abitarvi. Aveva anche fatto installare un bagno, un vero bagno, tutte cose che al tempo di Bleblè non c'erano.

Asciugò le stoviglie e le stava riponendo quando sentì arrivare sull'aia e a grande velocità un'auto che inchiodò con una brusca frenata.

«Ancora!» Uscì. Patrizia, in jeans e maglietta, scese dalla vettura facendogli un veloce gesto di saluto. «Me lo immaginavo: ha saputo dell'omicidio.»

Nervosa e scarmigliata, Patrizia corse verso di lui, una grande borsa di cuoio a tracolla le sbatacchiava sui fianchi. Santovito si mise da parte e la fece entrare. Chiese:

«Cos'è successo?» ma lo sapeva, lo sapeva bene.

Patrizia lo fermò con un gesto: «Per prima cosa dammi da bere, ho la gola secca, poi ti dico».

«Un bicchiere di vino?»

«No, acqua, acqua. Non riesco quasi a parlare.»

Santovito prese un bottiglione da sotto il secchiaio e riempì un bicchiere. «È di sorgente» disse. «La vado a prendere fresca tutte le mattine.»

Patrizia trangugiò e porse il bicchiere per averne altra. Bevve ancora e si asciugò le labbra con il dorso della mano. Respirò a fondo, guardò Santovito e disse d'un fiato: «Raffaella si è accusata dell'omicidio di un certo Lagudoru Sebastiano... ha confessato... ha detto di essere stata lei... Io, io non capisco più...». L'affanno e la tensione ebbero il sopravvento, si coprì gli occhi con le mani e si mise a piangere.

Santovito le posò un braccio sulle spalle dandole piccoli colpetti affettuosi con la mano. Disse sottovoce: «Lo sapevo... sapevo qualcosa... Un ufficiale del SID è in paese e sta indagando sull'omicidio di Lagudoru...».

«Lo sapevi?»

«Da ieri.»

Patrizia tirò su con il naso, se lo soffiò con un kleenex che poi cominciò a stropicciare fra le mani.

«Adesso ti racconto quello che so... comunque ti avrei telefonato appena avessi avuto qualcosa di certo.»

Dopo, Patrizia chiese: «Che facciamo?».

«Non molto. Mi sorvegliano... Il maresciallo Garbin mi terrà informato...»

«E io?»

«Torni a Bologna, cerchi un buon avvocato...»

«Ma Raffi non ha ucciso nessuno!»

«Lo so e lo sanno anche loro. Cercano conferme, vogliono sapere perché si è accusata. Devi avere pazienza.»

Dopo cena sedettero fuori dalla Ca' Rossa. Patrizia aveva gli occhi gonfi ed era sfinita. Con il mezzo toscano Santovito indicò i monti al di là dell'acqua. Disse:

«Alcune sere fa, a quest'ora, il sole era già tramontato. I giorni si allungano.»

Patrizia guardò senza parlare. Nel silenzio di una sera molto calma, neppure il vento muoveva le foglie, sentirono il rumore attutito di passi nel bosco e subito spuntò dalle frasche il viso dell'appuntato Peluso.

«Ancora, Peluso?» gridò Santovito. L'appuntato fece segno di tacere e di avvicinarsi. Santovito lo raggiunse. «Che c'è, appuntato?» mormorò.

Sudato e ansimante per la salita, Peluso si guardò attorno e attaccò a recitare una parte imparata a memoria: «Il signor maresciallo Garbin manda a dire che domani sera al Sanleonardo ci sarà uno spettacolo straordinario al quale lei, signor maresciallo Santovito, dovrebbe assistere e che domattina, prima di prendere il treno delle sei e trenta, dovrebbe fermarsi agli orinatoi della stazione» e di nuovo s'infrattò prima che Santovito riuscisse a chiedergli perché fosse salito a piedi, da chi temesse di essere seguito e ascoltato.

«Qualcuno sta perdendo la testa.»

«Chi era e che voleva?»

Santovito non rispose subito. Si rimise a sedere, lo schienale della sedia appoggiato al muro della Ca' Rossa, e diede un paio di tiri nel sigaro. «Era l'appuntato Peluso e mi ha portato un messaggio di Garbin.»

«Perché in quel modo?»

«Be', io credo che chi non è originario di queste parti, prima o poi cerchi di adeguarsi alle usanze locali ma finisca per perdere il senso della realtà.»

«Cosa significa?»

Santovito le sorrise, forse per scusarsi: «Non lo so».

Patrizia aveva il sonno piuttosto leggero e, per non svegliarla, non fece colazione. Lasciò un biglietto sul tavolo accanto alla macchinetta per il caffè, alla tazzina, allo zucchero, alle due fette di pane, al burro e al vasetto di miele che gli aveva regalato la Maria dei Paoli. Gliene regalava due o tre vasetti ogni anno, a seconda della produzione delle sue api, ma Santovito preferiva fare colazione con pane e formaggio. Gli piaceva di più. Solo qualche volta pane, burro e miele.

"Non ti ho svegliata. Ci vediamo appena torno, non so quando, ma spero presto. Fai come se fossi a casa tua. Benedetto."

Erano le cinque e gli restò il tempo per un caffè da Trepalle, che apriva presto per via dei turni all'ospedale.

Gli orinatoi della stazione erano vuoti e puzzavano, come sempre, nonostante l'acqua scorresse di continuo lungo la parete di graniglia di cemento e il capostazione li facesse tenere puliti. Si sistemò vicino al finestrino che dava sui binari in modo da vedere senza essere visto. Non accese il sigaro, anche se ne aveva una gran voglia, perché da fuori non si notasse il fumo.

Cominciarono ad arrivare i pendolari ma per fortuna nessuno ebbe bisogno dell'orinatoio. Santovito avrebbe avuto difficoltà a spiegare la sua presenza là dentro.

«Quando ti farai mettere su il telefono alla Ca' Rossa?» mormorò il maresciallo Garbin, appoggiato alla grata, dalla parte degli orinatoi che guardava fuori dalla stazione. «Cosa deve fare uno se ha bisogno di te.»

«Cos'è 'sto mistero, Garbin? Mi sembra di essere uno di quei guardoni che spiano i ragazzini negli orinatoi pubblici.»

«Non voglio che il marinaio s'immischi. Pianta il suo naso dappertutto come se fosse mio superiore diretto. Non mi piace, non mi piace... Mi sono anche accorto che mi controlla. Sa che l'altro giorno sono venuto su da te e me ne ha chiesto conto. Per questo ti ho mandato Peluso di nascosto. Dunque, ho ricevuto una telefonata da un certo Stupai...»

«Non gli avrai detto che ho lasciato il servizio!»

«Santovito, per chi mi hai preso? Questo Stupai dice che questa sera al Sanleonardo ci sarà uno spettacolo straordinario e che tu dovrai vederlo.»

«Questa sera? E che ci vado a fare a Bologna adesso?»

«Ho pensato che se partivi di mattina presto, quando Donner dorme, non lo avremmo avuto fra le palle.» Si ritirò dal finestrino, ma si riaffacciò: «Mi raccomando, fammi sapere se ci sono novità per la mia inchiesta. Mi piacerebbe far fare una figuraccia a quel Donner!». Scomparve di nuovo per riapparire: «O, Santovito, chi no se agiuta...» e, sulla battuta nel dialetto di casa, se n'andò mentre dall'ufficio del capostazione usciva lo scampanellare per l'imminente arrivo del convoglio. Sul ponte che attraversa il fiume e mette nel piazzale, gli ultimi pendolari, una donna che si trascinava un ragazzino piangente e due giovanotti con la tuta e pronti a iniziare il lavoro, correvano. Accadeva ogni mattina.

XX
Fuga sui tetti

Anni prima, non ricordava quanti, forse il tempo gli stava sfuggendo oppure aveva smesso di tenerne il conto, da quelle parti del centro c'era il Centrale, un cinema che apriva alle dieci per gli studenti che facevano fughino e per i pensionati. Ora aveva cambiato nome e si proiettavano solo film porno.

Passò il tempo in giro e scoprì una città che non conosceva. Annusò il profumo della frutta e della verdura nei vicoli del mercato di mezzo, dietro la piazza; colse immagini segrete dietro portoni che si socchiudevano appena e subito si richiudevano e palazzi arrivati dal medioevo, appoggiati a travi e pilastri di legno scuro; tentò di leggere antiche lapidi in latino su facciate monumentali.

Nell'isola felice la vita scorreva tranquilla, con vetrine piene d'ogni ben di Dio e gente cortese, disposta a sopportare i problemi del prossimo e magari a farsene carico. In realtà Bologna ribolliva di fermenti, di scontento, di disperazione, in una tranquillità fasulla che gli slogan urlati nei megafoni di un corteo lontano mandarono in frantumi. Spuntò da via Zamboni e Santovito si fermò per lasciarli passare quando sfiorarono le due Torri per via Rizzoli, verso piazza Maggiore. Dinanzi, lo striscione "Studenti operai uniti nella lotta" e il giovane con megafono a pila:

«Compagni, Bologna, secondo lo slogan della giunta comunale, è una città a misura dell'uomo, ma forse proprio per questo è una città sempre più inabitabile per gli operai costretti, nell'impossibilità di pagare l'affitto, ad andarsene. A partire dal 1963 gli aumenti degli affitti per operai e studenti sono i più alti d'Italia e il piano dell'edilizia economica popolare è servito ad arricchire gli imprenditori e a dare una casa di lusso ai bottegai, agli impiegati, ai professori, ai dirigenti cooperativi, tutti insomma, eccettuati gli operai...»

Cercò Vangog fra quei giovani e si trovò fra le mani «Potere Operaio».

Poi le sirene della polizia e i curiosi si allontanarono o cercarono riparo nei portoni, il corteo si frantumò in piccoli gruppi, i sostegni dei cartelli diventarono bastoni, la kefiyah bianca e rossa lasciò scoperti solo gli occhi e cominciò il carosello delle camionette, a sirene spiegate e sotto i portici, per sciogliere un corteo che non esisteva più, ma che c'era, era lì e sfotteva i celerini servi dei padroni e randellava le carrozzerie. Poi i celerini, visiera calata, scudi di plastica e manganelli, saltarono a terra, cominciò la caccia al manifestante e via Rizzoli si confuse nella nebbia dei lacrimogeni sparati ad altezza d'uomo.

A mezzogiorno Santovito sedette al tavolino di un bar, che cercò appartato per non trovarsi ancora in mezzo ad altre manifestazioni. Ordinò un panino con mortadella e un bicchiere di bianco e diede un'occhiata al giornale che gli avevano messo in mano. Solo quattro facciate, ma grandi come un lenzuolo e le due interne formavano un unico manifesto dal titolo di scatola "Potere Operaio" e dal sottotitolo "Assalto proletario alla ricchezza sociale".

"Quello che conta non è guadagnare un posto in più nella graduatoria stabilita dal padrone per dividere gli operai. Quello che conta è rovesciare l'uguaglianza dei propri interessi materiali contro il potere del padrone, in un assalto generale alla ricchezza sociale... Gli operai sanno bene che il padrone usa la disoccupazione come strumento politico per piegare le lotte operaie, sanno bene che usa il progresso tecnico per diminuire il numero degli operai, non per ridurre il lavoro... Riduzione dell'orario di lavoro, salario ai disoccupati..."

Viveva un momento nel quale le sue certezze, ma soprattutto quelle di altri, dei giovani in particolare, per quel tanto che era riuscito a capire del loro mondo, se ne stavano andando e non ce n'erano altre da sostituire alle vecchie. Dov'erano finiti i valori che lo avevano accompagnato fin lì? Non capiva le nuove ideologie che gli mettevano dinanzi, come quelle urlate dal megafono o appena lette sul manifesto, precise e senza possibilità di ripensamenti. Poi Raffaella, la sua... Un'altra certezza andata in frantumi.

«Lascia perdere, Santovito, che non è più il tuo tempo» borbottò. Ripiegò il giornale e lo ficcò sotto il pesante posacenere di vetro. Si accese un mezzo toscano e chiese il caffè.

Lasciò una mancia come non gli era mai accaduto di lasciare. E il giornale. Alle sei del pomeriggio entrò al cinema Roma e intristì ancora di più con *Easy Rider*. Uscì con la sensazione che si stava preparando un mondo più duro di quello che lui aveva vissuto. E con lui non era stato tenero.

La chiesa-teatro era piena, manifesti e trentatré giri in vendita sotto il portico e Santovito seguì l'inizio dello spettacolo dall'atrio, senza vedere il palco, come i giovani che si accontentavano della musica e delle parole che arrivavano dalla porta spalancata.

Dato che il cannone lo intendete
e che a ogni altra lingua siete sordi
sì, contro di voi ora quei cannoni
noi si volterà...

E poi:

... e questo sangue che ho sul vestito
è solo il sangue degli innocenti
che protestano perché fra i denti
solo ingiustizia hanno ingoiato...

Stupai gli aveva dato appuntamento dentro il Sanleonardo e Santovito doveva entrare. Chiese scusa, si fece largo e arrivò alla cassa. La bambina lo riconobbe e lo salutò.
La piccola strappò un biglietto dal mazzetto e glielo porse. Chiese: «Non c'è la bella signora dell'altra volta?».
«Sono venuto solo. Conosci Stupai, il proprietario dell'albergo Tre Gobbi?» La piccola annuì. «È già entrato?» No, non era entrato. «Be', se dovesse venire digli che io lo aspetto dentro, di fianco alla porta se riesco a entrare.» Pagò, chiese di nuovo scusa e permesso, spinse, si fece largo ed entrò.

La cosa più penosa
in giorni come questi
è di trovar fra voi
le facce di sempre.

Invece sta cambiando
la storia di ciascuno

perché dai grandi fatti
matura una lezione.

Buttiamo a mare le basi americane,
cessiamo di fare da spalla agli assassini,
giriamo una pagina lunga di vent'anni,
andiamo a guadagnare la nostra libertà...

«Sono qui maresciallo» gli sussurrò Stupai all'orecchio. Nessuno era entrato.
«Da dove viene? Dov'era nascosto?»
Stupai lo prese per un braccio e se lo portò dietro nel buio della sala, fra gli spettatori in piedi lungo il corridoio laterale. Lo spinse fuori, in un cortile chiuso fra quattro mura scrostate e ingrigite da una luna piena che allungava le ombre sul lastricato del cortile. Attraversato il cortile, Stupai lo infilò di forza nella porta del campanile, anche lui vecchio e scrostato.
«Salga mo' su, signor maresciallo.» Gli mise in mano una torcia elettrica, ma Santovito era indeciso. «Non si preoccupi, nessun pericolo, ci sto di fronte io.»
Santovito provò la torcia sul viso di Stupai: «Non farmi scherzi». Gli aveva dato del tu, per la prima volta da quando frequentava i Tre Gobbi.
«Maresciallo, ma le pare che io... con i rapporti che ci sono fra il sottoscritto e la Benemerita?»
Salì la scala ripida, stretta, contorta, con gradini a zampa d'oca incastrati fra i muri del campanile: «Dove mi sono cacciato, accidenti?».
Contò ottantasei gradini e rinunciò. Ogni tanto la scala s'interrompeva per un pianerottolo, un momento di pausa, sul quale si apriva una feritoia tagliata dai raggi della luna. Forse a metà del campanile trovò una porta che metteva nell'immensa soffitta e la torcia illuminò la maestosa sfilata delle grandi capriate che sostenevano il tetto della chiesa.
«Sono qua. C'è qualcuno?»
«Quassù maresciallo, sali ancora.»
Arrivò in cima al campanile, si fermò sull'ultimo gradino, si appoggiò sulle ginocchia per riprendere fiato e chiuse gli occhi. O stava invecchiando troppo rapidamente o salire un campanile era più faticoso che salire i sentieri della montagna. Si riprese, riaprì gli occhi e ripeté:
«Sono qua.»

Dalle quattro finestre sui quattro lati del campanile, la luna grande illuminava il locale e il bronzo di tre campane. Niente altro.

«Anch'io» e da dietro la campana maggiore Vangog si mostrò. Indossava l'eskimo, anche se non era più stagione, kefiyah bianca e rossa attorno al collo. Gli occhi azzurri e i capelli castani, lunghi sulle spalle e arruffati, erano quelli della foto. Teneva le mani nelle tasche dell'eskimo.

«Non sono armato» disse Santovito.

Vangog mostrò le mani aperte: «Neanche io». Si appoggiò al davanzale di una finestra. «Vieni a vedere, maresciallo, vieni a vedere che spettacolo.»

Aveva ragione: le due Torri contro il cielo chiaro di stelle, le colline illuminate dalla luna, i vicoli del centro storico percorse da poche auto dai fari accesi, il brusio della città di notte...

«Bella vero?»

«Non mi hai fatto salire fin qui per il panorama, vero?» Vangog negò con il capo. «Non mi pare un posto sicuro per un terrorista al quale stanno dando la caccia tutte le Forze dell'Ordine.»

«In che senso?»

«Ti sei messo in una trappola per topi. Se ti scoprono... e prima o poi accadrà perché come ci sono arrivato io ci possono arrivare quelli del SID... Se ti scoprono non hai vie d'uscita.»

Vangog gli sorrise, si sporse dalla finestra e indicò: «C'è anche una scala esterna». C'era, una scala alla marinara dai pioli di ferro infissi nel muro del campanile e scendeva fino al tetto della chiesa. «Mentre loro salgono dall'interno, io scendo dall'esterno e me ne vado per i tetti.» Indicò la città sotto di loro. «Sui tetti si può girare mezza Bologna. E poi c'è un piccolo particolare: io non sono un terrorista. Il terrorismo sta da un'altra parte. Io sono uno che vuole cambiare questo mondo...»

«Una cosa da nulla. E come intendi farlo?»

Vangog si strinse nelle spalle: «Ci vorrebbe troppo tempo per spiegarlo e non ne abbiamo».

«Allora scendi dal campanile e cerca di convincere chi ti sta dando la caccia.»

«Lo farò appena avrò in mano gli elementi per dimostrare che né io né Raffi abbiamo ucciso quel poveraccio.»

«Ah sì? E come intendi farlo?»

«Salgo al paese, recupero le prove, te le consegno e mi costituisco.»

«Le consegni a me?»

Con un largo gesto Vangog indicò la città, sotto, e la comprese tutta, senza distinzione. «Quelli sono capaci di farle sparire. Di te mi fido.»

«Se recuperare le prove fosse così semplice, io o Garbin lo avremmo già fatto, non credi?»

«Il fatto è che voi non sapete dove sono nascoste.»

«Diccelo tu.» Il giovane non rispose e Santovito prese tempo. Sapeva che le cose arrivano al momento giusto e non si deve mai mettere fretta al loro svolgersi. «Hai detto che di me ti fidi o sbaglio?» Vangog annuì. «Perché?»

«Perché non sei più nell'Arma e perché Raffi aveva fiducia in te, quindi anch'io.»

«Per questo sono qui? Per sentirti dire che ti fidi?»

«Sei l'unico che può dare una mano a Raffi e a me.»

«In che modo?»

«Te l'ho detto: recuperando le prove e...» Un fischio prolungato e tre più brevi. «Cazzo, ti hanno seguito!»

«No, nessuno sa che sono qui!»

«Ti fidi troppo. Dobbiamo scendere!» Scavalcò il davanzale e posò i piedi sul primo gradino di ferro: «Seguimi o ti sarà difficile spiegare al giudice perché ti trovi sul campanile della chiesa sconsacrata di San Leonardo a mezzanotte. Da solo». Sparì oltre il davanzale.

Vangog aveva ragione e Santovito bestemmiò, scavalcò il davanzale, ricordò la torcia, risalì a recuperarla e gli arrivò il rumore della corsa dei carabinieri sui ciottoli del cortile, gli ordini gridati dai superiori, la porta del campanile sfondata...

Vangog lo aspettava sul tetto della chiesa. Gli disse sottovoce: «Ce n'hai messo di tempo. Ti muovi meglio in montagna che sui tetti».

Santovito non perse tempo a spiegargli della torcia, un indizio che non voleva lasciarsi dietro. Anche se era vero, si sentiva più a suo agio nei sentieri che sul tetto di una chiesa, in città.

«Vienimi dietro più in fretta che puoi e cerca di non far cadere dei coppi.» Lo seguì fino a un abbaino aperto. «Infilati lì e tornatene in montagna. Mi farò vivo io per spiegarti dove trovare le prove» e si calò su un tetto più basso e sparì, silenzioso come un gatto. Uno che si sapeva muovere. Mostrò la testa: «Ho bisogno della torcia. A te non serve più. Me la dai in cambio di questo?». Gli porse un coltello, il Pattada del vecchio Pastura, sparito dal ripiano del camino della Ca' Rossa. «Me lo sono ritrovato in tasca, ma prima o poi te lo avrei restituito.»

Santovito consegnò la torcia e si riprese il Pattada.

«Chi me lo fa fare?» borbottò. Infilò la testa nel buio dell'abbaino. Non gli piaceva, non gli piaceva entrare nell'ignoto, ma non poteva fare altro e si adattò e rischiò nel buio del sottotetto. Borbottò:

«Lo dice lui che io non ho bisogno della torcia.»

S'infilò, penzolò i piedi nel vuoto, sperò che il pavimento non fosse troppo lontano per le sue possibilità atletiche e si lasciò andare.

XXI
Un morto di troppo

Alla luce discreta di una Broccaindosso deserta cercò di dare una sistemata agli abiti prima di entrare ai Tre Gobbi. Stupai aveva lasciato la guida notturna dell'albergo a un giovane sui vent'anni, pelle scura da mediorientale, forse palestinese. Studiava su un libro di medicina e buttava giù appunti. Sospese per guardare Santovito spettinato e dagli abiti sgualciti, impolverati. Disse:

«Spiace molto ma non sono camere libere, spiace molto.»

«Dov'è Stupai?»

«Non qui. Signor Stupai andato alle dieci e per notte tutta resto io.» Come accidenti potesse seguire le lezioni di medicina all'università uno che parlava in quel modo, era un mistero. «Dico qualcosa lui domattina?»

«Lo trovo prima.»

«Dici tuo nome, signore, prego...» ma Santovito era già sotto il portico.

Suonò tre volte prima che si accendesse la luce delle scale e scattasse il tiro. Stupai, in pigiama e vestaglia di seta, lo aspettava sulla porta di casa.

«Signor maresciallo, a quest'ora... Cos'è successo?»

«Dimmelo tu! Dimmi come mai sono arrivati quelli del SID!»

«Si accomodi in salotto che le preparo qualcosa da bere e parliamo più comodi.»

Come tutto l'appartamento, il salotto era in una penombra silenziosa e profumata. Dalla camera da letto arrivò la voce di un uomo. Stupai era il tipo da avere misteriose relazioni. Tornò:

«Guardi che io non so micca niente del SID, sa. Appena lei è salito sul campanile, io ho preso la strada di casa. Non ho nessun contatto con quelli! Mi basta la Benemerita.»

«Allora ti hanno seguito.»

«O hanno seguito lei.» Stupai continuava a parlargli con il rispetto dovuto a un maresciallo maggiore. Presentò un bicchiere. «Assaggi e mi dica cosa ne pensa.»

Non era niente male: sapore raffinato, gradevole e non troppo alcolico. «Buono» disse Santovito. «Guarda che se mi freghi io non te la faccio passare.»

«Cosa ci guadagnerei? L'hanno preso?»

«No, quello è un tipo sveglio, ma mi ha promesso che si costituirà appena...» Continuò sottovoce: «Dice che su, in paese, ci sono le prove dell'innocenza sua e della ragazza e sa dove trovarle. Vedremo. Come si è messo in contatto con te? È venuto di persona?».

«No, no, ci mancherebbe, io non lo conosco neppure! Mi ha mandato un ragazzo, un palestinese. Qui tutti sanno che lei alloggia ai Tre Gobbi. In Broccaindosso tutti sanno gli interessi di tutti. Vuole riposare fino a domattina, signor maresciallo?»

«Mi piacerebbe, ma il tuo sostituto mi ha detto che spiace molto ma niente camere libere.»

«Per lei una camera c'è sempre. Può anche restare qui, se preferisce.»

No, molto meglio tornare in paese subito, con il primo treno. Non farsi trovare in città dopo il casino del campanile e il suo incontro con un ricercato. Di guai ne aveva anche troppi e di Stupai c'era da fidarsi il giusto. Era il tipo che, per guadagnarsi la stima dell'Arma, visto che ne aveva bisogno per i suoi traffici di prostitute e chissà che altro, non ci avrebbe pensato due volte a riferirlo al comando.

«Chi è il tuo referente al comando?»

«Posso parlare schietto con lei? Non se la prenderà? Un maresciallo ferrarese che non capisce un accidente e non so come sia arrivato a ricoprire quell'incarico.»

«Scommetto che parli di Amadori.»

«Sì, lui. Fino a oggi però ci siamo intesi bene. Non fa altro che prendere nota di quanto gli riferisco e riportarlo ai superiori.»

Non riusciva a dormire sdraiato su una panca nella sala d'attesa della stazione e allora uscì. C'erano ancora le stelle. Aveva la testa pesante e la bocca impastata e il caffè gli fece odiare ancora di più i bar delle stazioni. Seduto sul primo vagone, aspettò più di un'ora che il treno si muovesse.

Non ne poteva più della storia nella quale lo avevano coinvolto, ma era ormai una questione di principio. E poi si sentiva impegnato con Garbin. Ma c'era da fidarsi di quel bastardo di veneto? O era stato lui a spedirgli i carabinieri sul campanile?

Gli indizi per arrivare a una conclusione c'erano tutti, ma Santovito se li sentiva sfuggire di mano, si nascondevano e tornavano fuori come per il gioco che i ragazzi di quelle parti chiamano cucco. Ci mancava che alla fine qualcuno arrivasse di corsa, toccasse il muro della conta e gridasse "liberati tutti!". Lo avrebbe fregato perché sarebbe stato sotto ancora, a ricominciare la conta e cercare chi si era di nuovo nascosto.

Gli era passata la voglia di un sigaro e non era mai accaduto prima.

«Mi nascondi qualcosa! E io mi fidavo di te! Che illusa sono stata! Te ne vai senza dirmi cosa e perché!» e Patrizia lo piantò in cucina e uscì dalla Ca' Rossa.

Non c'era pericolo che si perdesse: il sentiero che aveva preso finiva alla sorgente e per perdersi avrebbe dovuto aprirsi un passaggio nel sottobosco che nessuno, ormai, curava perché nessuno aveva più interesse alle castagne.

«Quando c'era Bleblè, di questi giorni il sottobosco pareva un giardino» borbottò Santovito e il ricordo gli diede una stretta alla bocca dello stomaco.

Un giorno, di ritorno dalla cittadina, giù in valle, Bleblè gli aveva detto: «Sono stato dal notaio».

«Che bisogno hai tu del notaio?»

«Ho fatto testamento. Alla mia età ci si deve pensare.»

«Cosa ti è saltato in mente? Hai voglia di crepare?»

Bleblè si era stretto nelle spalle: «Ho pensato di lasciarti la Ca' Rossa, maresciallo».

«Questa è un'altra delle tue matérie.» I vecchi chiamavano matérie le idee balzane, strambe. Un termine che aveva fatto il suo tempo. «Guarda che io me ne andrò in pensione e tornerò al mio paese, caro te.» Senza accorgersene aveva usato un'altra espressione locale, come se ormai facesse parte del paese.

«Non ci credo. Ti piace troppo l'aria di questi monti.» Aveva avuto ragione. «A chi vuoi che lasci la Ca' Rossa? Parenti non ne ho e sono sicuro che tu almeno non la farai andare in malora.»

Gliel'aveva lasciata sul serio e Santovito faceva di tutto perché non andasse in malora. Ma fuori, i campi, i boschi, le cavedagne che si arrampicavano su, verso la cima dei monti... be', quelli stavano andando in malora e lui non poteva evitarlo. Chi ha fatto il carabiniere per una vita non può inventarsi contadino al momento di andare in pensione.

Il grido di Patrizia lo tolse dalla malinconia dei ricordi. Veniva dalla sorgente. Gettò il sigaro nel camino, staccò il fucile e corse su. Ma ne aveva ancora di cartucce? Bestemmiò e controllò. Una nel serbatoio e una in canna.

Immobile, le mani nei capelli, gli occhi spalancati e la bocca aperta in un grido che non finiva più, Patrizia guardava due piedi nudi e sporchi di fango che spuntavano da sotto il lavatoio.

Non ci fu verso di estrarlo. Non con le buone. Chi lo aveva spinto, lo aveva fatto con crudeltà e con la precisa intenzione di massacrare il corpo. Garbin mandò l'appuntato Peluso con la Campagnola a prelevare tre terraioli che lavoravano a sistemare le cunette lungo la provinciale, distrutta dal gelo dell'inverno e dalle piogge di primavera. Dinanzi ai piedi del cadavere, i tre si rifiutarono e non li smossero né le bestemmie veneziane di Garbin né l'arroganza del capitano Donner.

«Senti un po' il mio biondino» disse a Donner il più anziano dei tre che non aveva niente da perdere. «Nella mia vita, per vivere, io ho fatto di tutto. Ho sbadilato del cemento, mi sono infilato nelle fogne, ho scavato fosse nei cimiteri e ho vuotato dei pozzetti pieni di merda di cristiano. Ma qui si tratta di un uomo e io non voglio troncargli di netto un piede con una picconata di traverso o con un colpo di vanga scivolato su un sasso» e messi in spalla gli arnesi, si avviò per tornare a valle, seguito a ruota dagli altri due.

Li fermò don Pietro appellandosi alla pietà cristiana, assicurò i tre che, collaborando a dare sepoltura a quel povero corpo, si sarebbero guadagnati la benevolenza di Dio e la sua riconoscenza, sua del parroco. Finì con: «Seppellire i morti, figli miei, è uno dei precetti della Chiesa».

Nessuno ebbe il coraggio di obiettare che seppellire i morti non è un precetto ma un'opera di misericordia corporale. O forse non lo sapevano proprio e, nell'indecisione, i tre misero mano alle pale.

Per tutto il tempo Garbin non fece che fumare e borbottare: «In che razza di paese mi hanno confinato? Mi avevano assicurato che qui sarei stato in pace. Un posto tranquillo, come in pensione, me sta dito, ma per cognoserlo 'sto paese, bisogna praticarlo!».

Due ore di lavoro facendo attenzione a non indebolire gli appoggi laterali del lavatoio, che se fosse crollato avrebbe schiacciato del tutto quel disgraziato. Arrivati vicino al corpo, lasciarono le pale per le cazzuole. Poi usarono le mani.

I massi contro i quali era stato spinto con forza avevano lacerato, sfigurato il viso, ma Santovito lo riconobbe dai capelli castani, lunghi sulle spalle, anche se non più arruffati perché il sangue rappreso li aveva incollati alla testa. Lo riconobbe anche per il colore azzurro degli occhi gonfi e fuori dalle orbite. Attorno al collo aveva la stessa kefiyah bianca e rossa che, in cima al campanile, portava sulle spalle. L'avevano strangolato con quella, arrivandogli di sorpresa alle spalle.

Patrizia era rimasta lontana e Santovito la raggiunse, l'abbracciò e le mormorò all'orecchio: «È Vangog, mi dispiace».

Patrizia ingoiò le lacrime: «Cosa sta succedendo a questi nostri ragazzi?». Si tolse dall'abbraccio. «Lo dirò io a Raffi» e corse giù, verso la Ca' Rossa. Anche Santovito scese. Non c'era più niente da fare alla sorgente.

Il più anziano dei tre operai ci mise dieci minuti a lavarsi le mani all'acqua corrente. Lavò gli arnesi, se li caricò in spalla e disse, rivolto a tutti i presenti:

«La prossima volta pensateci voi, che io ho già fatto la mia parte» e si avviò a piedi seguito dai due più giovani, in silenzio.

«Peluso, accompagnali con la Campagnola!» comandò il maresciallo Garbin «E fai in modo che vengano pagati.»

«Non importa, non importa!» gridò l'anziano.

Peluso li raggiunse: «Salite».

«Mè a vagh a pi» disse l'anziano. «A cgnóss la stréda e a i ho bisògn d'aria frasca.» Venivano da giù, dalle parti di Bologna.

Patrizia entrò di corsa alla Ca' Rossa e andò a sbattere contro il capitano Donner.

«Dove va così di fretta signora?»

«Non devo rendere conto a te!» Lo scostò con una spinta.

Entrò anche Santovito: «Che sei venuto a fare in casa mia?».

«A cercare indizi del passaggio di Vangog, maresciallo. Nessuno mi toglie dalla testa che lei lo conosceva e che è stato qui prima di venire ammazzato.»

«E a me invece nessuno toglie dalla testa che tu hai già frugato qui dentro senza trovare quello che cercavi. Sbaglio?»

«E chissà che non lo abbiano ammazzato proprio qui, in questa casa.»

Santovito si tolse il fucile dalle spalle e lo mise sotto il braccio, la canna verso terra ma in direzione del capitano di marina.

«Adesso togliti dai piedi! Io e la signora abbiamo cose più importanti da fare che ascoltare le tue stupidaggini.»

«Le dispiace se prima diamo un'occhiata?»

«La prossima volta, prima di entrare in casa mia, chiedimi il permesso o ti prendo a schioppettate!»

Con un calcio sbatté la porta alle spalle di Donner, appese il fucile al camino e si lasciò andare sulla sedia. Chiuse gli occhi e frugò nelle tasche per un sigaro.

Da un diario americano

Margherita mi è venuta a prendere nel primo pomeriggio, verso le tre, subito dopo i miei impegni al campus. Ho gettato nell'auto una sacca con un po' di roba e via.

Ho guidato io, ormai ho fatto l'abitudine e non è difficile guidare sulle auto americane, con il cambio automatico; più noioso, forse, ma più rilassante, se si devono compiere percorsi lunghi. Con i loro limiti di velocità, poi. E la storia delle pattuglie nascoste dietro i cartelloni pubblicitari, viste in tanti film, è vera e sono anche molto severi. Non guardano in faccia a nessuno. Ricky mi ha raccontato di quando lo hanno fermato e aveva bevuto qualche bicchiere. Era ancora vicino al college e lui a cercare di spiegare come fosse appena uscito da una lezione e di come fosse difficile bere durante una lezione. Non ci fu verso di convincere i due poliziotti. Lo fecero scendere e camminare lungo una linea immaginaria tracciata sull'asfalto e poi contare da cento a zero di dieci in dieci, e lì si confuse anche se sapeva di elettronica. Risultato, ritiro della patente, notte in guardina e un gran casino con l'università, che, se non aveva un santo in paradiso, ci avrebbe rimesso l'impiego. In fatto di alcolici non si transige. Magari passano sopra ad altro, ben più grave. Il loro puritanesimo si sente in queste cose.

Da Colonial Road siamo andate sulla Hope Street fino a Wickenden, poi da lì per qualche isolato fino al ponte sopraelevato che mette alla Interstate 195, in direzione est... A proposito, qui ho dovuto imparare un po' di orientamento perché non fanno che parlare di sud, est, ovest.

Siamo passate accanto a due cittadine, Fall River e New Bedford (non è più Rhode Island, siamo già in Massachusetts, mi ha avvertito Margherita), e qui, ancora verso nord, siamo arrivate all'incrocio con la Interstate 495 che abbiamo preso in direzione Cape Cod. In italiano sarebbe Capo del Merluzzo.

«Nobile pesce» ha detto Margherita «ma perché da piccole ci hanno dato tanto da bere, a qualsiasi accenno di piccolo malessere, quell'olio disgustoso? Lo ricordi?»

«Lo ricordo sì» e abbiamo riso un po' amaramente. «Beate le nuove generazioni che neppure sanno di quel tipo di medicina-punizione.»

Ho lasciato il volante a Margherita, volevo vedere un po' di panorama, che è bellissimo. Le autostrade qui sono circondate da foreste foltissime. Molti i cartelli che invitano a non accendere fuochi per il pericolo d'incendi.

«Vedrai in autunno» mi ha detto Margherita. «Vedrai le foreste e l'incredibile fenomeno del *foliage*.»

«Che significa?»

«Vuol dire fogliame, ma si riferisce al cambiamento di colore delle foglie, dal verde al giallo, all'arancio, al rosso. Stupende!»

Ho avuto una stretta al cuore per altri colori che ero abituata a vedere dalle mie parti. Perché l'autunno mi sembra tanto lontano?

La 495 è diventata la 25 e ci ha portato al Bourne Bridge, un ponte che attraversa il Cape Cod Canal che quasi taglia in due la penisola. Ho guardato una cartina: la penisola che circonda la baia di Cape Cod ha una forma curiosa, è come la coda di uno scorpione minacciosamente ritta in procinto di pungere. Chi o cosa?

Passato il ponte c'è una rotonda con una gigantesca scritta: "Welcome to Cape Cod". Abbiamo costeggiato il canale per due, tre chilometri, non riesco ancora a fare il calcolo in miglia, e dopo un altro paio d'ore finalmente un cartello: "Next three left Provincetown Center". Siamo a Provincetown o, come la chiamano qui, P. Town, il nostro rifugio.

È una bella casetta (stile coloniale?) a due piani, dipinta d'azzurrino. Non è messa benissimo, si vede che è un po' trascurata, ma per le vacanze va bene. Il tempo di dare aria, controllare che gli impianti luce e acqua siano a posto, poi un salto in centro.

P. Town è graziosa, sicuramente avrà uno sviluppo turistico. Abbiamo incontrato qualche coppia curiosa e Margherita mi ha detto che qui li chiamano gay. Uomini per lo più, ma anche donne, che passeggiano abbracciati, a volte. Niente di male. È questo, dicono, il paese delle libertà, anche se a volte la libertà la intendono a modo loro.

Il centro è pieno di negozietti, roba per turisti, qualche galleria d'arte, ristoranti. Margherita ne ha scelto uno, «perché» ha detto «qui servono anche vino».

Avevo proprio voglia di un bicchiere di bianco fresco.

XXII
Il coltello di Santissimo

Il carcere di San Giovanni in Monte era in centro, a fianco di una bella chiesa, e vi si entrava da un monumentale ingresso sotto il portico nella bella piazzetta acciottolata che sta un po' sopra la città, quasi il monte Calvario di Gerusalemme. È stato un antico monastero dei Benedettini e per questo molte sale, specie a piano terreno e al primo, sono affrescate. Come carcere ha conservato tutta la sua ricchezza di ornati, scaloni, chiostri, affreschi, almeno nella parte pubblica. Le celle dei monaci, con le opportune modifiche ma non poi tante, sono diventate celle per i detenuti.

Con gli anni di piombo ci avevano adattato una sezione di massima sicurezza ed era lì che avevano messo Raffaella Santini. Il parlatorio, ricavato in una sala interna senza finestre e con una volta nella quale affioravano i resti di un antico affresco, era al piano terreno. Una porta di ferro con due piccole aperture a vetri blindati, al centro un tavolo con sopra due posacenere, quello dinanzi a Patrizia già pieno di molte cicche schiacciate contro il bordo. Il sigaro Santovito non lo aveva acceso e lo rigirava fra le dita. Non lo avrebbe mai acceso. Lo manipolava da troppo, da quando li avevano fatti passare dopo una perquisizione tanto superficiale che avrebbero potuto far entrare anche una pistola. Forse era stato Friggerio a parlarne con il direttore e avevano avuto un trattamento speciale. Il tenente colonnello stava rischiando con Santovito e chissà mai se Santovito avrebbe potuto sdebitarsi. Il ricordo dei mesi passati assieme sulle nevi di Russia, la fame, il freddo, i pericoli... avevano lasciato un segno nella loro amicizia. Se si ha un minimo di onestà, e Friggerio ce l'aveva e come!, non si dimenticano certe situazioni passate l'uno accanto all'altro con la prospettiva, sempre presente, di non farcela. Si capisce di chi ci si può fidare.

Patrizia accese un'altra sigaretta: «Avrà saputo di Vangog?».

«Non credo, in isolamento le informazioni non arrivano tanto facilmente.»

«Cosa aspettano a portarmela qui?»

Aspettarono ancora e poi la porta si aprì, una guardia entrò, diede un'occhiata alla stanza, uscì e finalmente entrò Raffaella. Indossava un grembiule grigio, forse da lavoro, e aveva i capelli più corti di come appariva nelle foto che Santovito aveva avuto fra le mani. Gli occhi le si erano incupiti e il verde aveva dei toni scuri che prima non c'erano. Le due donne si guardarono in silenzio, un sorriso a Santovito e Raffaella abbracciò la madre. Poi Patrizia allontanò la figlia e la controllò da capo a piedi:

«Non ti trovo male» ma la trovava dimagrita, sciupata.

«Sai, qui non è che mi affatichi. Se solo ci informassero della vita di fuori... È come la clausura.» Strinse la mano a Santovito. «Grazie per quello che fai.»

«Non molto.»

Si misero seduti. «Vuoi una sigaretta?» chiese Patrizia.

«Sai la novità? Ho smesso. Di solito qui dentro succede il contrario.»

Chiacchiere anche futili, nell'attesa di affrontare un argomento drammatico e quando Patrizia glielo disse, sottovoce, quasi per farle meno male, Raffaella non batté ciglio, come se fosse morto uno sconosciuto, e restò in silenzio, gli occhi al soffitto. Poi chiese una sigaretta che la madre accese e le passò. Diede un tiro, tossì, la spense nel posacenere.

«Quei porci» mormorò «quei porci gliel'hanno fatta pagare.»

«Di chi parli?» chiese Santovito, ma Raffaella non rispose. Si alzò e si chinò a baciare la madre:

«Ho qualcosa da fare, scusami.» Andò alla porta, bussò, aprirono e prima di uscire disse a Santovito: «Stalle vicino ancora per un po'».

Patrizia si era alzata e, in piedi dietro il tavolo, era rimasta silenziosa e immobile. Fra le mani le tremavano una sigaretta spenta e l'accendino. Mormorò: «Raffaella, Raffi aspetta...» ma la ragazza era già fuori.

Seduto sui gradini della Ca' Rossa, in pieno sole, che a quell'ora dinanzi a casa picchiava duro, c'era Santissimo e Santovito fermò l'auto a due passi.

«Chi è?» chiese Patrizia.

Santovito non le rispose. «Che ci fai qui Santissimo?» chiese. Scesero.

«O santissimo, che vuole che ci faccia? Sono venuto per il mio coltello.»

«Vuoi dire che ti è tornata la memoria?»

Santissimo si alzò dai gradini: «Non so se mi è tornata del tutto. Alla mia età, santissimo, si ricorda bene quello che è successo tanti anni fa e male o poco quello successo ieri».

Un dialogo incomprensibile per Patrizia: «Di cosa state parlando voi due?».

Ancora Santovito non le rispose. Disse: «Bene Santissimo, adesso entriamo che ti offro un bicchiere. Ne avrai bisogno. È molto che aspetti qui, sotto il sole?».

«Sì, è da un po' e stavo pensando di andarmene.»

Riempì tre bicchieri di bianco fresco, appena uscito dalla cantina, e indicò le sedie. Sedettero lui e Patrizia. Santissimo restò in piedi.

«Allora, cosa si dice dalle tue parti?»

«Si dice che quel tale dell'altro giorno, quello con il passamontagna, stava al campo di quei disgraziati che hanno massacrato il bosco. C'è chi lo ha visto mentre insegnava a tirare e faceva vedere come si fa per uccidere un cristiano.» Il vecchio vuotò d'un fiato il bicchiere. «Santissimo, ci voleva, ci voleva proprio.» Sempre in piedi, si versò un altro bicchiere.

«Non ti vuoi proprio sedere?»

«No e adesso me ne vado. Un paio di volte in quel campo hanno anche visto due ragazzi del paese.»

«Scommettiamo un altro bicchiere che io so chi sono?»

«Mio padre mi ha insegnato a non mettermi mai con i carabinieri e, santissimo, io ho sempre ascoltato i suoi consigli e mi sono trovato bene! Comunque uno era il figlio della maestra e l'altro...»

«L'altro era il figlio dell'infermiera.» Santissimo annuì e vuotò il secondo bicchiere. «Sono sicuro che in quel campo hanno visto anche una jeep.» Un altro cenno di assenso e Santovito andò alla mensola del camino per il coltello. «Tieni, te lo sei guadagnato.»

«Vorrei vedere, santissimo, vorrei proprio vedere» borbottò il vecchio. Aprì e chiuse il coltello, forse per controllare che non avesse subito danni, lo mise nelle tasche del giaccone e fece per andare.

«Non ne bevi un altro? Da qui a Malpervisto ce n'è di strada e con questo sole viene sete spesso.»

Santissimo si versò, mandò giù a piccoli sorsi, salutò con un cenno e sulla soglia si fermò. «Se ricordo bene, quel tale, quello con il passamontagna, dovrebbe essere il marito della signora maestra.»

«Cosa dici Santissimo? Quello è sparito dal paese da più di dieci anni e pare che sia morto!»

«Vorrà dire che non ho più la testa di una volta» e uscì borbottando: «Brutto segno, santissimo, brutto segno quando si crede di aver visto un morto».

Dalla porta Santovito gli gridò dietro: «Di' su, Santissimo, cos'è che ti ha fatto tornare la memoria?».

Il vecchio ci pensò su un poco, poi disse: «Santissimo, cosa vuole che le dica maresciallo. Da un po' di tempo in qua ci sono troppi morti dalle nostre parti, troppi morti».

«Per me voi due avete parlato arabo e se è qualcosa che riguarda Raffi...» disse Patrizia

«Riguarda, riguarda e per lei si mette bene. Si mette male per Amado e per Edo. Devo parlarne con Garbin.»

«Vengo con te!»

«Non credo che Garbin gradirebbe. E neppure il marinaio.»

Si fermò da Eleonora, la maestra. Era ancora una bella donna e, come Garbin si compiaceva di rilevare ogni volta che si parlava di lei, aveva due tette così e un culo così e lui, Garbin, ci avrebbe fatto volentieri un pensierino se solo non avesse dovuto tenere presente il dovere, ma appena definita la morte presunta del marito...

«Maresciallo Santovito, quanto tempo che non la vedo!» e subito si rabbuiò. «Non sarà per Edo?»

«No, è per suo marito.»

«Per mio marito?»

«Sì, mi risulta che sia tornato e che qualcuno l'abbia visto.»

Risultava anche a lei, ma ci volle un po' per farglielo ammettere e si decise solo quando Santovito accennò a possibili implicazioni per il figlio.

«Edoardo torna a casa e mi dice: mamma ho incontrato il babbo...»

«Quando?»

«Il due aprile, lo ricordo bene. Non so perché sia tornato!»

«Poi?»

«Poi... cosa dovevo fare? Prima non ci ho creduto ma quando l'ho incontrato...»

«È venuto in paese?»

«No, ci siamo incontrati ai Sassi della Borda e gli ho detto che in casa mia non lo voglio, non lo voglio e non si faccia vedere mai più!»

«E lui?»

«È rimasto qua attorno e con Edoardo si sono incontrati ancora. Gli ho detto che non voglio, che un padre che sparisce di casa e lascia una moglie e un bambino piccolo non è un padre, ma lui non mi dà retta. Per quello che mi riguarda, Giuseppe Cottrao è morto e sepolto da più di dieci anni.»

«Così Cottrao Giuseppe non è morto e sepolto» borbottò il maresciallo Garbin e la cosa lo contrariò molto. «Che dici, faccio spiccare un mandato d'arresto a suo nome?»

«Chiedilo al capitano Donner.»

Donner aveva ascoltato senza intervenire e non intervenne neppure dopo essere stato coinvolto da Santovito.

«Sai una cosa Santovito?» disse Garbin. «Mi stai portando un guaio dopo l'altro. Senza il tuo intervento, la questione sarebbe finita da un pezzo.»

«Se vuoi non ne parliamo più e amici come prima, Garbin.»

«Sì, e io che ci faccio da solo con questi montanari? Così mi sono giocato la partita perché lo sapete, vero, che questa sera c'è la finale Italia-Brasile?»

Era arrabbiato già prima che spuntasse il sole su quel "buco di paese". Gli bruciava la sconfitta dell'Italia, anche se non era riuscito a vedere la partita: un quattro a uno non c'era modo di discuterlo! Era arrabbiato perché avrebbe dovuto archiviare la pratica di morte presunta per il marito della maestra e rinunciare ai pensieri che ci aveva fatto sopra, sopra la maestra, naturalmente. Era arrabbiato per aver dormito pochissimo e alle tre e mezzo era in piedi, pronto a uscire, un caffè mandato giù di corsa e via.

Alle tre e mezzo si era alzato anche il capitano Donner, ma Garbin non gli aveva offerto il caffè. Che se lo andasse a prendere al bar.

«L'accompagno» disse.

«Non posso impedirglielo, ma mi farà il santo piacere di non aprire bocca e lasciar fare a me, è di mia competenza. La gente di qui va trattata in un certo modo.»

«Maresciallo Garbin, lei si è lasciato influenzare troppo da Santovito. Per la legge non c'è gente di qui e gente di altrove.»

«Se lo dice lei. E poi non vedo cosa ci sia di male a lasciarsi influenzare da uno che qui ci ha passato una vita e conosce la gente e i posti.»

Li prelevarono tra le quattro e le quattro e mezzo del mattino. Una cosa veloce. Il momento più difficile per Garbin fu bussare alla porta della maestra e mostrarle il mandato d'arresto per il figlio. Molto calma lei lesse, restituì e si limitò a dire:

«È colpa di suo padre se siamo a questo. Se non fosse mai tornato...»

«Ho un mandato d'arresto anche per lui. Sai dove posso trovarlo?»

«No e spero sia il più lontano possibile. Edoardo è a letto, adesso lo chiamo» e non si fece più vedere, nemmeno quando Edo uscì di casa con i carabinieri.

Amado non ne voleva sapere e dovettero trascinarlo in due fino alla Campagnola. Domenica era di turno in pronto soccorso e al ritorno non lo avrebbe trovato, così Garbin pensò di passare ad avvertirla.

«Mi sembra una delicatezza fuori luogo» commentò Donner. Garbin lo guardò di traverso e neppure gli rispose.

«Salute Domenica, xe un pezo che no se vedemo e me despiase... mi dispiace di essere io a portarti via il figlio in questo modo. Il mio è un brutto mestiere.»

Domenica non ci fece un dramma. Disse solo: «Me l'aspettavo, me l'aspettavo anche se non ci credo che mio figlio sia un delinquente. Sono sicura che me lo riporterà con le sue scuse, maresciallo».

«Ne sarei contento, Domenica, e lo farò volentieri.»

Per ultimo, Nando Finelli. Non trovarono nessuno, la casa deserta, neppure i genitori, come se li avessero avvertiti. O forse fu un caso.

Alle dieci tutto il paese sapeva dei due arresti e di Nando che non si era fatto trovare. Edo e Amado erano già in San Giovanni in Monte. Una brutta esperienza.

XXIII
I silenzi del Sardo

La sentì scendere le scale e la salutò senza voltarsi, affaccendato al lavandino: «Buon giorno e ben alzata. Un caffè? Io l'ho appena preso ma se vuoi lo rifaccio».

«Sta' fermo, me lo preparo io» e Patrizia lasciò cadere la valigia sul pavimento.

Solo allora Santovito si voltò e vide la valigia: «Te ne vai?».

«Non ho più niente da fare qui, adesso che hanno trovato gli assassini. Torno a Bologna, mi metto dinanzi a San Giovanni in Monte e aspetto che la mandino fuori. Ha bisogno che qualcuno le stia vicino.»

«Non correre. Per il momento i ragazzi, Edo, Amado e Nando... che non l'hanno ancora preso... per adesso sono accusati di partecipazione a banda armata, di aver partecipato a un campo paramilitare clandestino, di detenzione illegale di armi e di concorso in omicidio.»

Patrizia si mise a preparare il caffè. «Sì, ma il resto verrà, li interrogheranno e racconteranno tutto.»

Non se la sentì di toglierle l'illusione che aveva maturato durante una notte insonne. L'aveva sentita muoversi in camera sua, alzarsi, scendere in cucina. Cambiò discorso: «Pensa che sono rimasto in paese anche dopo che Raffaella, la mia intendo... Niente, mi sono fermato perché volevo passare il mio tempo in pace. Di movimento ne ho avuto abbastanza nella mia vita». Sistemò sul tavolo la tazzina e lo zucchero per Patrizia e sedette accendendosi un mezzo toscano, il rito di ogni mattina. «In tutta questa storia c'è qualcosa che non mi convince, come se tutti noi avessimo guardato solo da una parte, a cose senza importanza, e le cose che contano fossero tutte in un'altra direzione.»

Dal fornello e senza voltarsi Patrizia disse: «Mia figlia non mi sembra una cosa senza importanza».

«Non dico questo. Ma anche lei, scusa! Pensaci un po'. I giovani sono bravi e buoni, a volte, come noi tempo fa, ma proprio per questo sembra ci prendano gusto a incasinare le cose. No, no!» Fermò con un gesto l'obiezione di Patrizia, che si era voltata di scatto. «Non sto dicendo che sia colpa sua, ma, accidenti, pensaci un po'. Raffi scompare e riappare; l'altro, Vangog, scompare e riappare, tre ragazzi del paese, o quattro, che non lo sappiamo ancora, frequentano un campo paramilitare di destra... Insomma, dico semplicemente che c'è qualcosa che non mi convince e che non riesco ad afferrare.»

Seduta al tavolo dinanzi a Santovito, Patrizia sorseggiò il caffè e si accese una sigaretta che fumò in silenzio guardando lo zucchero rimasto nella tazzina. Le obiezioni e le perplessità di Santovito non l'avevano fatta dubitare. Si teneva ben strette le sue convinzioni. Si alzò decisa:

«Pronti, la ragazza è a posto. Mi accompagni in stazione?»

Santovito sospirò e fece di sì con il capo.

Il sole già alto fece chiudere gli occhi a entrambi e un «Buongiorno maresciallo» li fermò appena fuori. Poi: «Signora».

«Chi è quello?» mormorò Patrizia.

Poco distante da casa, sull'aia e seduto su un masso, c'era Sotgiu il Sardo. Non li guardava in viso, attento a tagliuzzare con un coltello un bastoncino, ma più che un lavoro di intaglio sembrava una scusa per far passare il tempo. Appoggiata allo stesso masso, la doppietta senza la quale il Sardo non si allontanava mai da Mazzacane. Un giorno, pensò Santovito, avrebbe dovuto spiegargli il perché.

«Ve la prendete comoda, qui alla Ca' Rossa.»

«Sei tu che hai orari strani, Sotgiu. Sono appena le otto.»

«Orari strani!» e la mano che reggeva il coltello disegnò nell'aria misteriosi circoli. «Gli animali e i cristiani si svegliano quando si alza il sole.»

«Sei venuto da Mazzacane per parlarmi di quando si devono alzare i cristiani? E poi, a che ora sei partito per essere qui alle otto?»

Il Sardo si strinse nelle spalle e finalmente guardò i due. «Ho saputo che hanno arrestato Edo.»

«Anche Amado. Per Nando è questione di tempo.»

«A me interessa Edo.»

«Perché?»

Il Sardo non rispose. Disse: «Ho trovato una cosa, e penso v'interessi, maresciallo».

«Hai trovato una cosa. E cosa?» Sotgiu alzò la testa e schioccò la lingua e Santovito, che aveva imparato a interpretare i silenzi del Sardo, continuò: «Ho capito, si vede sul posto. E dov'è il posto?».

«Siete vestito da città, maresciallo, è meglio se vi cambiate, almeno le scarpe.»

Rassegnato, Santovito allargò le braccia e le lasciò cadere sui fianchi. «Va bene, andiamo pure, ma spiegami perché sei venuto da me invece di andarlo a raccontare a Garbin.» Il Sardo ripeté il gesto con il capo e con la lingua. «Ho capito, aspetta e in un attimo sono pronto.»

Il Sardo si alzò: «E lei?».

«Lei prende la mia auto e scende alla stazione, torna a Bologna.»

«No, vengo con voi. Posso partire domattina.»

Santovito guardò il Sardo: «Al tuo paese riuscite a tenere le donne fuori dai vostri affari?». Sotgiu si strinse nelle spalle come a dire "Contento voi".

Si cambiarono di scarpe e d'abito e si presentarono sull'aia. «Da che parte, Sotgiu?»

«Mazzacane.»

«C'è un bel po' di strada. Vuol dire che il primo pezzo lo facciamo in auto. Dài che andiamo.»

Sotgiu gettò il bastone che aveva tagliuzzato, chiuse il coltello e se lo mise in tasca borbottando qualcosa nella sua lingua, qualcosa a proposito di quelli teneri teneri che si muovono solo con la macchina sotto il culo. Raccolse la doppietta e la scaricò prima di montare.

In auto attraversarono il paese e presero verso il torrente e poi la stradaccia per la Cava Vecchia lungo la quale Santovito rallentò e guidò con attenzione, ma l'auto sobbalzava continuamente per le buche e i sassi. Patrizia pazientò per un poco e poi imprecò.

«Non c'è una strada migliore? Il mio stomaco si lamenta.»

Sotgiu la guardò. «Automobili» borbottò «donne. Avevo detto di non portarla.»

«Non avevi detto niente» lo fermò Santovito «e neppure cosa siamo venuti a fare. Comunque ecco la Cava Vecchia, siamo arrivati, Patrizia, ora dobbiamo farcela tutta a piedi.»

Scesero e, prima di riprendere il viaggio, il Sardo ricaricò la doppietta.

«Mi vuoi dire di cos'hai paura, accidenti, da portarti sempre dietro quel cannone?»

Al solito Sotgiu non rispose. Si mise in spalla il fucile e si avviò.

Per Patrizia il paesaggio, che i due uomini ben conoscevano, era affascinante, sebbene tutto sapesse di abbandono, la montagna ferita e ricoperta di erbacce, la teleferica a gravità senza più il filo d'acciaio, i resti delle baracche dei cavatori e i massi appena sbozzati e subito abbandonati.

«Bello, strano ma bello. Cos'era?»

«Una cava di arenaria» disse Santovito e indicò l'inizio di una massicciata che entrava nel bosco. «Ora dobbiamo prendere la mulattiera. Facci strada, Sotgiu.»

Il Sardo dinanzi e i due dietro, si incamminarono. Anche se il sole non era ancora alto e la mulattiera ombreggiata dai castagni, il caldo di giugno si faceva sentire. Arrivarono alla frana e tagliarono fra gli alberi. Patrizia cominciò ad ansimare.

«Allora Sotgiu, si può sapere che accidenti...» Il Sardo fece un segno nell'aria con le mani.

«Uffa, ho sete. Nessuno ha pensato a portare da bere?» sbuffò Patrizia.

Il Sardo girò il capo, guardò la donna, non fiatò e continuò a salire il sentiero. Le rispose Santovito:

«No, non ci abbiamo pensato, però fra poco incrociamo il fosso del Malpervisto e puoi bere lì.»

«Bere l'acqua di un fosso? Non ci penso proprio. Piuttosto muoio di sete.»

«È acqua pulita, a monte non c'è niente che la possa sporcare e più su ci sono delle cascatelle e si ossigena.»

«Be', ma ci bevono gli animali e se ce n'è dentro qualcuno morto o ci è passata una biscia?»

«Tutta roba naturale, Patrizia. Poi, sai cosa dicevano da queste parti? Acqua corrente, ci passa il serpente...»

«... Ci beve Dio, posso berci anch'io. Sì, lo so da quando venivo su in villeggiatura da bimba, ma erano altri tempi.»

In silenzio il Sardo continuò a salire e arrivarono al fosso.

«Ecco dell'acqua fresca» disse Santovito. «Se hai sete, bevi.»

Il primo a chinarsi sull'acqua corrente e a raccoglierla con le mani a coppa, fu il Sardo. Si chinò anche Santovito. Bevve due o tre volte e si rialzò:

«Ci voleva, ci voleva proprio con questo caldo.»

Patrizia li aveva guardati scuotendo il capo, poi disse: «Be', se bevete voi...».

«Comunque, signora, fra poco siamo arrivati» disse Sotgiu improvvisamente gentile, rivelando in un momento l'indole antica della sua gente, tenuta sotto una patina ruvida.

Patrizia si chinò e bevve lunghi sorsi dalle mani a coppa. Si passò anche le mani umide sul viso e sul collo.

«Passiamo per il campo?» chiese Santovito.

«No, seguiamo il fosso e lo passiamo al laghetto. È lì che andiamo.»

«A fare che, Sotgiu, a fare che, accidenti a te e al tuo silenzio!»

Come se non avesse parlato. Seguirono il lato destro del fosso e oltrepassarono il laghetto, un piccolo specchio d'acqua scintillante sotto il sole. Sulle sue sponde, una folta vegetazione.

«Sai che ci facevano con l'acqua di questo laghetto?» chiese Santovito a Patrizia. «D'inverno il laghetto ghiacciava e i paesani salivano su, tagliavano il ghiaccio e lo mettevano al riparo nelle ghiacciaie in attesa di portarlo giù, fino a Bologna.»

Il Sardo li fermò con un gesto. Sembrava che neppure avesse fatto la salita. Patrizia si appoggiò, con le due mani, a un albero respirando affannata.

«Ma guarda te, alla mia età!» sbuffò.

Santovito cavò di tasca un fazzoletto e si asciugò il sudore. «E alla mia? Spero solo che ne sia valsa la pena, Sotgiu!» ma il Sardo non parlò. Indicò alcuni cespugli di ròggiole, cariche di fiori gialli. Santovito ci andò, frugò, si fermò di colpo e si girò verso il Sardo. «E tu come l'hai trovato? Non dirmi che ti sei messo a frugare in quel cespuglio.»

«Una mia pecora si era impigliata negli sterpi, maresciallo.»

«Non è che ce l'hai messo tu?» Il Sardo negò con il solito gesto del capo e lo schioccare della lingua.

«Cos'è?» chiese Patrizia.

Santovito tolse di tasca il solito fazzoletto e si infrattò di nuovo nel cespuglio di ròggiole. Si rialzò e teneva in mano un fucile. «Ecco cos'è, un AK7 o Kalashnikov che dir si voglia, forse quello che ha ucciso Lagudoru.» Si guardò attorno. «Proprio là, oltre il cespuglio, c'è il castagno contro il quale l'hanno inchiodato, quel poveraccio!» Controllò il fucile. «Si vede che è stato all'aperto per parecchio tempo. Dunque, siamo in giugno e Lagudoru lo hanno scaricato davanti all'ospedale la notte fra il dieci e l'undici di aprile. Sembra in buono stato. Hai un altro fazzoletto?» Patrizia glielo passò. «Non vorrei cancellare le impronte, anche se è qui alle intemperie da tanto di quel tempo che non sarà facile trovarne.» Aprì l'otturatore con il fazzoletto di Patrizia. Il tipico caricatore ricurvo era inserito e ce n'era un altro di scorta, fissato al primo con nastro isolante. «Non c'è proiettile in canna» borbottò. Cercò in tasca, trovò una moneta da cento lire e la usò come specchio per riflettere la luce del sole dentro la canna. «A occhio direi che di recente non ha sparato. Che ne dici Sotgiu?» Cercò il Sardo e lo vide già lontano, lungo il sentiero per Mazzacane. «Oooh Sotgiu! Dove vai?»

Il Sardo si fermò: «Io qui ho finito, maresciallo» e riprese a salire. Due passi e si fermò di nuovo: «Sono sicuro che Edo non ha mai toccato quell'arma!» e sparì nel bosco.

«Lo avrà trovato qui o ce lo avrà portato? E poi perché venirmelo a dire? Cos'è questa voglia improvvisa di collaborare?»

«A quello che ho capito, gli sta a cuore questo Edo.»

«L'ho capito anch'io, ma perché?»

XXIV
Un amico di quelli di una volta

Non possedeva la custodia di uno strumento musicale e allora avvolse il fucile in un panno, lo fasciò con carta di giornale e lo legò con della corda cercando di fargli perdere la forma originale. Era poco igienico andare in treno con un fucile, e che razza di fucile, un Kalashnikov, posato sulla reticella. Peggio ancora sul filobus, a Modena. Stava rischiando, ma prima di consegnare l'arma al maresciallo Garbin, aveva una sua teoria che, per il momento, non poteva dimostrare. Si sarebbe tolto la curiosità e poi avrebbe consegnato il fucile alle autorità competenti, qualunque cosa gli avesse detto Catullo dopo averlo esaminato.

Aveva conosciuto Catullo per motivi di servizio ed erano diventati amici. A Catullo piaceva cacciare, era la sua unica passione dopo quella per le armi, e Santovito lo aveva accompagnato spesso, assieme a Bleblè quando era ancora in vita, e gli aveva fatto trovare selvaggina che neppure si sarebbe sognato. Almeno tre volte l'anno andava su a trovare Santo, come lui chiamava Santovito, e restava alla Ca' Rossa una settimana. Raffaella preparava delle buone cene, andavano a caccia in giro per i boschi e la sera si giocava a carte.

«La settimana più bella della mia vita» diceva sempre al momento di tornare a Modena, nel suo laboratorio di CTU, ovvero Consulente Tecnico d'Ufficio, Procura della Repubblica, una qualifica alla quale teneva. L'aveva anche stampata sul bigliettino da visita.

Erano, insomma, amici di quelli veri, «di quelli di una volta», aveva detto un giorno Raffaella dopo avere accompagnato alla stazione e salutato Catullo.

«Di quelli che se hai bisogno non si tirano indietro» aveva aggiunto Santovito. Era arrivato il momento di provarlo.

Suonò e se lo trovò dinanzi, viso cordiale e aperto, alto, dritto e forte come un torello, capelli ancora scuri e sorridente come sempre, anche se questo non andava d'accordo con il mestiere di rivoltare cadaveri e frugare nelle ferite per indovinare la traiettoria delle pallottole che trasformano un uomo vivo in un uomo morto.

«Santo! Che mi venga un accidente!» gridò sulla porta. Diede una pacca sulle spalle dell'amico, una di quelle che se i polmoni non sono fissati bene al telaio, si staccano e finiscono sul pavimento. Guardò il fagotto che Santo teneva fra le mani e chiese: «Che ci fai qui con un Kalashnikov fra le mani?».

«Si vede?»

«Lo vedo io, ma dubito che se ne sia accorto qualcun altro. Vieni, vieni dentro che stappo una di quelle buone.»

La stappò e arrivarono quasi alla fine. Poi Catullo svolse il pacco, controllò il fucile, lo esaminò e lo maneggiò forse come Ulisse aveva maneggiato il famoso arco di fronte ai Proci, a Itaca, e chiese:

«Cos'è che vuoi sapere?»

«Se le impronte sono uguali a quelle che troverai qui sopra» e posò sul tavolo un pacchetto che aprì facendo attenzione a non toccare il coltello che vi era avvolto, il Pattada che Vangog gli aveva restituito sui tetti di Bologna. «Poi vorrei sapere se il fucile ha sparato e se questa è una delle pallottole che ha sputato fuori.» Posò sul tavolo anche la pallottola estratta dal castagno contro il quale avevano ammazzato Lagudoru. «Il tutto in via riservata, naturalmente.»

«Ti ho forse chiesto qualcosa? Vieni con me che cominciamo subito» e andò nel suo laboratorio.

Santovito non ci era mai entrato e si meravigliò per le attrezzature: un endoscopio, due stereomicroscopi Nikon, un rivelatore di profili... Insomma, una strumentazione che Santovito non aveva visto neppure alla Scientifica dell'Arma.

«Ti sei attrezzato come Dio comanda.»

«In questo mestiere, se non ti aggiorni, sparisci dalla circolazione in un amen» e si mise a lavorare attorno al fucile. Lo trattava come un bambino in fasce, lo accarezzava più che muoverlo. Lavorava e parlava, parlava tanto che Santovito si chiese come ci si potesse fidare dei suoi risultati.

Raccontò degli esami che aveva eseguito «per conto del tribunale» sul mitra di Walter Audisio, nome di battaglia colonnello Valerio, che, «secondo loro», avrebbe ucciso Benito Mussolini.

«Una balla! Mussolini è stato ammazzato con una Beretta modello 34, calibro 9 corto. La conosci perché era in dotazione ai sottufficiali e ufficiali dell'esercito. Prima hanno sparato alla schiena a quella poveraccia di Claretta Petacci che si era avvinghiata a Benito per difenderlo. Oooh, Claretta aveva le mestruazioni! Al Duce hanno sparato con il mitra dopo che lo avevano appeso a testa in giù a Piazzale Loreto...» e via con una quantità di notizie che Santovito avrebbe voluto sapere come e perché erano arrivate fino all'amico Catullo. Lasciò perdere perché non voleva restare a Modena fino al giorno dopo. Magari un'altra volta.

«Hai sentito di quel poveretto ucciso proprio qui, a Modena? Ho esaminato il proiettile e non sono affatto d'accordo con i tuoi amici dell'Arma. Chi lo ha ucciso non è un balordo alla ricerca di poche migliaia di lire. Quello è un professionista, uno con il sangue freddo. I tuoi colleghi non trovano il bossolo e decidono subito che si tratta di una pistola a tamburo. Sai dove si era nascosto il bossolo? Sotto la scansia. Qualcuno è entrato, gli ha dato un calcio ed è finito là sotto. Nel nostro mestiere ci vuole anche del naso, caro il mio Santo.»

Fra una chiacchiera e l'altra rivoltò il fucile di sotto in su, ne controllò la canna, la camera di scoppio, il calcio di legno lucidato, l'impugnatura... Dalla canna asportò qualcosa d'invisibile a occhio nudo e la esaminò al microscopio. Insomma, un lavoro da professionista.

Prima di passare al proiettile, che si rigirò fra le mani per un po', chiese sospettoso: «Chi lo ha recuperato?». Santovito si puntò il pollice della destra sul petto.

«Da dove?»

«Dal tronco di un castagno.»

«Come lo hai recuperato?» Santo glielo disse. «Spero che tu sappia come si recupera un proiettile.»

«Catullo, è una vita che faccio il maresciallo dei carabinieri! Ho scavato tutto attorno stando bene attento a non sfiorarlo con la lama...»

«Mi fido, mi fido» lo interruppe Catullo e si mise al lavoro con il proiettile.

Era buio quando piegò i ferri del mestiere, si passò una mano sul viso e disse: «Non ho mai lavorato tanto neppure per il tribunale. Meritiamo un bicchiere» e dinanzi a due bicchieri e una bottiglia fresca appena stappata fece il suo rapporto. «Primo, questo fucile non ha mai sparato un colpo...»

«Non è neppure stato testato dalla fabbrica?»

«Neppure. Succede quando c'è molta richiesta e non si vuole perdere tempo, succede quando ci sono rifornimenti urgenti. Succede soprattutto nelle fabbriche dei paesi dell'Est. Le armi non passano neppure dal banco di prova. Se poi al primo colpo l'arma scoppia fra le mani di un disgraziato, a quelli non gliene frega niente. Qui dentro» e indicò la canna «ho trovato ancora residui di grasso, residui di lavorazione da brocciatura... La fresa che crea la rigatura della canna» spiegò allo sguardo interrogativo di Santo. «Il grasso trattiene residui di sparo come il tombacco, che sarebbe poi una lega dei metalli di cui è composto il proiettile. Nel tuo fucile non c'è niente di niente. Secondo e conseguente, il proiettile non è uscito da questo fucile. Terzo, le impronte sul coltello sono confuse, ma sono riuscito a ricostruirne qualcuna che corrisponde a quelle nitide trovate sul calcio e sull'impugnatura del fucile. Ti basta?»

«Un lavoro d'artista, Catullo, e non so come sdebitarmi.»

«È molto semplice, con una settimana di caccia dalle tue parti e una settimana di cene di Raffaella.»

«Va bene per la settimana di caccia, per le cene ti dovrai accontentare della Napoletana perché Raffaella...» e fece un gesto che significava andata, non c'è più.

«Mi dispiace, non voglio sapere altro.»

«Piacerebbe anche a me non sapere altro.»

Si presentò in caserma con il Kalashnikov in mano, tenendolo con il fazzoletto per non lasciare impronte sue.

«C'è il maresciallo Garbin?»

«C'è, c'è, ma cos'è...» e indicò il fucile.

«Niente Peluso, niente. Ora non si trovano più funghi, ma qualcosa nel bosco si trova sempre, a saper cercare.»

Bussò ed entrò senza aspettare risposta. Garbin alzò gli occhi dal giornale: «Cos'è questa roba?».

«Be', per essere, è un fucile, un Kalashnikov, direi. L'ha trovato Sotgiu fra i cespugli a poca distanza dal campo e dal laghetto. Diciamo in mezzo ai due posti, vicinissimo al castagno di Lagudoru. Di chi sia e cosa ci faceva lì, non ti so dire.» Appoggiò il fucile alla scrivania, sempre maneggiandolo con il fazzoletto. «Te lo lascio qui. Ci potrebbero essere delle impronte, ma non credo che ti saranno utili. Aaah, il fazzoletto è mio, ricordati che lo vorrei indietro. È un caro ricordo di famiglia.»

Garbin sbuffò: «See, un caro ricordo. Ma perché poi tutti

vengono a parlare con te, e a me, che sono il legittimo maresciallo, nessuno dice mai niente?».

«Non lo so, non lo so proprio. Facci sopra un pensierino, Garbin. Ci vediamo.»

«Piantone!» urlò Garbin dando una gran manata sulla scrivania. «Appuntato Peluso!»

Da un diario americano

Mi piace il mare dove mi ha portato Margherita, mi piace perché mi dà l'idea di un mare lungo. Mi ci voleva un sabato distensivo, lontano dall'università e dai problemi di tutti i giorni. Qui sembra d'essere soli al mondo, la spiaggia è praticamente deserta, una barca ogni tanto, ma al largo, e per il resto una gradevole tranquillità.

La sera, dopo il tramonto, siamo rimaste sedute sotto il porticato a bere whisky. Fra noi, lunghi silenzi. Margherita ha bevuto molto, ma anch'io non ho badato a spese e quando stava per apparire il fondo della bottiglia, ha versato tutto a me e ha detto:

«Ecco, così dormirai come una bimba.»

Il discorso è andato a noi due, bimbe, e abbiamo ricordato una parte della nostra vita. Ci siamo commosse, forse l'effetto del whisky, ma quando siamo arrivate al mistero della sparizione della famiglia Schiavina, Margherita si è alzata e ha detto:

«Adesso andiamo a letto.»

Mi sono alzata anch'io. La testa mi girava, mi sono appoggiata al pilastro del porticato, ho chiuso gli occhi per un po' e li ho aperti contro il cielo di piombo. Niente luna questa sera e niente stelle. Un buio come non mi era ancora capitato di vedere. Luna e stelle avevano deciso di non accendersi per una notte. O forse il cielo si era coperto di nubi scure e io non me n'ero accorta.

Mi ha svegliato la sete da troppo whisky. Mi sono alzata a bere un po' d'acqua, piano per non disturbare Margherita, e senza accendere la luce sono andata in cucina. Troppo assonnata per cercare un bicchiere, ho bevuto dalla bottiglia e sono tornata in camera. Un'occhiata al letto di Margherita. Vuoto. Ho acceso la luce... Avrei voluto accendere la luce, ma niente. Un guasto? La solita valvola che salta sempre di notte?

«Margherita» ho chiamato sottovoce. Poi mi sono ricordata che in casa non c'era nessuno da svegliare e ho chiamato a voce alta. Niente. Niente neppure fuori, sotto la tettoia. Il cielo era sempre scuro e scuro era anche il mare che, da dove lo vedevo io, era immobile, solido.

Non avevo idea dell'ora. Ho cercato l'accendino che Margherita aveva lasciato sul tavolo sotto la tettoia. Neppure quello ho trovato e neppure le sue sigarette. "Non prendeva sonno ed è andata a fare una passeggiata" ho pensato.

Sono tornata in camera, ho acceso il mio accendino: le due di una notte fredda. Con un panno sulle spalle ho preso a destra, lungo la spiaggia.

«Margherita!» Il mare era appena mosso e sulla sabbia nessuna impronta. «Margherita!»

Ho fatto molta strada, a volte i piedi nell'acqua, nel buio di una notte che diventava sempre più fredda. Si era alzato anche il vento.

«Margherita!»

Sono tornata indietro e ho preso la spiaggia a sinistra. «Margherita!» Sono rientrata stanca morta e ho gridato: «Margherita, accidenti! Dove ti sei cacciata!».

Avvolta nel panno, mi sono sistemata sotto la tettoia, ho aspettato l'alba e ho aspettato Margherita. Il vento è aumentato e fischiava fra gli alberi dietro casa. Ho fumato tutte le sigarette.

Mi ha svegliata la voce di Margherita sussurrata al mio orecchio: «Che ci fai qui fuori?».

«Dove cavolo sei stata tutta notte, accidenti, accidenti e accidenti!»

Ha fatto un segno vago con la destra. «Non dirmi che hai avuto paura. Guarda che qui non succede mai niente.»

«Ho avuto paura sì! Mi sveglio e non ti trovo né a letto né fuori. E se n'era andata pure la luce!» Margherita ha premuto l'interruttore accanto alla porta e le due lampade sotto la tettoia si sono accese. Mi ha sorriso. «Va bene, va bene, sono io che non so accendere la luce americana. Dove sei stata tutta notte?»

«In giro. Non avevo sonno e sono stata in giro.»

«In giro? Dalle due alle...» Ho guardato l'orologio. «Dalle due alle cinque? Tre ore di passeggiata? E ho finito anche le sigarette, accidenti.»

«Adesso ti preparo il caffè, vieni dentro che qui fa freddo.»

Il caffè, la solita acqua colorata, mi ha almeno riscaldato. L'ho bevuto in silenzio, sempre arrabbiata con Margherita.

«Non pensavo che l'avresti presa così» mi ha poi detto.

«Non farmi mai più uno scherzo simile e se non vuoi dirmi dove accidenti vai di notte, mi dici guarda che questa notte non dormo e vado a spasso per i fatti miei. Non ti voglio intorno.»

«Lo farò, ma adesso fa freddo, sono appena le cinque e mezzo e ci mettiamo a letto. Se vuoi, puoi venire nel mio che ci scaldiamo.»

Non le ho risposto e sono andata nel mio letto e cinque minuti dopo ho sentito il suo respiro regolare. Io non ho fatto che rigirarmi fino alle otto, quando mi sono alzata e mi sono fatta un caffè come si deve, un caffè con un minimo di sapore.

Margherita ha molte cose da spiegarmi e lo farà se non vuole che mi arrabbi sul serio.

«Perché non vieni più a trovarci? Te la sei presa per quella notte?»

«No, non me la sono presa» le ho mentito. «Credo di avere molto da fare.»

«Sono imbarazzata. In casa mi chiedono perché non vieni più. Vediamoci da qualche parte, ti va? Da Harold per esempio.»

C'ero già stata con i ragazzi del corso. Mi avevano invitata per una pizza che poi era immangiabile. Avevamo anche bevuto vino. Prima però ho dovuto assumermi ufficialmente la responsabilità di ordinarlo perché il signor Harold non voleva servirlo ai ragazzi. Ho detto che lo serviva a me, non ai ragazzi. Anche il vino non era granché.

«Se da Harold si mangia solo pizza, preferirei un altro locale.»

«C'è dell'altro» mi ha garantito Margherita.

C'è dell'altro: hamburger, patatine fritte, Coca-Cola, torta di mele, onion rings, caffè. E c'è un juke-box che non si ferma mai e manda le canzoni di Simon e Garfunkel. Ho imparato a conoscerli perché li ascolto ogni giorno da tutte le radio e i juke-box della città.

Ci siamo sistemate il più lontano possibile dal centro della confusione e Margherita ha ordinato per entrambe. «Tanto sono sicura» ha detto «che non ti andrà niente di quello che servono qui.» Poi mi ha chiesto del lavoro all'università, del rapporto con i colleghi e con i ragazzi, di come mi trovo qui negli USA... Una domanda dopo l'altra e non mi ha mai lasciato il tempo di completare le risposte che parlava di nuovo lei. Stava cercando la scusa per arrivare dove voleva. L'avevo capito e sono stata al gioco: avevo anch'io da chiederle e non l'avrei lasciata andare se non mi avesse risposto.

C'è arrivata alla torta di mele: «Sono stata da George». L'ho guardata senza capire. «Quella notte. George ha una casa a un paio di chilometri dalla mia. Ci vado ogni volta che passo là il fine settimana.»

«Vuoi dire che hai un amante?» Mi ha sorriso. «Oh Dio, questa non me l'aspettavo!» Ho ordinato altro caffè. «Tuo marito?»

«Che c'entra Eugenio?»

«Come che c'entra? È tuo marito...»

«Ha un'amante.»

«Anche lui!» Ho bevuto il caffè caldo e mi sono scottata la lingua. «Fatemi capire: perché non divorziate? Anche da noi in Italia si sta parlando di divorzio, la legge Fortuna-Baslini... Pensa, ci si sono messi un socialista e un liberale.»

«Non voglio divorziare. Ho una famiglia, una vita che mi piace, Eugenio...»

«Sì, ma George?»

«George è quello che mancava nella mia vita e non ho nessuna intenzione di privarmene. E nemmeno lui!»

«Sì, ma finirà...»

«Ci penseremo allora.» Al secondo bicchiere della seconda bottiglia di vino mi ha raccontato come si sono incontrati. «George passava tutte le mattine davanti alla mia casa al mare e avevamo cominciato a salutarci. Poi si fermava, due chiacchiere e via. Una mattina mi ha chiesto da bere...»

«Si chiama così adesso? Da bere?»

«... E da allora, tutte le notti che sto al mare, le passo nel suo letto.»

Non avevo commenti e in silenzio abbiamo finito la bottiglia. Quando ha accennato a pagare, l'ho fermata:

«Non è ancora finita. Questa sera mi devi dell'altro.» Mi ha guardato senza capire. «Una brutta mattina di vent'anni fa sono venuta a casa tua e non ho trovato né te né la tua famiglia. Sono corse certe voci... È il momento di spiegarmi perché siete spariti tutti, un'intera famiglia!»

Per un poco Margherita è rimasta in silenzio e poi: «Mi ci vorrà almeno mezza bottiglia di whisky e qui non lo servono. Vieni». Ha pagato lei e siamo uscite.

In un negozio del centro... Qui ce ne sono che stanno aperti anche di notte. Ha comprato una bottiglia di whisky, che il gestore ha ficcato in un cartoccio, e con l'auto ci siamo fermate fuori città. Ha mandato giù più di mezza bottiglia prima di cominciare, ma io non avevo fretta. Avevo atteso per vent'anni, potevo aspettare un'altra mezz'ora.

XXV
Lettera dal carcere

Era entrato alle poste dopo la guerra, ventiseiesimo in un concorso a Roma "più per meriti di guerra che per altro", sostenevano i compaesani. Si chiamava Cleto, non era più giovane e aveva cominciato a consegnare lettere girando a piedi per il paese e, quando il servizio lo richiedeva, arrampicandosi lungo i sentieri della montagna. Per fortuna non c'era molta gente in giro per il mondo che scrivesse a quei montanari. Una lettera ogni tanto che non disturbava Cleto e a volte, per fare un giro completo con la posta, ci metteva una settimana, ma nessuno aveva fretta di ricevere nuove che spesso erano cattive. Aveva un lavoro sicuro e sopportava le scarpinate sotto il sole o la pioggia o, succedeva, sotto la neve.

Un paio d'anni e si era fatto la bicicletta, ma era sempre fatica salire. La bicicletta andava bene per scendere. Poi si fece il Mosquito, che però, in salita, doveva aiutare pedalando.

«Prima di andare in pensione mi voglio fare la macchina» andava dicendo al bar, ma per il momento, mancavano tre anni alla pensione, era arrivato alla Lambretta 125, un lusso che pagava, oltre che con le cambiali, con le insolenze e l'ironia pesante degli amici, tutti possessori dell'antagonista Vespa 125, di gran lunga superiore, a sentire loro, se non altro per il cambio.

Santovito lo sentì arrivare verso le dieci del mattino e sperò che non fosse Domenica, l'infermiera. Non avrebbe saputo cosa dirle di suo figlio. Per questo scendeva in paese a fare spesa e per il giornale la mattina presto, quando era sicuro di non incontrarla.

Non era Domenica e se avesse fatto un po' d'orecchio ai motori degli scooter, avrebbe capito che non della Vespa di Domenica si trattava, ma di una Lambretta e in paese l'unica era di Cleto. Si fece sulla porta, vide il postino e si chiese chi accidenti gli avesse scritto.

«Una novità, maresciallo. C'è posta per voi» e Cleto sistemò la Lambretta sul cavalletto, il motore ancora avviato.

«Spegni quell'accidente e vieni dentro a prendere un bicchiere. Non te ne vorrai andare subito, dopo che hai fatto tanta strada! E poi sta per piovere» gli gridò Santovito.

«Dell'acqua non ho mai avuto paura» ma spense il motore ed entrò. Posò la busta sul tavolo e curiosò attorno con lo sguardo.

«Cosa stai cercando? Siedi.»

«Niente, mi avevano detto che stavate con una bella donna e mi sono detto: Va' mo' là che il maresciallo si è finalmente ripreso.»

«Se n'è andata anche questa, Cleto, è tornata a casa sua, ma non era qui per me, era qui per sua figlia.»

«Cosa volete dire?»

«Niente.» Si fece sentire un brontolio lontano, verso ponente. «Te l'avevo detto che fra poco viene giù che Dio la manda.»

«Allora devo sbrigarmi se non la voglio prendere tutta.» Indicò la lettera ancora sul tavolo. «Non vi interessa sapere chi scrive?»

«No, chiunque sia può aspettare il tempo di un bicchiere.»

«Ma questa deve essere importante, maresciallo» e ripresa la busta, se la rigirò fra le mani. «Ma Raffaella non si chiamava Anceschi?» Santovito annuì. «Be', questa si chiama Santini. Ho pensato, guarda te, forse la Raffaella del maresciallo era sposata e suo marito si chiamava Santini.»

«Non era sposata, Cleto, non era sposata e si chiamava Anceschi.»

Il postino posò la busta sul tavolo.

Le prime gocce, rade ma pesanti, si fecero sentire sul tetto.

"Caro Santovito,
prima di tutto ti chiedo scusa per come mi sono comportata in parlatorio. Con mia madre mi sono già scusata quando è tornata a trovarmi. Devi capire, come ha capito lei, che la notizia che mi avevate portato è stata per me una brutta mazzata che ha sconvolto, oltre che la mia vita, tutti i miei piani. Avevo bisogno di riflettere, l'ho fatto e ho deciso di scriverti perché per lettera mi spiego meglio.

"La prima cosa che voglio dirti, adesso che Vangog è morto, è che io non devo proteggere più nessuno ed è inutile continuare la commedia, non c'è più ragione ed è arrivato il momento di raccontarti quello che so, tutto quello che so, su questa maledetta storia che ci ha preso la mano ed è costata cara al mio Vangog, tanto cara che non lo rivedrò più, neppure da morto. Avevo chiesto di partecipare al suo funerale, ma il giudice mi ha negato l'autorizzazione. Guarda te di cos'ha paura questo stato capitalista! Di una ragazza di vent'anni. Che avrei mai potuto fare al funerale di Vangog se non piangere? Sarei andata a vedere questo sangue che impasta la terra, lassù, dove lo hanno ammazzato.

"Meglio così, preferisco ricordarlo vivo correre con me nei boschi o prendere la parola alle assemblee dell'università o, assieme a me e a tanti compagni, alle manifestazioni di piazza.

"Povero Vangog. Pensa, voleva cambiare il mondo, come se questo mondo si potesse cambiare. Invece è finita che lo hanno ammazzato e poi fatto a pezzi per guardare cosa aveva di sbagliato dentro. O per stabilire ufficialmente che non l'ha ammazzato lo Stato, ma si è suicidato.

"Ti dicevo che questa storia ci ha preso la mano. In fondo non si trattava che di andare in montagna e fotografare un campo paramilitare di destra. Andare, fotografare e tornare stando attenti a che non ci scoprissero 'perché quelli sono armati e non guardano in faccia a nessuno', come ci aveva detto il compagno che ci aveva parlato del campo. Dunque, come vedi, niente di così tragico da giustificare due morti. Due per ora, che non è detto non diventino tre perché, se hanno ammazzato Vangog, anch'io sono in pericolo, ma questo non dirlo alla mamma. Ha già abbastanza pensieri.

"Me ne sono andata di casa senza dirle niente perché non sapevo come avrebbe reagito, e per un po' io e Vangog siamo stati nascosti nei boschi attorno al paese. Per noi due è stato un periodo meraviglioso. Abbiamo dormito all'aperto, ci siamo lavati con l'acqua che si trovava, ci siamo riparati dalla pioggia nei casoni... La pioggia sul tetto di lastre d'arenaria è una musica che ancora ricordo, adesso che sono chiusa qui dentro e la pioggia non la sento più.

"Abbiamo trovato il campo, li abbiamo spiati, Vangog ha scattato molte foto e quel mattino, quel maledetto mattino, doveva essere l'ultimo e dovevano essere le ultime foto.

"Non andare, basta così, ho detto a Vangog. Ma con la macchina fotografica fra le mani Vangog non ascolta nessuno. Ancora un paio, aspettami qui, e di nascosto ha seguito un giovane che aveva preso un sentiero. Non ti muovere.

"Non mi sono mossa e l'ho aspettato. Una raffica, ancora un'altra e poi delle grida da ogni parte del campo. Scoppi di bombe a mano. Non so come sia la guerra, per mia fortuna non l'ho vissuta, ma deve essere così, come quel mattino.

"Vangog è arrivato di corsa e siamo scappati con dietro un gruppo di loro. Più noi scappavamo, più quelli ci erano vicini. Poi, per fortuna, Vangog si è ricordato di una ghiacciaia... Non te l'ho ancora detto, ma Vangog è nato da quelle parti e da ragazzo gli piaceva intanarsi nei boschi.

"Ci siamo nascosti nella ghiacciaia e quelli non ci hanno trovato. Li abbiamo sentiti frugare dappertutto e bestemmiare fino a quando non se ne sono andati. Dopo abbiamo fatto l'amore ed è stata l'ultima volta.

"Avrei molte altre cose da dirti, le più importanti, ma so che leggono la mia posta prima di spedirla. Qui dentro è una violenza normale, una delle tante. Non hanno rispetto per nessuno e per niente. Ti dico solo che né io né Vangog abbiamo ammazzato quel tale Lagudoru. Il resto te lo racconterò a voce se mai un giorno avrai voglia di venirmi a trovare.

"Un abbraccio da Raffi."

Entrò in parlatorio e non aspettò molto. Il tempo di mezzo sigaro. Raffaella era sciupata, aveva occhi arrossati come chi dorme poco e sotto erano scuri. Tentò di sorridere e andò a sedere davanti a Santovito. Dalla tasca del grembiule cavò sigarette e accendino e posò tutto sul tavolo.

«Come va?»

La ragazza alzò le spalle. «Potrebbe andare meglio.»

«Spiegami cos'è questa storia. Prima ti accusi, poi ritratti tutto. Perché ti stai comportando così?»

«Be'» si accese una sigaretta. «Avevano accusato Vangog di quel delitto e se lo prendevano...»

Santovito la interruppe: «Certo, una vera eroina romantica, una carbonara. Ma pensi davvero che lo avrebbero lasciato andare così» e schioccò le dita. «Era coinvolto anche lui e lo avrebbero preso. Non aveva senso sparire e poi riapparire e accusarsi.»

«Forse mi sono illusa, ma l'ho fatto nella speranza che, avendo fra le mani l'assassina confessa, lasciassero in pace Vangog. Aveva delle cose molto importanti da fare, doveva essere libero. Autoaccusandomi io, lui poteva muoversi liberamente, recuperare le prove che noi due non c'entravamo con quel morto... ma adesso anche lui è morto.» Si fermò e gli occhi le si riempirono di lacrime. «Le cose sono andate tutte male, Vangog è morto e io non so se e come uscirò da questa brutta storia.»

«Ma poi, cosa volevate fare esattamente?»

«Te l'ho scritto, cercare le prove che i fasci avevano messo su il campo d'addestramento. Con in mano le foto di Vangog li avremmo sputtanati. Qualche giornale o settimanale, "L'Espresso", per esempio, le avrebbe sicuramente pubblicate e sarebbe scoppiato un casino tale e...»

«Calma, calma, cerca di farmi capire qualcosa. Anzitutto, chi vi aveva informati del campo?»

Raffaella si strinse nelle spalle. «Informazioni di compagni.»

«Va be', informazioni di compagni. Credo di sapere chi. E voi cosa avete fatto? Voi due dico.»

«Te l'ho detto, siamo andati per fotografare.»

«Così, per fotografare. Vi siete presentati là e avete detto: scusate, potremmo fare qualche foto, se non vi dispiace...»

«Ovvio che siamo andati in camuffa. Dalle informazioni sapevamo più o meno dov'era il campo e i compagni avevano scelto Vangog perché conosceva i posti, era pratico, ci era nato lassù, poi lo sai, è... era un ottimo fotografo. Io sono andata per dargli una mano e perché sono... ero la sua ragazza» e qui fece una pausa e ancora le lacrime le rigarono il viso.

Santovito posò il sigaro e lasciò che si spegnesse. Le prese una mano: «Coraggio, Raffaella, dài» ma sapeva che le sue parole servivano a poco. «Perché siete andati armati?»

«Non andavamo micca a fotografare un asilo infantile» e con la cicca accese un'altra sigaretta. «I compagni erano riusciti a procurarsi un MAB e un AK7.»

«Mi piacerebbe sapere dove li hanno presi, ma è un altro discorso. Nuovi o usati?»

«Quello di Vangog era nuovo, o almeno così sembrava. Il mio no, sicuramente no. Era pieno di segni, di tacche, però il meccanismo di sparo era a posto.»

«Sapevate almeno usarli? Avevate mai sparato?»

«No, sparato no, ma non credo ci voglia molto a tirare un grilletto.»

«Be', non è poi così semplice. Il Kalashnikov non lo conosco, ma il MAB, per farti un esempio, tende a spostarsi in alto a sinistra, poi ha la canna corta, non si becca niente se non si è un po' pratici. Che modello era?»

Raffaella sorrise triste: «E chi lo sa?».

«Sì, bei guerriglieri. Bisogna stare molto attenti con il MAB, che sarebbe poi Moschetto Automatico Beretta, l'arma in dotazione all'esercito e ai carabinieri, che è anche responsabile del maggior numero d'incidenti. Ricordo che un mio carabiniere lo lasciò cadere sul sedile posteriore e partì un colpo che per fortuna... Ma questo non c'entra. Li avete usati poi?»

«No, accidenti, anche se Vangog conosceva il Kalashnikov, andava in giro per i boschi senza mai armarlo. Armava invece la sua macchina fotografica, sempre pronto a scattare, s'imbattesse in un animale, in un fiore strano o in un dirupo sassoso. Si è imbattuto in un omicidio e questo lo ha ucciso.»

«E dove sono adesso? Le armi, dico.»

«Lascia che ti racconti. Siamo arrivati lassù di notte. La macchina l'abbiamo nascosta dentro una baracca in un posto che Vangog ha chiamato Cava Vecchia. Ce n'erano altre abbandonate.»

«Sì, conosco il posto e ho anche visto tracce di gomme.»

«Ci siamo messi gli zaini in spalla... Pensavamo di restare fuori un po' di giorni e avevamo con noi i sacchi a pelo e del cibo, scatolette, cioccolata, roba così... Insomma, ci siamo caricati tutto, armi e macchina fotografica e valigetta comprese, e abbiamo preso una mulattiera che porta in alto. Una faticata bestiale. Poi abbiamo tagliato per i boschi, abbiamo passato un fosso e ci siamo fermati e abbiamo dormito lì. Ci ha svegliato la luce del giorno.»

Fece una pausa per accendere un'altra sigaretta. Fumava troppo, la ragazza, ma che altro poteva fare? Santovito le lasciò il tempo di un paio di boccate, approfittando per accendere anche lui.

«Abbiamo cominciato a spiarli, da dove ci eravamo appostati si vedeva benissimo il campo. Ci saranno state una decina di persone, in tuta mimetica. C'erano delle tende, delle sagome... Vangog ha scattato molte foto...»

«C'erano bandiere o insegne o cose così?»

«No, niente, ma erano armati, accidenti se erano armati!»

«Allora era anonimo, tutto. C'era solo gente armata che poteva essere di destra come di sinistra. Come potevate poi dimostrare...»

«Vangog, con il tele, aveva riconosciuto e fotografato un paio di fasci abbastanza noti del giro di Bologna. Bastava e avanzava. È successo la mattina del terzo giorno. Forse avevamo preso troppa confidenza con il posto e ci eravamo spinti molto avanti, molto vicini al campo, per me anche troppo. Insomma, mi cagavo sotto. Avevamo tutto il materiale che ci serviva e lo dissi anche a Vangog. Senti, gli dissi, qua si fa sempre più fitta, andiamo ben via. Ma lui no, lui voleva particolari più precisi. Mi fa, va bene, aspettami qui che finisco il rullino e poi ce ne andiamo, e sparisce nel bosco. Io l'ho aspettato, vedevo che al campo tutto era tranquillo. Saranno passati dieci minuti, un quarto d'ora e sento una raffica. Oddio, l'hanno visto, l'hanno beccato! Nel campo la gente comincia a correre, si arma, gridano, un gran casino. Un'altra raffica e arriva Vangog di corsa, con la macchina fotografica, la valigetta ma senza il fucile. Mi hanno visto, mi fa, mi hanno anche sparato, bisogna scappare e in fretta. E il fucile? Hai sparato tu? Hai ammazzato qualcuno? No, ma qualcuno è morto lo stesso. Adesso via che poi ti spiego! Siamo scappati...» Ansimava come se stesse rivivendo la fuga assieme a Vangog. Schiacciò il mozzicone nel posacenere e si mise le mani sul viso e per un poco ve le tenne. Santovito la lasciò in pace. «Siamo riusciti a raggiungere la ghiacciaia...» Guardò il viso stupito di Santovito. «Non sai cos'è una ghiacciaia? È una vita che stai da quelle parti!»

«So benissimo cos'è una ghiacciaia, non sapevo che ci fosse da quelle parti. I misteri di quei monti micca li ho scoperti tutti. Dove sarebbe questa ghiacciaia?»

«Te l'ho detto che Vangog conosceva bene i posti. La ghiacciaia è un poco più a monte del laghetto, ma è ben nascosta e difatti non ci hanno trovato.»

«Andrò a cercarla e, se c'è, la troverò.»

«E ci troverai anche il mio MAB. Siamo rimasti lì tutta la notte poi, con il buio, ce la siamo squagliata.»

«E la storia di qualcuno che sarebbe morto lo stesso?»

«Mi ha raccontato di aver seguito uno che si era allontanato dal campo. Questo tizio si è messo a pisciare contro un albero, dall'altra parte del sentiero lo ha raggiunto un altro e i due si sono messi a discutere. Vangog non ha sentito cosa si dicevano, ma era una discussione piuttosto violenta.»

«Li ha visti bene?»

«Il primo sì perché gli stava dinanzi, ma l'altro era di spalle. Li ha fotografati tutti e due.»

La ragazza fece un'altra pausa. E Santovito la sollecitò: «Poi?».

«Poi è successo. Quello di spalle ha improvvisamente sollevato l'arma e ha lasciato partire una raffica che ha inchiodato il primo all'albero...»

«Un castagno» commentò sottovoce Santovito.

«... E Vangog ha fotografato proprio mentre la raffica partiva. Lo ha ammazzato come un cane, mi ha detto Vangog, a sangue freddo e l'altro non se l'aspettava di sicuro. Poi è scoppiato il casino che ti ho detto e Vangog non ha fatto neppure in tempo a raccogliere il suo Kalashnikov, che aveva posato per scattare le foto, ed è scappato. Qualcuno dal campo lo ha visto ed è cominciata la caccia, finita, come ti ho detto, nella ghiacciaia.»

Non aveva nient'altro da raccontare ed era stanca. Nel racconto, la voce era andata abbassandosi in un mormorio. Respirò a fondo e si accese una sigaretta, l'ultima del pacchetto perché lo sgualcì fra le mani e lo gettò nel cestino sotto il tavolo.

«Perché non l'hai raccontato al giudice? Perché non lo avete raccontato alla polizia?»

Raffaella sussurrò: «Tu ci avresti creduto? Be', tu forse sì, ma loro di certo no. No, se non avessimo mostrato le prove e le prove erano le foto di Vangog».

«E dove sono queste foto?»

«Il rullino è nascosto in casa tua, alla Ca' Rossa.»

Santovito, che stava portando il sigaro alla bocca, rimase con il braccio a mezz'aria: «Alla Ca' Rossa?».

La ragazza annuì: «Non ci fidavamo a tenerlo con noi. Tutti gli altri rullini ce li siamo portati a Bologna, ma quello dell'omicidio... non ci fidavamo perché potevano aspettarci lungo la strada e intercettarci. Chi avrebbe mai neppure sospettato che stava in casa di un maresciallo dei carabinieri? Vangog ti avrebbe poi contattato per recuperarlo e stamparlo».

«E dove lo ha nascosto?» azzardò Santovito. Temeva la risposta perché di recente in casa sua avevano frugato in troppi.

«Non lo so. Siamo venuti tutti e due alla Ca' Rossa e mentre Vangog cercava un nascondiglio sicuro, io sfogliavo i tuoi libri. Ho trovato anche quello che ti ha regalato la tua Raffaella, con la dedica. Poi abbiamo sentito arrivare un'auto e siamo scappati. Più tardi ho chiesto a Vangog dove lo aveva nascosto e mi ha risposto che era meglio se non lo sapevo, così adesso io non ti so dire dove potresti trovarlo, ma se cerchi bene, lo trovi. Almeno lo spero.»

«Lo spero anch'io, ma dalla Ca' Rossa sono passati in tanti in questi ultimi tempi.»

«Forse c'è tornato anche Vangog per recuperare il rullino.»

«Se si fosse fatto vivo con me...»

«Il destino è stato schifoso con noi due» mormorò Raffaella. Fumò per un poco in silenzio e poi: «Tornati a Bologna, tutto è andato storto. Vangog accusato dell'omicidio di quel tale Lagudoru e io di favoreggiamento, una caccia spietata a tutti e due da parte dello Stato che doveva nascondere i suoi crimini, come l'omicidio di quel Lagudoru...». L'interruppe la guardia che aprì la porta e le fece segno di andare. Raffaella si alzò: «Per favore, trova il rullino, trovalo e aiutami a uscire da questo inferno. Tu non puoi neppure immaginare quanto male faccia il carcere di massima sicurezza». Andò alla porta e prima di uscire si voltò e disse ancora: «Cerca bene, mi raccomando. Si tratta di un rullino fotografico e quindi può essere nascosto da qualsiasi parte».

XXVI
La ghiacciaia

Suonò, aspettò che si aprisse lo spioncino e poi la porta ed entrò senza neppure salutare Peluso – non era mai accaduto – chiese «C'è Garbin?» e si diresse verso l'ufficio del maresciallo. All'imbarazzo dell'appuntato si fermò. «C'è o non c'è?»
«Per esserci c'è, ma... ma è che ha visite e ha detto di non...»
«Visite? Chi?»
«C'è dentro il capitano Donner... Sono chiusi da più di un'ora e si è raccomandato di non...»
«Meglio, così siamo in compagnia.» Bussò e senza attendere risposta aprì ed entrò. «Posso?»
«Posso cosa, Santovito? Sei già entrato. Stavo... stavamo facendo il punto sulle indagini.»
«Arrivo a proposito allora. Ho delle notizie per te...» Con un cenno del capo salutò Donner e rettificò: «Per voi».
«Le notizie le ha sempre lei, maresciallo Santovito. Ma il maresciallo Garbin qui, non sa mai niente?»
Garbin se la prese: «Cosa vorrebbe dire capitano? Che sto qui a dormire? Che non faccio il mio dovere? Che non...».
«Si calmi, maresciallo, com'è suscettibile! Volevo solo rilevare come il maresciallo Santovito si senta poco in pensione.» Santovito stava per ribattere ma Donner lo fermò con un gesto. «Era solo una battuta. Ma sentiamo che novità ci porta.»
«Forse una prova che può scagionare Raffaella Santini...»
«... Che le sta molto a cuore...» continuò a fare dell'ironia Donner.
«Mi sta a cuore ogni cosa che sa di imbroglio.»
Intervenne anche Garbin: «Oooh, ci sto anch'io qua! Sono ancora il responsabile della stazione! Vuoi andare avanti, Santovito!».
Il più brevemente possibile, ma con precisione, raccontò la

storia di Raffaella. «... Poi mi ha detto dove ha lasciato l'arma che portava con sé, un MAB. Sostiene anche di non aver sparato. Lo andiamo a cercare e lo facciamo esaminare.»

«Andiamo, facciamo... Devo ricordarle io, maresciallo Santovito, che lei adesso è in pensione?»

«Donner, come mai hai cambiato idea nel giro di pochi giorni? Se ricordo bene, proprio tu mi avevi chiesto di collaborare perché, sono parole tue, un carabiniere è sempre un carabiniere.»

«Oooh! Oooh! Vogliamo smetterla?» gridò il maresciallo Garbin. «Dove sarebbe quest'arma?»

Prima di rispondere Santovito cercò un sigaro e se lo maturò fra le dita. Un modo per riprendere il controllo della situazione. L'accese, aspirò e disse: «Mi ha parlato di un posto che non conoscevo e il MAB dovrebbe essere ancora lì, in una ghiacciaia».

«In una... cosa?»

«Ghiacciaia. Anch'io ne ignoravo l'esistenza e Dio sa se ci ho passato del tempo da queste parti. È roba del secolo scorso, primi Novecento, costruzioni nelle quali si conservavano ghiaccio e neve pressata, per poi venderli d'estate in città o ai signorotti che venivano da queste parti in villeggiatura. Uno dei mille modi che aveva la gente per sbarcare il lunario. Era dura quassù.»

«Non c'è che dire» commentò ancora il capitano Donner. «Ne sa di cose lei» e calcò sul lei per ricordare a Santovito di non parlargli con il tu.

«E dove sarebbe questa ghiacciaia?» tagliò Garbin.

Santovito parlò sottovoce, come se riflettesse: «È questo il problema, esattamente non lo so. Ti ho detto che non sapevo neppure ci fosse. Ci sono cose non più usate, non più vissute, che sembrano uscire dalla memoria collettiva. Basta una generazione. Un posto cambia nome, per varie ragioni, e nessuno ricorda più il vecchio nome. Chiedi di una mulattiera abbandonata e nessuno sa più niente. Come se tendessero a dimenticare il passato, non gli danno importanza. Comunque Raffaella mi ha detto che è dalle parti del laghetto, su, verso Malpervisto. Il laghetto so dov'è e la ghiacciaia dovremmo trovarla facilmente».

Garbin bestemmiò fra i denti e poi: «La ghiacciaia, anche questa!».

Il capitano Donner si alzò: «Bene, maresciallo Garbin, che aspettiamo? Prendiamo la Campagnola e andiamo a trovare questa prova che scagionerebbe la protetta di Santovito».

«Andiamoci. Sappiamo almeno da che parte cominciare le ricerche?»

«Be', bisogna andare verso la Cava Vecchia... Ci siamo già stati, ricordi? Poi si prende la mulattiera che sta sopra lo Spungone e a un certo punto si va verso il Malpervisto. Si dovrebbe trovare nel fosso, in vicinanza del laghetto, ma è certamente ben nascosta se li inseguivano e non li hanno trovati. Solo che loro, quelli del campo, non sapevano che c'era la ghiacciaia e noi sì. Dovremmo trovarla.» Diede un'occhiata all'orologio appeso al muro, sopra la testa di Garbin, un tiro nel toscano, che poi schiacciò nel posacenere, e si alzò. «Se ci muoviamo subito, abbiamo tutto il tempo.»

«Lei naturalmente ci aspetta qui» disse Garbin al capitano Donner «dal momento che non le piace andare per boschi. Stia tranquillo che le porteremo tutto quello che riusciremo a trovare.»

«No, no, vengo anch'io. Sono proprio curioso di vedere dov'è questa famosa ghiacciaia.»

«Guardi che c'è da fare un bel po' di sentiero a piedi e i boschi non sono il mare...»

«Farò del mio meglio. Poi un po' di moto mi farà bene, ci si affonda in questi uffici, sto mettendo su pancia» e vi batté sopra una mano.

Alla Cava Vecchia scesero dalla Campagnola e Santovito stava per accendersi un sigaro, ma pensò alla salita che lo aspettava, lo rimise nel pacchetto e imboccò la mulattiera, a guidare il gruppo che lo seguiva in fila indiana, Garbin, poi Donner e Peluso a chiudere. Arrivati in un piccolo spiazzo fra gli alberi, si fermò e disse:

«L'abbiamo presa un po' troppo allegra. Ci fermiamo un attimo per il fiato. Non ho i vostri anni.»

Donner disse: «Da come è arrivato fin qui, non è poi così vecchio come vuole farci credere. E poi è più allenato di tutti noi».

«Io sarò anche più allenato, ma gli anni non lo sono più. E poi vorrei anche farmi una fumatina di sigaro prima dell'ultimo strappo» e andò in tasca per l'occorrente.

«Fumare qui, fra gli alberi, mi sembra un delitto» commentò ancora Donner. «Io e l'appuntato andiamo avanti. Fumate tranquilli, riprendete fiato e raggiungeteci» e, lasciata la stradaccia, imboccò il sentiero che portava al laghetto.

«Ma tu guarda quello che fretta ha!» borbottò Santovito. Rimise in tasca sigaro e fiammiferi e guardò Garbin che si asciugava la fronte con un fazzoletto. «Coraggio maresciallo, andiamo pure noi che non vogliamo fare la figura degli imbranati.»

Li raggiunsero che i due erano già al laghetto e li aspettavano.

«È qui che bisogna cercare, se ho capito bene» disse Donner indicando attorno con un ampio gesto. «Solo che non vedo ghiacciaie.»

Finalmente Santovito poté accendersi il sigaro. «Be', certo, se si sono nascosti nella ghiacciaia e non li hanno trovati, non deve essere così visibile come vorrebbe lei, capitano.» Si prese il tempo per un paio di boccate: «Separiamoci, voi due andate di là, io e Garbin cerchiamo da questa parte».

Si divisero. Santovito e Garbin cominciarono dalle rive del laghetto e poi si spostarono più a monte. Garbin borbottò:

«In malora! Mi tocca anche fare la caccia al tesoro. Dove diavolo sarà questa ghiacciaia?»

«Non avere fretta Garbin e cerchiamo di ragionare. Dunque, i due venivano da più in alto, circa dove c'era il campo, e sono passati... no, sono entrati nel fosso.» Spostò un cespuglio di vétiche. «Dev'essere fra qui e il laghetto.»

«Non ci sarà da bagnarsi i piedi?» chiese preoccupato Garbin.

«Ma di cosa hai paura, maresciallo? Non stare a pensare ai piedi, poi ci sono i sassi, cammina su quelli e aggrappati ai rami. Andiamo, andiamo.» Si sbarazzò del toscano, lo calpestò e si accertò che fosse ben spento e si aprì la strada nel groviglio di rovi. «Me lo diceva sempre Bleblè: quando vai nel bosco, prenditi dietro il pennato, te lo appendi alla cinghia, dietro il sedere, e se ti serve ce l'hai a portata di mano. Gli avessi dato ascolto!» Dai rovi sbucò nel fosso dove scorreva ancora abbondante acqua gelata. «Eccolo qua, Garbin! Adesso non ci resta che seguirlo.»

Garbin bestemmiò in veneto e anche lui spuntò, cappello in mano e viso graffiato nella piccola galleria che i rovi avevano costruito sopra il fosso. Santovito non ci fece caso e già scendeva il fosso a capo chino e posando i piedi sui sassi più solidi, quelli piantati lì da chissà quanti secoli, staccatisi dalle rocce e franati a valle per il gelo e le piogge. Guardava con attenzione le pareti ripide e si fermò dov'era scesa una frana, fitta di cespugli di vimini e con liane di vitalba che abbracciavano tutto.

«Mi sa che ci siamo» borbottò. Si piantò bene sui sassi, si chinò e fece forza per spostare i cespugli con le mani fino a scoprire la piccola apertura con ai lati le pietre che ancora costruivano una specie di muretto. Gridò, senza voltarsi: «Ci siamo, Garbin! Vieni!».

«Fazzo quel che posso!» e seguì un acciottolio di sassi, un'imprecazione e un tonfo nell'acqua.

«E aveva paura di bagnarsi i piedi!»
Entrò carponi dall'apertura, scricchiò un fiammifero e si guardò attorno. Il mitra c'era, appoggiato alla parete di fondo, in bella vista. Santovito sorrise. «Tombola» disse a Garbin che finalmente entrava nella ghiacciaia, carponi, grondante acqua e sacramentante. «Eccolo là e se non sbaglio è proprio un MAB e così...» Bestemmiò anche lui perché la fiamma gli aveva bruciato le dita. La ghiacciaia piombò di nuovo nel buio.

Fuori qualcuno stava muovendo con precauzione i cespugli che avevano ricoperto l'entrata.

«E così è questa la famosa ghiacciaia!» Donner entrò e fece luce con una torcia elettrica.

Santovito mormorò a Garbin: «Hai capito perché i Servizi Segreti sono più in gamba dei carabinieri? Quelli vanno in giro con la torcia elettrica mentre noi usiamo i fiammiferi di legno».

Donner girò all'interno il fascio di luce: «E ci credo che non li hanno trovati. Bisogna conoscerla per arrivarci». Nella sua panoramica la torcia inquadrò il MAB e lì si fermò.

Il maresciallo Garbin fermò la Campagnola davanti al cancello: «Peluso, scendi e in mia assenza prenditi cura del paese. Non so quanto starò via, ma tornerò e questa brutta faccenda sarà finalmente finita» e tutti e tre, lui, Santovito e il capitano di marina Cristiano Donner restarono a bordo. Prima che Garbin rimettesse in strada la Campagnola, il capitano disse:

«In tutta franchezza, non vedo perché il signor Santovito debba venire con noi. A quale titolo?»

«In tutta franchezza, Donner, in malora quanti che sé!» urlò Garbin. «Viene perché lo decido io, va bene?» e strapazzò il cambio con la retromarcia che era sempre entrata male.

Singolare come, per la prima volta, il maresciallo Garbin avesse preso posizione e singolare pure come, per il capitano Donner, di colpo Santovito fosse passato dalla qualifica di maresciallo a quella di signor. Il ritrovamento del MAB di Raffi aveva cambiato qualcosa nel loro rapporto.

Tutta una tirata fino a Bologna, ognuno con i propri pensieri, fino alla Legione, in via dei Bersaglieri, direttamente nell'ufficio del tenente colonnello Friggerio.

La Scientifica ci mise tutta la notte e parte della mattina e Santovito più volte rimpianse di non essere passato dal suo amico Catullo da Modena, che ci avrebbe messo meno, molto meno a stabilire che le impronte sul MAB erano effettivamente di Santini Raffaella e che il mitra, nelle condizioni in cui si trovava, non era in grado di sparare «in quanto» come riferì l'esperto balistico dei carabinieri «il caricatore inserito ha le labbra chiuse, forse perché caduto a terra, e quindi non in grado di far scorrere il proiettile. Accade spesso con questo tipo di arma e bisogna fare molta attenzione».

«Magari l'avrà pure pagato» borbottò Santovito «e pagato caro. A questi giovani ci vorrebbe...» e stava per aggiungere "un po' di guerra", ma lasciò perdere: a nessuno fa bene la guerra. Quasi a nessuno, e i pochi cui fa bene non contano.

Quella stessa mattina, poco prima di mezzogiorno, i magistrati stabilirono che Santini Raffaella doveva restare dentro nonostante le prove che Santovito era riuscito a portare e nonostante il tenente colonnello Friggerio ce l'avesse messa tutta. Lo dissero chiaro e tondo. Erano anni bui, anni di piombo.

XXVII
Racconti di donne

Aveva speso tutto: la giornata passata nei boschi alla ricerca della ghiacciaia, la notte consumata sulle sedie scomode della Scientifica in attesa del referto e la mattinata d'estate, afosa e lenta a passare, lo avevano stracciato.

Attorno all'una si presentò a casa di Patrizia. Doveva pur aggiornarla, ma avrebbe preferito buttarsi su una branda qualsiasi per un sonno di almeno dodici ore. Sulla città picchiava un sole assassino che non aveva rispetto neppure dei portici, trasformati in forni dal calore riverberato dai muri e dall'asfalto. Non un alito di vento.

Senza chiedere, Patrizia aprì la porta. Anche lei soffriva il caldo e indossava solo una sottoveste leggera, corta sopra le ginocchia. Lo guardò meravigliata:

«Mio Dio, che ti è successo, che hai fatto?»

«Non dormo da almeno trenta ore...»

«Entra, entra, ti faccio un caffè che ti tirerà un po' su.»

Preferì mangiare qualcosa e Patrizia lo ascoltò fumando in silenzio una sigaretta dopo l'altra, nervosa. Un ventilatore le muoveva i capelli e la sottoveste. Al momento del sigaro Patrizia disse:

«Non è ancora finita. Che possiamo fare?»

«Trovare il rullino. Dimostrare, foto alla mano, che né Raffi né Vangog hanno sparato. È la sola possibilità di tirare fuori la tua ragazza da San Giovanni in Monte. Altre strade non ne vedo, almeno per ora.»

«Va bene, adesso sdraiati e riposati. Non vorrai ripartire in quelle condizioni?»

No, non voleva, non ce l'avrebbe fatta. Si sdraiò, riposò e si svegliò tardi. «Che ore sono?»

«Le sette...»

«Le sette? O cazzo, l'ultimo treno è fra venti minuti!»

Lo accompagnò su Patrizia con l'utilitaria e man mano che si lasciavano dietro la città l'aria si faceva fine. Arrivarono che era buio e, lungo la strada dal paese alla Ca' Rossa, i fari illuminarono e disturbarono gli animali notturni che bazzicavano i boschi.

Patrizia avrebbe voluto cominciare subito le ricerche del maledetto rullino, ma Santovito disse:

«Certe cose si fanno con calma e alla luce del giorno. Adesso si va a letto» ma prima lui uscì a fumare l'ultimo sigaro della giornata, seduto dinanzi alla Ca' Rossa, il rito di ogni sera prima di andare a dormire, un saluto alla corona di monti, alla valle, al paese... Niente lo rilassava come quel sigaro, quel cielo, quell'aria che muoveva appena le foglie, quel silenzio appena disturbato dai rumori del bosco.

Lo raggiunse Patrizia, sedette sul sasso di Bleblè, un grosso masso accanto alla porta, piazzato lì da sempre, forse trovato durante gli scavi, e su quello Bleblè riposava, dava il filo al ferro, mangiava fuori orario un pezzo di pane con formaggio, ragionava del passato con Santovito, quando veniva su a trovarlo. Santovito non ci si era mai seduto.

Patrizia accese la sigaretta e fumò in silenzio, la nuca appoggiata al muro della Ca' Rossa.

«Certo che qui si dimentica il mondo.»

«Magari fosse così. Io qui ricordo anche troppe cose» disse Santovito.

«Raffaella?»

«Anche, anche.» Tirò le ultime boccate e si alzò. «Ho pensato che in quattro si cerca meglio e che le donne sono più brave.»

«Cosa vuol dire?»

«Domattina, domattina.» Schiacciò il sigaro a terra ed entrò.

In soffitta, proprio sopra la sua stanza, spostarono qualcosa e lei si svegliò. Il sole filtrava dalle fessure degli scuretti e Patrizia saltò dal letto:

«Accidenti, qui si dorme troppo!»

Per le scale incontrò una donna che saliva e che la salutò con un cenno del capo. Dalla soffitta le arrivò la voce di Santovito:

«La colazione è pronta. Poi sali da me che ti spiego.»

Anche in cucina c'era una donna che svuotava i mobili del loro contenuto. In terra c'erano piatti e tegami.

«Buongiorno, mi chiamo Domenica. L'abbiamo svegliata? Ho cercato di fare piano, ma...» e allargò le braccia.

«No, no, sono io che ho dormito troppo. Da quanto tempo siete qui a lavorare?»

Domenica guardò la sveglia sulla mensola del camino: «Abbiamo cominciato alle sette, adesso sono le otto e mezzo...».

«Accidenti, da più di un'ora... Perché non mi avete svegliata?»

«Lui» e Domenica accennò sopra con il capo. «Lui ha detto di lasciarla dormire che lei ne aveva bisogno.»

«Mi chiamo Patrizia...»

«Lo so.»

«... E possiamo darci del tu.»

«Va bene. Lì c'è il caffè, il latte e intanto, se non ti dispiace, io continuo.»

In piedi Patrizia mandò giù il caffè che era ancora caldo e chiese: «Da dove comincio?».

«Senti da lui. Ha organizzato la perquisizione come se fosse ancora nei carabinieri, una cosa scientifica. Senti da lui.»

Salì in soffitta e la trovò sottosopra. «Dove sei?» Santovito, impolverato dai capelli alle scarpe, uscì da dietro una catasta di cassette da frutta vuote. «Trovato niente?» Santovito negò con il capo. «Io cosa faccio?»

«Cerca nella tua stanza» e tornò dietro la catasta. «Oooh, guarda dappertutto, anche nelle fessure dei muri. Vuota i cassetti, toglili dal mobile e cerca nei ripiani interni, muovi la biancheria e scrollala. Nell'armadio ci sono ancora degli abiti di Bleblè: guarda nelle tasche e nelle cuciture. Controlla i mattoni del pavimento uno per uno e se qualcuno si muove, chiamami. Quando ho finito qui, io passo alla cantina. Dobbiamo trovare quel maledetto rullino!»

«Se è nella mia stanza, lo trovo.»

Non lo trovarono e alle tre del pomeriggio si riunirono nella cucina della Ca' Rossa, si guardarono in faccia e nessuno parlò. Dalla cantina Santovito aveva portato su un fiasco di rosso e riempì quattro bicchieri. Bevvero in silenzio e Santovito, che non aveva fumato per tutta la giornata, si accese un sigaro:

«Me lo sono meritato.» Dopo alcune boccate: «Vogliamo mangiare qualcosa?»; nessuno gli rispose e allora uscì a finire il sigaro seduto davanti alla Ca' Rossa, la schiena appoggiata al muro di sassi, tiepido per il sole che vi aveva battuto.

Eleonora apparecchiò, Domenica si occupò del pane, del prosciutto, dei pomodori da fare in insalata e del formaggio. Nel mezzo della tavola mise il fiasco. Patrizia uscì e sedette sul sasso di Bleblè, accanto a Santovito. Chiese: «E adesso che facciamo?».

Lui non rispose e Patrizia lasciò perdere.

«È pronto, volete venire?» chiese Domenica.

Mangiarono in silenzio e dopo Santovito si accese il secondo sigaro. Accesero una sigaretta anche Patrizia e Domenica. Eleonora non aveva mai fumato, forse perché è difficile farlo in classe, con i ragazzi delle elementari.

Cominciò Santovito: «Va bene, tocca a me, immagino. Dunque, se il rullino non è in casa, vuol dire che qualcuno l'ha portato fuori e che noi siamo arrivati in ritardo. Inutile nascondervi che a questo punto le cose si mettono male per i vostri ragazzi. Qualunque cosa raccontino al giudice, non hanno prove da mettere sul tavolo».

«Ma se il MAB di Raffi non poteva sparare!» gridò Patrizia.

«Quel MAB che abbiamo trovato noi, ma metti che avesse un Kalashnikov che noi non abbiamo trovato. Credimi, si mette male, si mette male e voi due...» si rivolse a Domenica e a Eleonora «... Voi due fareste bene a raccontarmi tutto quello che sapete.»

Domenica si alzò dal tavolo: «Dove tieni un posacenere?».

Eleonora rimescolò nel piatto, con la punta del coltello, i resti di formaggio: «Non so cosa potrei raccontarti».

Per la prima volta da quando si conoscevano, gli avevano parlato con il tu, forse per la giornata passata insieme alla Ca' Rossa a condividere l'ansia della ricerca, la speranza e poi la delusione. Forse l'aver frugato nelle cose di Santovito le faceva sentire meno estranee.

«Allora comincio a raccontare io» disse Santovito. «Edo, Amado e Nando non solo sapevano del campo paramilitare ma ci sono pure saliti» e prevenne le obiezioni: «Edo di sicuro. C'è chi lo ha visto e Amado che, a quanto ho capito, non ha simpatie di destra, ne ha addirittura parlato a Vangog.» Guardò Eleonora. «Se è stato tuo marito a portarli lassù, puoi confermarlo solo tu. Ricordi cosa mi hai detto a proposito di tuo marito? È colpa sua se siamo a questo. Se non fosse mai tornato, se avesse tardato ancora qualche mese...»

Eleonora lo interruppe: «Se n'andò di casa dieci anni fa e non mi fece più avere notizie e così mi ero illusa di essermene liberata, invece... Invece una notte di qualche mese fa me lo trovo in camera... salito dalla finestra come un ladro. Me lo trovo in camera e pretende di fare l'amore! Sono sempre tuo marito, mi dice. Vattene via o mi metto a gridare e sveglio tuo figlio, così capisce che razza d'uomo sei! Mio figlio non è in casa, dice e mi mette una mano sulla bocca e... Si è presentato così, dopo dieci anni!».

«Mi avevi detto di averlo incontrato ai Sassi della Borda.»

«Cambiava qualcosa se ti avessi raccontato dello stupro?» Si passò le mani sulla fronte per togliersi dalla mente il ricordo. «Dopo mi disse di aver già incontrato Edoardo, di averlo portato al campo e di avergli parlato di sé, della sua vita... Io so che lo ha fatto solamente perché lo considerasse importante.»

«Cosa gli ha raccontato?»

«Ha fatto il misterioso. Gli ha detto che era stato costretto a lasciarci per chissà quale suo lavoro segreto, che era tornato per una missione importante, finita la quale sarebbe restato con noi per sempre. Una bella prospettiva. Voleva passare per eroe agli occhi di Edo, voleva la sua ammirazione e per dieci anni si era dimenticato di lui. Gli ha riempito la testa con la sua balentia sarda, con il comunismo che è su stranzu e va combattuto con ogni mezzo...»

I raggi di sole filtravano ancora fra le nubi scure e basse e nella cucina della Ca' Rossa c'era la penombra che precede la pioggia.

«Quando è tornato?»

«Non me lo scordo di sicuro. La notte tra il due e il tre, non so che ora fosse perché dormivo da un po', è entrato in camera mia e...»

La fine del racconto di Eleonora lasciò un pesante silenzio nella cucina della Ca' Rossa e Santovito, che aveva bisogno di riflettere, si alzò e andò sulla porta a finire il sigaro.

«Pioverà, prima di sera pioverà, me lo dice la Buca della Giacoma» borbottò e gli tornò in mente il vecchio Tripoli che, seduto sui gradini della sua casa giù in paese, preannunciava il brutto e il bel tempo. E ci prendeva! «Gran brutto segno. Vuol dire che sto diventando vecchio come lui.»

Schiacciò il mozzicone sotto la suola e tornò al tavolo. «Ho sentito i primi spari proprio in quei giorni e quindi i tempi tornano, tornano perfettamente. Mi dispiace, Eleonora.»

«Tu che c'entri?» lo interruppe lei con durezza.

«E che c'entra il Sardo, quel Sotgiu che sta al Mazzacane? Che c'è fra te e lui?»

Eleonora mormorò qualcosa che nessuno capì e alzò la voce: «Ho detto che Sotgiu è mio cugino, cugino acquisito perché lo è di Cottrao, mio marito. Lo incontrai in Sardegna, a Orgosolo, quando Cottrao mi ci portò per conoscere i suoi parenti. Sotgiu mi ha poi raccontato che Cottrao era nel MAS...».

«Movimento Armato Sardo» spiegò Santovito a Domenica e

Patrizia. «Un movimento indipendentista che, per quanto ne so, traffica in armi più che in indipendenza. In Sardegna ho passato un breve periodo della mia vita di carabiniere. Brutti giorni. Tutti giravano armati, posti di blocco su ogni strada, le sparatorie all'ordine del giorno. Erano tempi in cui ammazzare la gente pareva fosse la cosa più normale di questo mondo.»

«Sotgiu scoprì che Cottrao era implicato nel MAS e da quel giorno non ha avuto pace. Suo cugino lo voleva arruolare a ogni costo e quando capì che non ce l'avrebbe mai fatta... Sotgiu è un sardo che la pensa a modo suo e ha sempre avuto dei problemi con i parenti. Quando suo cugino capì che non ne voleva sapere del MAS e di lui, cominciò a minacciarlo e così Sotgiu andò via da casa e venne da me. Gli dissi io di sistemarsi al Mazzacane in attesa di qualcosa di meglio e di un lavoro. Al Mazzacane si è trovato bene, tanto che si è preso pecore e capre e aveva deciso di restarci. Almeno la pensava così prima di rivedere suo cugino aggirarsi per il campo in tuta mimetica, anfibi, mitra a tracolla e passamontagna in testa. È venuto lui a dirmi del suo arrivo e per me è stata una brutta notizia e sono cominciati i guai per Edo.» Eleonora si guardò attorno. «È tutto quello che so e adesso mi andrebbe un caffè forte.»

Ci pensò Patrizia che si sentiva un po' di casa. Cominciarono le prime gocce, leggere e rade. Santovito tornò alla porta. Pioveva di stravento e le gocce gli bagnarono il viso. Si asciugò con la mano aperta, chiuse la porta, accese la luce, tornò al tavolo.

«Diciamo che le cose sono andate così: la notte che hanno ammazzato Lagudoru, i tre ragazzi erano saliti al campo con la jeep di Edo, li hanno costretti a trasportare il corpo e a scaricarlo dinanzi all'ospedale...»

Lo interruppe Domenica: «Allora era proprio la jeep di Edo, quella che ho veduto sparire oltre la curva!».

«Le cose cominciano a sistemarsi» borbottò Santovito. «Mancano alcuni particolari che metteremo al loro posto.»

«Come la storia della tanica?» chiese Domenica.

«Quella è uno dei particolari.»

«L'hanno riportata Edo e il mio Amado.»

«Come lo sai?»

«Me ne ha parlato Amado poco prima che il maresciallo Garbin venisse ad arrestarlo. Si vede che se lo sentiva che sarebbe finita male. Quella sera salirono al campo con la jeep perché Edo voleva farglielo vedere. Andarono di nascosto e senza che suo padre lo sapesse. Hanno sparato, è scoppiato il finimondo e uno di quei bastardi li ha scoperti. Per fortuna è arrivato il padre di Edo... La storia di Bologna e del cinema gliel'ha suggerita lui per tenerli fuori dai guai.»

«E invece nei guai ci sono caduti dentro come tre coglioni.»

«Li hanno costretti a caricare il corpo sulla jeep, il padre di Edo si è messo al volante e sono scesi all'ospedale dove lo hanno scaricato. Li ho sentiti e sono uscita. È stato quando Cottrao ha detto che bisognava bruciare la jeep per far sparire le tracce che Edo gliene ha dette di tutti i colori. Che poteva fare a meno di tornare, che sarebbe stato meglio se fosse morto, che non sapeva che farsene di un padre fascista... Lui non ha sentito ragioni, ha dato fuoco alla jeep e l'ha spinta dal balzo. Stava per gettare di sotto anche la tanica che aveva usato per spargere benzina, ma Edo gliel'ha strappata e se l'è tenuta per ricordo. L'ha poi riportata sulla Borda, assieme ad Amado, quando hanno saputo che non era stata trovata. Ti ricordi la notte che Amado è uscito ed è tornato sporco di fango?»

Santovito annuì. «È tutto?» Annuì anche Domenica. «Che i ragazzi fossero estranei lo immaginavo, ma per sapere chi abbia ucciso Lagudoru e Vangog, ci servono le foto.»

Patrizia aveva ascoltato in silenzio: «E se non le troviamo?».

«Se non le troviamo, i casi sono due: o la tua Raffaella ci ha preso in giro raccontandoci un sacco di bugie o qualcuno ha trovato il rullino e lo ha portato fuori dalla Ca' Rossa. In entrambi i casi, la vedo brutta, la vedo molto brutta per i vostri ragazzi.»

Solo il rumore della pioggia sul tetto e il gorgoglio della grondaia che non riusciva a smaltire tutta l'acqua e tracimava a cascata.

Ultimi appunti da un diario americano

Non sapevo che il padre di Margherita fosse stato Federale del Fascio nella nostra città. Nessuno dei miei me ne aveva parlato.
«Sono sicura che non ha fatto del male, ma qualcuno aveva lo stesso dei conti da regolare con lui...» Margherita aveva sorriso alla bottiglia di whisky ormai a metà. «Pensa, anche lui il 25 aprile l'ha sempre chiamato il giorno della Liberazione. I duri, i fascisti che ci credevano sul serio, non l'avrebbero mai fatto. Ho idea che la Liberazione sia stata una liberazione anche per mio padre. Finita la guerra rimase lontano da casa per quasi un anno, ricordi? Era andato via a lavorare, ti dicevo.» Lo ricordavo. «Tornò quando pensava che la gente ci avesse messo su una pietra e per un poco fu così. Poi arrivarono delle lettere anonime, delle telefonate di minaccia e una notte si presentarono "a saldare il conto", dissero a mia madre che, in camicia da notte, era scesa ad aprire.»
Margherita aveva tanto chiaro il ricordo di quella notte che ne parlava come se gli avvenimenti si stessero verificando in quel momento. Avevano battuto contro la porta con il calcio dei fucili e l'avevano svegliata. Si era affacciata e li aveva visti, illuminati dalla luna piena, e li aveva riconosciuti.
«C'erano Terzo, che chiamavano il Lippo, Falcino, il figlio della Concetta che aveva poco più dei nostri anni, Odorico che aveva passato la guerra murato in cantina e imboccato dalla moglie e Bughibughi, te lo ricordi? Volevamo tutte ballare con lui! Di Bughibughi mi sono sempre chiesta perché si fosse aggregato a quei tre. Mi filava e una sera mi ha anche accompagnato a casa e ha tentato di baciarmi. Erano armati e tenevano le canne dei fucili contro il petto di mia madre, poveretta.»
Capì cos'erano venuti a fare e corse in camera del padre ad

avvertirlo. Lui saltò dalla finestra dietro casa e i quattro non lo trovarono.

«Dissero a mia madre: Avvertite il Federale che non scapperà per tutta la vita e che torneremo, torneremo ogni notte fino a quando non lo prenderemo. Le sventagliarono le canne dei fucili sotto il naso. Ce n'andammo. Mio padre se l'aspettava e aveva preparato le cose in modo da non lasciare tracce. Non ti ho più rivista e mi sei mancata, Dio se mi sei mancata!» Margherita, scesa dalla macchina, si è allontanata di qualche passo, la bottiglia in mano.

Non le sono andata dietro e l'ho lasciata piangere in pace. Anch'io avevo un gran bisogno di piangere.

La bottiglia è volata a sbriciolarsi contro un cartellone pubblicitario, poco oltre il ciglio stradale, e il whisky è colato giù, sulle guance di una ragazza sorridente.

Il Primo maggio si sono tenute manifestazioni di studenti in più di cento città. Sono soprattutto i giovani che non vogliono l'intervento americano in Cambogia. La polizia ha sparato e dodici ragazzi sono morti. Nemmeno in Italia si era arrivati a tanto, e di manifestazioni se ne sono tenute dalla fine della guerra a oggi!

Il quattro di maggio, altri quattro studenti sono stati ammazzati dalla guardia nazionale all'Università del Kent. Il nove ci sarà una grande manifestazione studentesca a Washington. Per la pace, e io ci andrò, ci andrò assieme a molti studenti della mia università!

Non so come, ma miss Mary l'ha saputo. Mi ha incrociato lungo i corridoi e mi ha guidata nel suo ufficio. Si è seduta dietro la scrivania, ha inforcato gli occhiali e mi ha guardato di sopra le lenti:

«La nostra è una università seria...»

«Lo so bene, per questo sono qui.»

«La nostra è una università dove si studia e non si fa politica, professoressa. Lei è certa che la sua partecipazione alla manifestazione sia vantaggiosa per la nostra università?» Be', a questo non avevo pensato, ma so che non posso starmene in disparte quando in tutto il mondo si protesta contro la guerra in Vietnam. «Lei sarebbe l'unica insegnante dell'università a partecipare.»

«So che molti studenti andranno...»

«Gli studenti sono giovani! Pensi bene a quello che fa.»

Le ho risposto con una frase a effetto: «Ci ho pensato, miss Mary e farò ciò che la mia coscienza mi suggerisce».

«Ci auguriamo che i suggerimenti della sua coscienza coincidano con gli interessi dell'università.»

Una manifestazione imponente e sono contenta di aver partecipato. Una manifestazione straordinaria, come non avevo mai visto neppure dalle mie parti. Migliaia di studenti, professori e gente arrivata da tutte le parti degli States. C'erano anche i veterani, alcuni in carrozzella. Mi sono commossa a pensare che siamo in tanti a non volere la guerra.

Facce dipinte, costumi bizzarri, striscioni, alcuni divertenti, come "Fate l'amore, non fate la guerra" o "Non me ne frega un accidente dello zio Sam" o ancora "Nessun vietcong mi ha mai chiamato sporco negro".

E i cori a botta e risposta: «Cosa vogliamo?».
«Pace!»
«Quando?»
«Ora!»
«Perché?»
Alcuni secondi di silenzio e poi le migliaia e migliaia di partecipanti alla marcia per la pace: «Perché sì!».
Perché sì! Perché sì!

Al ritorno ho trovato una brutta sorpresa. La mia padrona di casa, la signora Kathy, mi aspettava all'uscio.

«Cos'ha fatto, professoressa?» L'ho guardata sorpresa e mi ha spiegato: «Gli agenti hanno perquisito la sua camera. Avranno un motivo se lo hanno fatto, non crede? Io mi sono fidata di lei e l'ho accolta in casa mia come avrei accolto un'amica...».

L'ho lasciata sull'uscio e sono corsa dentro. La stanza era sottosopra e avevano frugato anche nel cestino. Kathy mi ha raggiunto e ha detto:

«La prego di lasciare la mia casa.»
«Come sarebbe? Dove andrò? Lei mi aveva assicurato...»
«Anche lei mi aveva assicurato di essere una persona perbene!»
Avrei voluto gridarle che lo ero, ma sarebbe servito? Anche dalle mie parti quando hai a che fare con la polizia, il prossimo comincia a guardarti con sospetto.

Mi è tornata in mente la lettera anonima, forse perché era l'unica cosa poco chiara del mio soggiorno americano e se è poco chiara per me, a maggior ragione lo deve essere per la polizia.

Non l'ho più trovata. Il resto, tutte le mie cose, c'erano, sgualcite e sparpagliate per casa, ma c'erano.

Non è esatto. Ho cercato il mio diario, ho rimescolato fra i resti della perquisizione e non l'ho trovato. Lo immagino sequestrato assieme alla lettera anonima. Scrivo su un blocco per appunti e spero che prima o poi me lo restituiscano.

«Ma che razza di paese è questo, se può succedere che si presentano a casa tua e senza una parola di spiegazione ti frugano, ti sequestrano cose, ti mettono sul lastrico...»

Ricky ha allargato le braccia: «Succede, per i primi tempi succede. Vogliono essere sicuri di chi si sono presi in casa».

«Sì, e io una casa non ce l'ho più. Mi dici dove ne trovo un'altra se si sparge la voce?»

«Intanto, visto che la tua padrona di casa non ha perso tempo e ha sbattuto le tue valigie sul marciapiede, puoi stare a casa mia.» Ha subito aggiunto: «Io torno dai miei. Per un po' gli farà piacere».

È stata una lezione penosa quella che ho tenuto ai miei ragazzi. Se ne sono accorti e alla fine Alan mi ha chiesto:

«Cos'è successo? Posso darle una mano, professoressa?»

«Mi hanno sbattuto fuori di casa, Alan, ma me la caverò.»

«L'hanno sbattuta fuori di casa? Ma come possono?»

«Possono, evidentemente possono.»

«Ne parlerò con Margherita e lei troverà una soluzione. La sua casa è grande e lei è fantastica!»

Ho l'impressione che mi sto preoccupando per niente. Qui tutti sono pronti a trovarmi una sistemazione.

Non mi hanno lasciato il tempo di trovare un'altra casa. Mi hanno arrestata e sono rimasta in prigione tre mesi. Niente contatti con gli altri detenuti, niente visite e colloqui se non con il mio avvocato... Il mio avvocato! Non mi era ancora capitato di avere un avvocato mio e non avrei saputo dove trovarne uno se non me lo avesse spedito Margherita. È venuto a trovarmi in cella.

Niente libri da leggere, niente fogli per appuntare il mio diario, niente giornali e nessuna voce oltre la mia, che sentivo quando mi raccontavo la mia vita per non impazzire. Giornate interminabili a fissare il muro della cella o il riquadro di cielo dalla finestra. Solo lunghi interrogatori, sempre le stesse domande:

«Chi hai incontrato prima di venire negli Stati Uniti?»

«Quali sono le tue frequentazioni in Italia?»
«Chi hai incontrato negli Stati Uniti al di fuori dell'università?»
«Con chi sei rimasta in contatto in Italia?»
«Chi ti ha mandato la lettera che abbiamo trovato a casa tua?»
«Che sei andata a fare a Provincetown?»
«Cosa pensi della guerra in Vietnam?»
«Che significa la sigla L III 8, 7b?»
«In che rapporti sei con il terrorismo italiano?»
«Parlaci dei tuoi viaggi in Medio Oriente.»

Ho risposto come sapevo, ma non li ho mai soddisfatti e mi hanno tenuta dentro. Poi un mattino hanno aperto la cella e mi hanno detto che potevo andare. Con tante scuse.

Negli uffici del carcere mi hanno riconsegnato le poche cose che avevo quando mi hanno arrestata, il mio diario e il foglio di espulsione dagli Stati Uniti.

«Perché?» ho chiesto.

L'impiegato ha indicato il foglio: «Lì c'è scritto tutto».

C'era scritto che avevo tempo quarantott'ore per lasciare il suolo degli Stati Uniti e che, se trascorso tale termine non avessi ottemperato, sarei stata arrestata. C'era scritto anche che venivo espulsa come indesiderata per aver istigato i miei studenti, tutti minorenni, a bere vino durante una cena in un ristorante. Ridicolo.

All'uscita dal carcere mi aspettavano Margherita, il professor Alessandro Giuliani e il mio avvocato. Margherita non ha voluto accompagnarmi all'aeroporto e se n'è andata piangendo. Prima mi ha detto:

«Non ci vedremo più!»

Ho pianto anch'io.

In auto, forse per rompere un silenzio imbarazzante per tutti (ma io che avrei potuto dire a quei due sconosciuti?), Alessandro mi ha chiesto: «Vuoi che ti dica la verità?».

«Mi piacerebbe.»

«Ti hanno espulsa per la tua partecipazione alla manifestazione del nove maggio. Miss Mary ti aveva avvertita ma tu...»

L'ho interrotto: «Vuoi che te la dica io la verità? Lo rifarei, lo rifarei anche subito. Era una marcia per la pace e non credo che chi manifesta per la pace sia da mettere in carcere».

È intervenuto anche il mio avvocato: «Professoressa, lei è molto testarda, ma deve capire che non è a casa sua».

È vero, non ero a casa mia, in Italia, ma mi sono sempre illusa che la libertà di pensiero fosse universale. Negli Stati Uniti, poi! Evidentemente mi sono sbagliata.

«Per il suo arresto, si è trattato di uno scambio di persona, di un'omonimia. Alla CIA era stato segnalato l'ingresso negli Stati Uniti di una donna con il suo stesso nome e cognome, una terrorista italiana che avrebbe dovuto compiere atti di terrorismo nelle nostre università. Cerchi di capire.»

Io non ho capito, gliel'ho detto e lui ha lasciato cadere il discorso.

Ho capito invece che quel ragazzo su una Vespa 125, con il suo scippo alla vigilia della mia partenza, mi ha procurato un sacco di guai. E forse ha cambiato la mia vita.

«Lei è stata fortunata a tenere un diario, professoressa» mi ha detto l'avvocato, prima di consegnarmi ai due agenti, all'aeroporto. «Dal suo diario, scritto quando non immaginava certo di venire arrestata, è apparso chiaro che hanno sbagliato persona anche quei terroristi che le hanno fatto avere la misteriosa lettera, ingannati dall'omonimia. Vede bene che la sua disavventura è giustificabile.»

«Posso capire l'arresto. E l'espulsione?»

Mi ha consegnato a due agenti, gli stessi, ironia della sorte o calcolo delle autorità, che mi avevano accolta all'arrivo, sequestrata, portata al distretto di polizia e perquisita. Che mi avevano, insomma, dato il benvenuto negli Stati Uniti. Mi hanno anche dato l'addio accompagnandomi fin dentro l'aereo.

Il biglietto di ritorno me lo hanno pagato i contribuenti americani. Io non avevo i soldi perché tutto il mio avere se l'è preso l'avvocato e non mi è rimasto neppure da prendere un caffè, al mio arrivo in Italia. Fra l'altro un caffè come Dio comanda mi manca, mi manca proprio.

Adesso sono in viaggio per l'Italia e queste sono le ultime note di un diario per un soggiorno americano dal quale mi aspettavo chissà cosa e che invece mi ha lasciato dentro solo tanta amarezza. Unica consolazione, l'aver ritrovato un'amica che credevo perduta.

Arriverò inaspettata e per lui sarà una bella sorpresa. Mi è mancato tantissimo e non vedo l'ora di riabbracciarlo. Non mi scrivere, ha detto alla stazione, salutandomi alla partenza. Ti risponderei che mi manchi e non ti consolerebbe. Due anni sono lunghi... Non gli ho scritto. Avrei dovuto fargli sapere che anche lui mi mancava?

XXVIII
Una possibile soluzione

Stavano in silenzio, a fumare seduti sull'aia dinanzi alla Ca' Rossa. Il sole continuava ad accorciare il suo viaggio e andava a tramontare sempre più a ovest, là dove il profilo della montagna si abbassava in un avvallamento.

«Al mio paese l'estate dura di più.»

Ma quale era poi il suo paese? Castellabate da dove vedeva il sole tramontare sul mare, dinanzi a Santa Maria, e dove non aveva riferimenti sul suo spostarsi da est a ovest, o lì, dove aveva passato un periodo così lungo di vita? Decise che il paese di ognuno è quello dove si è nati o dove si è vissuta la prima parte dell'esistenza, dove si hanno radici e ricordi e dove fa sempre piacere tornare, anche se poi non si torna, non si torna quasi mai. Il suo paese era Castellabate, i vicoli in salita e le scale di sasso consumate dai secoli, i passaggi stretti e gli archi che sostenevano i muri come per mutuo soccorso, il sapore del mare che in certi giorni saliva fin lassù, la piccola piazza, unico spazio in piano di tutto il paese, da dove si vedeva Santa Maria e il suo porto, il golfo, su, fino a Salerno, e giù, punta Licosa e, dinanzi, l'isola di Licosa, l'isola dove la credenza popolare ha messo le sirene di Ulisse. Poco oltre, la grande distesa di pini marittimi che di sera ha il colore del mare e con il mare si confonde.

Di sera, seduto sui gradini di casa, vedeva le luci del golfo e delle barche che andavano al largo. Al mattino faceva colazione seduto su quegli stessi gradini. Suo padre era uscito da un po' e sua madre lavorava per casa.

«Benedetto, a colazione!» e lui rientrava, afferrava un pezzo di pane, la tazza con il caffelatte e di nuovo a sedere sui gradini. Un morso a strappadenti, un sorso di caffellatte e intanto cercava di riconoscere le barche che rientravano nel porticciolo protetto dalla torre grigia che spuntava dalla sabbia come una pianta.

Un'estate che durava tutto l'anno o così pareva a lui, ragazzo.

«Eeeh sì, al mio paese l'estate è più lunga.»

«Perché non ci torni? Che stai a fare in questo paese di galline con il freno e di montanari che per dire buon giorno ti fanno un cenno con il capo? Io non vedo l'ora di arrivare alla pensione per andarmene e scordarmi di questo paese del cazzo!»

«Io dicevo lo stesso. Poi ho rimandato, rimandato e sono ancora qui» e Santovito e il maresciallo Garbin ripresero a fumare in silenzio.

«Qui da te, comunque, si sta bene, c'è pace e si riesce persino a dimenticare quello che succede nel mondo» disse Garbin alla fine della sigaretta.

«Beato te che ci riesci.»

«A fare cosa?»

«A dimenticare. Io ce l'ho ancora qui» e si piantò sulla fronte la parte umida del sigaro. «Non riesco a capire come accidenti... Non riesco a dimenticare che quei poveri ragazzi sono ancora dentro!»

«Eeeh, Santovito, noi abbiamo fatto quello che potevamo!»

«Sono convinto che si poteva fare di più. Donner, il capitano di marina, per esempio, quello non mi ha mai convinto.»

«Lascialo perdere! Non è mai stato da queste parti e pretendeva di sapere e capire la gente e il paese come se ci fosse nato.»

Santovito fermò a mezz'aria il sigaro che stava per portare alle labbra e si volse a guardare il collega. «Hai detto la cosa giusta, Garbin, hai proprio detto la cosa giusta! Come se ci fosse nato, ma lui da queste parti non c'è mai stato, a sentire lui!»

Anche Garbin aveva smesso di fumare e guardava Santovito per saperne di più. Aspettò un poco e poi chiese: «Allora? E soprattutto che vuol dire quel sorriso soddisfatto?».

«Vuol dire che siamo due coglioni, Garbin! Due coglioni grossi così!» e si sporse verso il collega. «Ricordi quando siamo saliti con lui al campo per cercare il laghetto e la ghiacciaia?» Aspettò che Garbin ci pensasse e poi annuisse. «E ricordi quando mi sono fermato per accendermi un sigaro e riposare un poco?»

«Non so se ricordo, ma ho capito. E allora?»

«Oooh, Garbin, sveglia! Cosa disse Donner mentre io mi accendevo il sigaro?»

«Che ne so, Santovito, che ne so? Smettila con le domande e vieni al dunque.»

«Ci vengo subito. Il dunque è la frase che disse Donner: io e l'appuntato andiamo avanti. Così disse e imboccò deciso il sentiero che portava al laghetto anziché proseguire per la mulattiera, come sarebbe stato logico per chi non la sapeva interrotta dalla frana poco oltre!»

Garbin si diede una gran botta sulla fronte: «È vero! Come poteva sapere della frana se non era mai stato da quelle parti?» e anche a lui si distese finalmente il volto in un sorriso soddisfatto. Un'ultima tirata nella sigaretta, che poi schiacciò sotto la suola, e si rilassò contro la spalliera della sedia e mise le mani dietro la nuca: «Santovito, credo che questa volta ci siamo. Credo proprio che ci siamo».

C'era voluto del bello e del buono per convincere il tenente colonnello Friggerio. Aveva tutte le ragioni per essere indeciso: come si fa a convocare un capitano di marina in forza al SID e contestargli due omicidi?

«Ci vogliono delle prove» continuava a ripetere «delle prove che voi due non mi avete portato.»

«E come mai ha imboccato il sentiero giusto?» gli ripetevano i due marescialli.

«Risponderà che è stato un caso. Ma ragionate: come si fa ad accusare un uomo di un duplice omicidio sulla base di un sentiero in mezzo a un bosco?»

«Nessuno lo accusa di omicidio» concluse Santovito. «Tu lo inviti semplicemente a venire nel tuo ufficio perché hai avuto nuove informazioni e ne approfitti per chiedergli...»

«Glielo chiedi tu, caro il mio Santovito, glielo chiedi tu!» e si era finalmente deciso a sollevare il telefono, ma mentre faceva il numero continuava a scuotere il capo, poco convinto.

«Dunque» cominciò il tenente colonnello Friggerio. «Dunque, le ho chiesto di passare dal mio ufficio perché il maresciallo Garbin avrebbe scoperto alcuni nuovi indizi sul duplice omicidio della montagna e vorrebbe metterla al corrente prima di procedere...» e con un gesto passò la parola a Garbin.

«Sì, pare che abbiamo finalmente trovato il famoso rullino che Vangog aveva nascosto alla Ca' Rossa.»

«Pare o lo avete trovato?» chiese Donner. Il maresciallo Garbin guardò Santovito. «Ho capito, sempre e comunque l'ex maresciallo Santovito. Sentiamo dunque da lui.»

Santovito si rigirò fra le mani, guardandolo, il sigaro che da un po' aveva preso fuori per accendere. Poi alzò lo sguardo: «Che ci faceva dalle parti dello Spungone, capitano?».

Non si erano accordati così e nell'ufficio scese un pesante silenzio. Donner guardò uno per uno i presenti e si rivolse a Friggerio: «Che vuol dire?».

«Lo chieda a lui.»

«A che titolo l'ex maresciallo Santovito continua a intervenire nelle indagini?»

Gli rispose lo stesso ex maresciallo Santovito: «A titolo personale, Cris. È così che la chiamano gli amici, no? A titolo personale e quindi non è tenuto a rispondermi. Un'altra cosa: sono l'unico responsabile della sua convocazione e quindi è con me che se la dovrà prendere se la cosa le dà fastidio. E adesso mi piacerebbe sapere che ci faceva dalle parti dello Spungone e perché ha sostenuto di non esserci mai stato».

Non rispondere a Santovito avrebbe significato non rispondere a Friggerio. «Va bene, probabilmente appaio in quelle foto.» Si prese un po' di tempo e accese una delle sue profumatissime sigarette bionde. «Eravamo sulle tracce di un grosso traffico di armi con i paesi dell'Est che riforniva sia la destra che la sinistra. Io e Cottrao ci eravamo infiltrati come istruttori nel campo dello Spungone per arrivare agli organizzatori del traffico. Cottrao si era fatto una grossa esperienza militando nel MAS e io...»

«In quel campo c'erano più infiltrati del SID che sovversivi. Dunque c'erano Lagudoru, Donner, il padre di Edo...»

«Lagudoru non era lì come istruttore ma come partecipante al corso e non sapeva di noi. La nostra presenza al campo deve essere stata segnalata agli ambienti del terrorismo di sinistra e Vangog e la Santini sono stati mandati su per uccidere Lagudoru, Cottrao e Marco il Biondo, com'era il mio nome in codice per quell'operazione.»

«Sei ancora convinto che siano stati Vangog e Raffaella.»

«Senti ex maresciallo» si arrabbiò Donner. «Io c'ero, ho sentito la raffica, ho visto quel figlio di puttana scappare e gli sono andato dietro con un gruppo dei miei. L'ho visto unirsi a quella puttanella della sua amica che aveva il compito di proteggerlo...»

«E come l'ha protetto se non ha tirato nemmeno un colpo? Lo sai benissimo che il suo mitra non poteva sparare! Bei terroristi, no? Vanno per sparare e non si accorgono che le loro armi sono difettose.»

«Le tue sono chiacchiere, Santovito, e se io, che guidavo il gruppo degli inseguitori, li avessi presi, a quest'ora la storia sarebbe finita e finita nel modo giusto. Ma quel Vangog mi ha fregato.»

«Adesso che mi dici questo, io lo apprezzo ancora di più quel povero ragazzo.»

«Hai strane simpatie per essere un carabiniere e al posto suo, colonnello Friggerio, io indagherei nel passato di Santovito.»

«Già fatto, capitano» gli disse Friggerio, tirato in ballo da Donner «e ci ho trovato solo il suo antifascismo, la sua ostilità ai soprusi e la sua onestà. Se le pare poco...»

Donner cercò di calmarsi con un paio di boccate. «In ogni caso non mi ha fregato lui, mi ha fregato quella maledetta ghiacciaia.» A voce più bassa: «Sono riusciti a far fuori Lagudoru, ma Marco il Biondo è ancora qui e farà di tutto perché quella puttana non esca di galera per molti anni». Schiacciò la cicca nel posacenere e sorrise a Santovito. «Se eri venuto per accusarmi dei due omicidi, questa volta ti è andata male. Quando abbiamo sentito la raffica che ha ammazzato Lagudoru, io stavo insegnando a quegli esaltati come si disinnesca una mina antiuomo e ci sono almeno quindici di loro che possono testimoniarlo...»

Di nuovo Santovito lo interruppe restituendogli il sorriso ironico: «E dov'era in quel momento il Cottrao Giuseppe?».

«Non lo so, non lo ricordo, ma prendi un'altra brutta cantonata se hai intenzione di accusare lui. A meno che...» e la finì lì.

Completò la frase Santovito: «A meno che non abbiamo le foto di Vangog che lo dimostrano».

«A meno che!» concluse Donner. «E in questo momento non credo che possiate mostrarmele» e si alzò. Salutò Friggerio, sbatté i tacchi e se ne andò.

«E adesso?» chiese sottovoce il maresciallo Garbin, non si capì bene se per sé o per gli altri.

«Adesso ci vuole qualcosa di molto forte» borbottò Friggerio e menò una gran botta sul tavolo.

Lo aspettava appoggiato al muro e nascosto dietro l'angolo che il corridoio faceva prima di arrivare all'uscita e per poco Santovito non gli andò a sbattere contro. Il maresciallo Ares Amadori aveva la sigaretta fra le labbra e sorrideva.

«Aspettavi me?» Ares annuì. «Chi ti ha detto che ero nell'ufficio di Friggerio?»

«Qui dentro anche i muri hanno orecchie.»

«Me ne sono accorto. Che vuoi?»

«Che vuoi tu, maresciallo maggiore aiutante di campo Santovito Benedetto, attualmente in pensione. Io qui ho l'ufficio e tu?» Santovito cercò dove posare la cenere, in bilico sulla punta del sigaro. «Sul pavimento, Santovito, non è un'infrazione grave. Grave è il fatto che ti sia spacciato per appartenente al SID quando invece eri già in pensione da mesi» e sbuffò il fumo sul viso dell'ex superiore.

Santovito restituì la sbuffata – il fumo acre fece tossire Ares – spinse da parte l'ex collega e si avviò all'uscita.

«Non crederai di cavartela così?» e Ares lo fermò con una mano sulla spalla.

«Che intenzioni hai?»

«Farti finire male la carriera di pensionato dell'Arma. Insomma denunciarti.»

«Tu non mi hai mai potuto soffrire, vero Ares?» Ares annuì. «Forse perché Raffaella Anceschi ha scelto me e ti ha sempre ignorato.»

«No, no, sei fuori strada. Non mi è mai piaciuta la tua aria di superiorità.»

«Non è colpa mia, Amadori, se tu non arrivi alle cose più semplici.»

«Chi credi di essere, Santovito, il Padreterno? Cosa succederà quando riferirò ai superiori che ti sei presentato nel mio ufficio dichiarando di appartenere al SID e sotto tali mentite spoglie mi hai estorto notizie e documenti riservati su un caso di terrorismo?»

Santovito guardò la cenere che si andava di nuovo formando sul sigaro e cercò di assumere quell'aria di superiorità che dava tanto fastidio all'ex giovane collega: «Succederà che ti prenderanno per quello che sei, un coglione che parla a vanvera con il primo arrivato senza assicurarsi se sia un agente del SID o una spia dei terroristi. Questo succederà, Amadori, e addio carriera!». Lo piantò lì e, prima di uscire, sollevò la destra e salutò senza neppure voltarsi. La fine, piatta sigaretta andava spegnendosi fra le dita di Ares.

XXIX
Antichi mestieri

Alla consueta festa della Madonna di settembre, in chiesa c'era anche chi non la frequentava spesso, in paese per il fine settimana, dato che il tempo era ancora bello, o era sceso magari da qualche frazione distante per incontrare gente, scambiare due parole, bere un bicchiere in compagnia.

Santovito aspettò l'uscita dalla messa seduto sul muricciolo di fronte al grande portone, di fianco alla croce e alle grosse pietre rotonde che rappresentavano il monte Sinai. Fumava il mezzo toscano guardando i boschi che la luce colpiva già in maniera diversa, come una coltellata leggera data di sfrisio. Qua e là le prime chiazze gialle, rosse e bruno arancio dell'autunno.

«Anni fa, di questa stagione, si levavano le piccole colonne di fumo delle foglie bruciate, per pulire i castagneti in attesa della raccolta delle castagne» si disse «ma ora!»

Fra le solite facce vide persone che non conosceva; villeggianti non ce n'erano più, molti avevano cominciato a frequentare località marine o quantomeno luoghi di villeggiatura più movimentati di quelle povere montagne e gli sconosciuti erano parenti di gente emigrata per lavoro nelle città vicine che, dopo le ferie agostane passate chissà dove, usavano le vecchie dimore di famiglia come seconda casa per un fine settimana. Santovito cercò sui loro visi una qualche remota discendenza, di persone che aveva conosciuto o frequentato, scivolate via nel tempo e scomparse, come tante altre cose, del resto.

«È cambiato quasi tutto anche in confronto a solo dieci anni fa; c'era un'atmosfera...»

Che atmosfera? Più paesana? Chissà se i paesani si rendevano conto di come fosse mutato tutto, in appena trent'anni? Se si accorgevano della diversità fra il loro mondo e quello che lui aveva incontrato la prima volta che era venuto quassù? Be', anche lui non era lo stesso. Sorrise con malinconia.

Il maresciallo Garbin gli aveva anche parlato di un nuovo prete, un polacco che la crisi delle vocazioni aveva portato da un paese in qualche modo esotico. Il prete polacco aveva anche organizzato un coro come si deve, facendo venire in paese un maestro di musica, ma lo avevano subito avvertito che molti parrocchiani protestavano. Se durante le funzioni avesse cantato sempre il coro, non avrebbero più potuto farlo loro e così aveva stabilito dei turni, una domenica il coro e la successiva le voci sgraziate ma piene di religioso entusiasmo dei paesani.

«Ma pensa, un prete polacco! Chi lo avrebbe mai immaginato?»

Aveva sentito parlare o ne aveva conosciuti personalmente di curati! Fra i primi quel mitico don Santino della Buca del Diavolo e don Quinto Magnanelli morto misteriosamente un quindici agosto del 1938. Di persona aveva conosciuto don Enrico Quintelli, don Merigo per i paesani, con il quale si era scontrato spesso a causa della sua ostinazione nel trincerarsi dietro il segreto della confessione; don Cioni, don Pietro e adesso questo...

«Come si chiama? Ah sì, don Mattia, ma il cognome?» Un impossibile nome polacco, forse anche storpiato dai parrocchiani. «Bisognerà che lo conosca, sono curioso di sapere che tipo è.»

Un'ultima occhiata al cielo terso e ai boschi e si mescolò alla folla.

«Maresciallo!» Il Sardo sedeva su una seggiolina, a lato della strada e dietro a un banchetto sul quale erano sistemati in bella mostra alcuni formaggi. Sorrideva. A una gamba della sedia era legata una pecora che tranquillamente brucava erba da un cesto pieno. «Buongiorno, maresciallo!»

Santovito aveva smesso di ripetere che non era più maresciallo, tanto continuavano a chiamarlo tutti così. Salutò il Sardo con un gesto della mano e gli si avvicinò:

«Ti sei messo a fare il venditore ambulante, adesso? E la pecora a cosa ti serve? Per pubblicità?»

«Me l'hanno chiesto quelli della Pro Loco. È per i vecchi mestieri che scompaiono.»

«Cos'è, cos'è?»

«Far vedere i mestieri di una volta, che non ci sono più. I vecchi ricordano e i giovani imparano.»

«Siamo ridotti che per trovare un pastore hanno dovuto chiamare te, che vieni dalla Sardegna?»

Il Sardo allargò le braccia. «Una fetta di formaggio, quello mio personale, non la volete? Se rifiutate mi offendo.»

«Be', data l'ora, un boccone non ci sta male.»

«Accomodatevi allora, che vi servo subito.» Si alzò dal banchetto e prese da un canestro una forma già iniziata. Con un coltello tirato fuori dalla tasca della cacciatora ne tagliò una grossa fetta, poi, sempre dal canestro, prese una pagnotta, un fiasco e un bicchiere. «Questo lo conoscete, è fatto d'uva.»

«Non ne dubito, ma vacci piano. Quanti gradi ha?»

Il Sardo appoggiò la pagnotta al petto e ne tagliò una larga fetta. Santovito mangiò e mandò giù qualche sorso.

«Eeeh, la tua roba è buona, Sotgiu. Potevi portare anche un campione di impanadas, di sa corda, di filu 'e ferru...»

«Meglio di no, maresciallo, è roba che questi montanari non capiscono. Un altro goccio?»

«Un goccio, non è ancora l'una e la giornata è lunga» disse Santovito. Bevve e si accese un sigaro.

«Buongiorno, maresciallo» lo salutò il professore.

«Quanta gente c'è in giro oggi. Buongiorno, come va?»

«Bene, quassù va quasi sempre bene» assicurò il professore.

Di mezza età, era arrivato in paese improvvisamente, alcuni sostenevano per evitare guai politici, non si sapeva di quale tipo, altri per dimenticare una delusione d'amore. Non aveva mai dato problemi e la curiosità di Santovito era stata fermata dalla discrezione. Non si sapeva neanche se fosse davvero professore e di cosa. Dava ripetizioni d'italiano e inglese ai ragazzi delle scuole medie e non voleva essere pagato. Accettava un pollo o un coniglio, rigorosamente uccisi e puliti, qualche uovo e, in stagione, frutta e verdura che le famiglie riconoscenti gli offrivano. Santovito lo incontrava dalla Napoletana e la sua conversazione era interessante e colta. Una piacevole persona.

I due salutarono il Sardo. «Ha sentito la storia dei vecchi mestieri, professore?»

«Nostalgia, caro maresciallo, nostalgia o rimorso. La gente si è accorta di vivere in maniera diversa da come vivevano i loro vecchi, ma il loro relativo benessere...» Sollevò la destra con l'indice alzato. «Relativo, intendiamoci! Il loro relativo benessere lascia moralmente tutto come prima, anzi, forse peggio. Sì, certo, l'auto, il frigo, la televisione, il riscaldamento, l'acqua corrente, il bagno in casa che è un bagno vero, con piastrelle, e non il cesso che avevano prima, chi lo aveva...»

«Latrina, la chiamavano, o anche lìcite» rise Santovito. «Lo ricordo anche: un buco sul pozzo nero. Pensi che in tempo di guerra qualcuno è stato capace di distillare il prodotto, diciamo così, del pozzo nero, e ne ha ottenuto una grappa da vendere ai soldati americani!»

«Vede, lei conosce questi posti meglio di me e capirà. Qui la vita quotidiana è migliore di un tempo, ma le sue durezze sono sempre le stesse, se non peggio. Se non peggio, e c'è la corsa ad avere, a comprare, a volere sempre di più. La gente crede che la felicità sia avere le cose, possederle, però quando hai dieci ti sembra che avere venti sia molto e quando ci arrivi sei soddisfatto, ma poi hai sessanta e vuoi cento e centocinquanta e...» Fece un gesto vago.

«Sì, ma siamo partiti dai vecchi mestieri.»

«Ci arrivo. È da queste cose che nasce l'insoddisfazione strisciante e andare a frugare nel passato per vedere come eravamo, con una certa nostalgia, come di qualcosa di perduto per sempre, è un modo per recuperare dei valori. Fra qualche anno inventeranno improbabili feste medievali con un impossibile sincretismo di costumi e usanze, come in un film americano sull'antica Roma. Vedremo passeggiare per queste strade un balestriere del Mille accanto a una dama di tre secoli posteriore.»

«In paese c'erano due falegnami, e ora niente. Due calzolai, adesso non ce n'è più neanche uno. C'erano tre sarti, ora c'è solo Gocchia, che vuol dire ago. Gocchia non fa più vestiti, quelli che indossavano per Pasqua, spianavano, come si diceva in un dialetto che ormai parlano solo i vecchi e solo fra loro. Gocchia mette solo a posto calzoni e vecchie giacche, aggiusta sottane e cappotti. Insomma, tira avanti. C'era anche il fornaio e ora il pane lo portano ogni giorno dalla Toscana.»

Il professore, che aveva ascoltato con attenzione, riprese: «La comunità si è ristretta, quei mestieri non rendevano più e tanti sono andati via a lavorare, pochi giovani studiano... Sa quanti ragazzi sui vent'anni ci sono rimasti qui in paese?» Alzò la destra a ventaglio. «Cinque e in tutto il comune si fatica a riempire tre classi delle medie. Ma torneranno, torneranno, faranno come noi che abbiamo scelto di vivere qui. Torneranno il muratore e l'imbianchino, anche se faranno altre cose, il tagliaboschi o lo spazzacamino perché il riscaldamento va bene, ma il camino, l'hanno imparato da cinema e televisione, è romantico e non è più una cosa che ti bruciava davanti e ti gelava dietro. E le case non le venderanno più o avranno prezzi che noi, oggi, non riusciamo nemmeno a immaginare.» Indicò un gruppo di donne che ricamava ed esponeva tovaglie, tendine, centrini. «Questa merce serve solo per mostra, costerebbe troppo...»

«E quelli sono i necci!» lo interruppe Santovito. «Le piacciono?» e si avvicinò a un focolare dove un giovane gigante sudato si dava da fare a sistemare grosse forme rotonde su un fuoco di fascine. Su un trespolo vicino le forme erano posate una sopra l'altra, in una pila. «Acqua e farina di castagne cotta fra le pietre arroventate, isolate da foglie di castagno.» Si rivolse al giovane: «Peppone, sei sceso dai tuoi monti per fare i necci?».

«Veramente, maresciallo, i miei monti li vedo più poco, purtroppo. Sono venuto su dalla città... Faccio l'impresario edile. Vuole un neccio?»

«No, grazie, non mi sono mai piaciuti.»

«Vada per quelli che ho mangiato io! Me ne infilavano in tasca tre o quattro e via, a scuola. Altro che le merendine di oggi!»

«Te ne sarai levato la voglia.»

«Ne mangio uno ogni tanto per nostalgia. Ce l'hanno anche gli altri, se non riesco a tenere dietro alle richieste.»

«La nostalgia, cosa le dicevo, maresciallo?» chiese il professore.

Lasciarono Peppone ai suoi necci e alla sua nostalgia.

«Ha notato che parla con forte accento toscano?» chiese Santovito. «Segno che è emigrato verso sud. Lo conoscevo, suo padre faceva il muratore, assieme agli altri mille lavori che ognuno faceva per sopravvivere. Scommettiamo che il fabbro parla bolognese?»

«Con lei non scommetto, c'è stato troppo tempo quassù, conosce vita, morte e miracoli di tutti. Il suo mestiere, poi...»

Il giovane mandava la manovella della forgia, poi estrasse dalle braci una lunga asta di ferro e la martellò sull'incudine fissata a un ciocco di castagno. Nell'aria si levarono scintille.

«Marcello, hai portato via il mestiere al nonno?»

Il giovane si fermò, si asciugò la fronte con la manica della camicia e fece sentire l'accento emiliano: «Il Frabbone, dice? Lui sì che era un fabbro, micca me che sono uno strascino. Oddio, qualcosa so fare, ma non è il mio mestiere. Io studio ingegneria a Bologna. Poi il Frabbone non era mio nonno buono, era fratello di mia bisnonna. Vuole uno spiedo o un forchettone per la salsiccia, maresciallo? Glielo faccio, omaggio della ditta».

«Ma sì, fammi un forchettone.»

Marcello infilò l'asta nelle braci, fece andare la forgia e poi, quando l'estremità del ferro diventò rossa, la mise di punta sull'incudine e l'appiattì a colpi di martello, la divise in due, ricavandone i rebbi, e la gettò nel secchio pieno d'acqua. Si levarono sfrigolio e vapore. «Se aspetta, le faccio anche il manico: tondo o a torciglione?»

«Fammelo un po' come ti pare. Ripasso dopo a prenderlo. Adesso con il professore finiamo il giro degli antichi mestieri.»

«Più avanti troverà l'osteria e il macellaio che fa salsicce, cotolette e costoline di maiale alla brace.»

Lo salutarono.

«Peppone, quello di prima, avrebbe detto rosticciane, alla toscana, non costoline. Ma si capiscono benissimo. È come se fossero un poco bilingui. Dicono com'è invece di come sta, rosticciane e non costoline e così via» disse Santovito. E si fermò: «Che ne dice, professore, di mettere qualcosa sotto i denti? Ma non salsicce e cose così. Io andrei dalla Napoletana, mi fa compagnia?».

«Sì, se accetta di essere mio ospite.»

«L'ho invitata io.»

La Napoletana era seduta fuori dal Ristobar, dietro a un banchetto sul quale erano disposti vasetti e bottiglie di un liquore giallo.

«Anche tu con gli antichi mestieri? Cos'hai di una volta?»

«Tutta roba d'adesso fatta però come si faceva un tempo. Pomodori secchi, peperoncini e melanzane sott'olio. E questo? Sai cos'è, maresciallo?»

«Come se lo so? Lo faceva anche mia madre.»

«Un bicchierino come aperitivo, allora» e versò.

Prima di assaggiare Santovito disse al professore: «È delle mie parti, fatto con i limoni. Lo chiamiamo limoncello».

«Buono, molto buono. Se lo commercializzassero avrebbe sicuramente successo» disse il professore.

La Napoletana si alzò dal banco: «Sedetevi che vi servo io».

Santovito, le spalle alla porta, spianò con le mani la bianca tovaglia che sapeva di bucato. «A proposito di antichi mestieri, professore, ho paura che sia arrivato il momento anche per me di mettere su un banchetto. Il mio mestiere sta scomparendo. O almeno così come l'ho sempre fatto.»

«Il suo è un mestiere che non...» e si fermò a guardare qualcuno che si avvicinava alle spalle di Santovito, il quale fece per voltarsi ma due mani femminili gli si posarono sugli occhi. Chiese:

«Chi è?»

«Sono tornata» rispose Raffaella Anceschi.

XXX

Mazzacane '70

La giornata era di quelle che l'autunno porta spesso da quelle parti: tiepida per un sole che appassiva e umida di quell'umidità che proprio l'ultimo tepore tira fuori, quasi risucchia dalla terra. Dalla finestra aperta si vedevano, di là dall'acqua, i monti ingialliti e qualche chiazza rossa di ciliegi selvatici nati per caso dai nòccioli lasciati cadere dagli uccelli, dopo aver mangiato il frutto rubato chissà dove, più a valle.

Raffaella, sdraiata sul letto, si riempiva di quell'immagine e capiva quanto le fosse mancata la Ca' Rossa nei mesi passati negli Stati Uniti. Soprattutto le era mancato Santovito.

«Sai che ancora non capisco perché me ne sono andata?»

Dalle scale le arrivò, assieme al profumo del caffè, la risposta: «Nemmeno io!». Santovito entrò in camera con il vassoio per la colazione. Le fette di pane erano già imburrate e ricoperte di miele. «Ma se vuoi possiamo cercare assieme di capirlo.»

«No, non voglio più parlare di quell'esperienza.»

«Hai trovato qualcuno a... Dov'eri finita?»

«Providence, e non te lo ripeterò più.»

«Sì, Provvidenza, strano nome per una città. Dicevo, hai trovato qualcuno a Provvidenza che ti portasse la colazione a letto?»

«Sì, uno l'ho trovato, ma faceva un caffè schifoso e l'ho mandato a spasso.»

Lui seduto sul bordo del letto e lei sotto le coperte, fecero colazione in silenzio, poi Raffaella disse:

«Metti via questo vassoio» e allargò le braccia per accogliere Santovito. «Ti voglio bene» gli mormorò all'orecchio.

«Quando pensi di alzarti?» le gridò Santovito dalle scale. «La pioggia dell'altro giorno e poi il sole hanno fatto spuntare i funghi. Non credi che sarebbe bello...»

«Anche qui è bello. Vai tu.»

Andò e tornò con un cestino colmo di morelle e galletti, come chiamano localmente le russole e i cantarelli. In mezzo, naturalmente, qualche grosso porcino.

Raffaella si godeva il sole del mezzogiorno, seduta fuori dalla porta e a occhi chiusi.

«Guarda un po' qua. Pensi di farcela a prepararli per questa sera? Abbiamo Garbin a cena e voglio presentargli un piatto di funghi. Deve convincersi a mangiarli. O dovrò pensarci io?»

Raffaella aprì gli occhi: «Lo farò io». Poi: «Sai? Stavo pensando a Patrizia... Ti ho detto che ti ringrazia?».

«Non ho potuto fare molto.»

«Le manca tanto la figlia. Ma anche Raffi, accidenti, non poteva stare più attenta? Pensi che ce la farà a tirarla fuori? Suo marito poi... Gliel'ho sempre detto che quel Guglielmo non faceva per lei. Se n'è andato quando lei ne aveva più bisogno. Glielo avevo anche detto, prima che si sposassero, che non mi sembrava adatto a lei. Come finirà questa brutta storia?» Frasi che si accavallavano e domande che non avevano risposta perché non c'era risposta. «Dovrò andare a trovarla spesso, ne ha bisogno. Che ne dici di domani? A proposito, devo restituirle i soldi che mi ha prestato.»

Leggeva seduto vicino alla finestra di cucina, il fuoco acceso nel camino. Raffaella metteva ordine. Disse:

«Certo che non ti occupi molto della casa tu.»

«Me ne sono occupato, me ne sono occupato, ma se avessi visto come me l'avevano ridotta! Qualcosa ha fatto anche Domenica. È venuta su un paio di volte...»

«Benissimo, io me ne vado all'estero a lavorare e tu te la spassi con l'infermiera. Dovrò dirle due paroline io a quella.»

«Anche lei ha i suoi problemi. Amado è ancora dentro.»

Raffaella aveva staccato la cartucciera per spolverarla: «C'è stata la guerra da queste parti?». Santovito la guardò. «Hai sparato tutto l'armamentario, accidenti! Non c'è più una cartuccia!»

«Cristo!» e Santovito si alzò di scatto e strappò la cartucciera dalle mani di Raffaella. «Ecco cos'è stato portato fuori di casa! Le cartucce! E le ho portate fuori io!» Raffaella lo guardava. «Sì, accidenti, non capisci?»

«No, proprio no.»

«Abbiamo cercato dappertutto quel maledetto rullino e alla fine ho concluso che non era in casa perché qualcuno lo aveva portato fuori. L'ho portato fuori io, accidenti! E ci volevi tu a ricordarmelo.» Gettò sul tavolo la cartuccera vuota e baciò Raffaella. «Se tu non fossi andata a Providence... Ti voglio bene. E te ne vorranno anche tre madri!» Corse fuori.

Raffaella lo raggiunse che lui frugava nel vecchio fienile: «Guarda che non ho capito niente...».

«A cosa è servito a Vangog il Pattada? Sai quel bel coltello che mi ha regalato Pastura e che ho sempre tenuto sul camino? Gli è servito per aprire una cartuccia e nasconderci dentro il rullino, capisci?» Raffaella fece di no con il capo. «Fa niente, adesso aiutami a trovare la vanga e poi ti spiego...»

«Eccola lì la vanga. Poi mi spieghi, sì.»

Afferrò la vanga e corse nel letamaio. «Dunque, vediamo dove ho sepolto...»

«Sepolto cosa, Santovito?» Usava il cognome quando le cose fra loro non erano chiare, come in quel momento.

«Le cartucce, accidenti!»

«Hai sepolto le cartucce?»

Individuò più o meno il posto e cominciò a scavare con precauzione: «È una storia lunga. Adesso vediamo di ritrovarle. Dovrebbero essere qui».

«Seppellire delle cartucce... Perché? Non potevi semplicemente buttarle via?»

«Sì, perché qualcuno le trovasse e si facesse male. Si usava così quando trovavamo delle munizioni, subito dopo la guerra, e non c'era il tempo né per trasportarle né per disattivarle. Qui si è fermato a lungo il fronte e ce n'era dappertutto. Sottoterra non fanno danno.»

Trovò il fagotto nel quale le aveva avvolte, lo recuperò, lo pulì dalla terra e tornò in cucina. Distese le cartucce sul tavolo e le controllò. Una era stata manomessa e, usando il Pattada, l'aprì. Estrasse e sollevò in alto il rullino:

«Adesso sì che posso aiutare quei ragazzi. Almeno se Raffi mi ha detto la verità.» Controllò il rullino. «È perfetto. Non dovrebbe aver subito danni.»

Il maresciallo Garbin si rigirò fra le mani il rullino e poi la cartuccia che lo conteneva e borbottò: «Tolè suso!». Mise l'uno e l'altra in una busta che chiuse per bene, sollevò il ricevitore e fece il numero. «Ghe vol el so tempo, ghe vol, ma poi le cose si sistemano» disse. «Sei stato in gamba, Santovito. Adesso vieni in città con me e... Pronto, sono il maresciallo Garbin, passami il tenente colonnello Friggerio.» Aspettò la risposta e poi coprì il microfono: «Dice che non è in sede. Che si fa?».

«Be', intanto avverti quel coglione di Ares Amadori. Digli che rintracci subito Friggerio e che noi stiamo arrivando.»

Il gabinetto fotografico della Legione ci mise poco a sviluppare e stampare il rullino. Ci aveva messo molto più tempo Friggerio a sbrigare le pratiche preliminari, comprese la notifica al procuratore e l'attesa di un suo vice che assistesse alle operazioni. E quando il maresciallo della sezione fotografica distese tutte le foto, ancora umide, sul suo bancone, e si fece da parte, fu una bella sorpresa per tutti. Santovito ne indicò subito quattro, fra le altre che riprendevano il campo paramilitare da più prospettive, e disse:

«Se fate presto lo arrestate prima che vada a dormire.»

«No, caro mio, troppo comodo! Ci sei dentro fin dall'inizio e vieni anche tu» ordinò Friggerio.

L'operazione la guidò personalmente il tenente colonnello Friggerio che, questa volta, non voleva sorprese e aveva tenuto fuori il capitano Donner, presente ma non partecipe. Due plotoni bloccarono gli imbocchi della via, una squadra si attestò sui viali per tagliare la fuga attraverso i cortili interni e un'altra occupò il piano terreno dell'abitazione.

«Non entrate se non ci sono io» ordinò e si presentò solo all'ingresso dell'albergo Tre Gobbi. «Il signor Salimbeni?» chiese all'arabo che di notte sostituiva Stupai.

«Non credo che signor... Come ha detto che si chiama, prego?»

«Salimbeni Evaristo.»

L'arabo prese l'elenco dei clienti per controllare, ma Friggerio glielo strappò di mano, prese il giovane per il bavero e se lo tirò contro la faccia: «Stupai, dov'è Stupai, per Dio, o sbatto dentro anche te!».

«Io non so, signor Stupai chiamato me alle tre del pomeriggio e detto di sostituirlo. Signor Stupai andato... non so dove andato.»

Friggerio uscì su via Broccaindosso e gridò ai suoi: «Frugate in ogni stanza, in ogni cesso, in ogni buco!». Poi a Santovito e a Garbin: «Voi due, con me!».

Salimbeni Evaristo detto Stupai non era nemmeno in casa e trovarono tracce di una fuga precipitosa.

«Come l'ha saputo, come l'ha saputo?» e Friggerio bestemmiò tutte le bestemmie che aveva imparato durante una lunga carriera nell'Arma. «Chi sapeva del ritrovamento del rullino?» chiese a muso duro a Santovito e a Garbin.

Il maresciallo Garbin allargò le braccia: «Lo sapevamo io e Santovito, signor tenente colonnello».

«Se è per questo, lo sapeva anche il maresciallo Amadori» rettificò Santovito. «Glielo hai detto per telefono» e avrebbe dovuto aggiungere anche Raffaella, ma non lo fece.

Andò direttamente nell'ufficio del maresciallo Amadori: «Quando ha visto l'ultima volta il Salimbeni?» gli chiese.

«Questo pomeriggio, signor tenente colonnello. Era venuto nel mio ufficio per confidarmi una informazione riservata riguardo alla manifestazione studentesca di domani.»

«E lei gli ha detto del ritrovamento del rullino!» Non era una domanda, ma il maresciallo Ares Amadori annuì ugualmente. «Coglione! Lei è un coglione, maresciallo, e dovrà rendere conto del suo comportamento! Col cazzo che adesso lo troviamo, questo, con le amicizie e le protezioni di cui gode.»

«Ma io credevo... pensavo che a un informatore come Stupai... Era presente alla telefonata del maresciallo Garbin» continuò a balbettare Amadori, anche dopo che i due della montagna e il tenente colonnello se n'erano andati.

Era il momento di salutare, togliere il disturbo e lasciare che del seguito si occupasse il tenente colonnello Friggerio in persona e Santovito fece un cenno a Garbin.

Donner entrò senza bussare, sbatté una pratica sulla scrivania. Friggerio la sfogliò, lesse qua e là con interesse e chiese:

«Di dove arriva questa?»

«Qualcuno doveva sapere... Ci sono rapporti con tanto di firma, nomi di collaboratori, di complici... Ci sono indagini espletate a suo tempo...»

«So leggere. Di dove viene questa pratica, capitano! Non vedo intestazioni, non vedo numeri di protocollo, non vedo fogli di trasmissione...»

«Come l'ho trovata io, la poteva trovare chiunque, bastava cercare...»

«Di dove viene, capitano, questa pratica!» e stavolta il tono non ammetteva divagazioni.

«La prego di seguirmi» e il capitano Donner uscì dall'ufficio. Friggerio lo raggiunse.

Dalla porta rimasta aperta, Santovito controllò che i due sparissero dal corridoio, andò a chiudere e prese il posto di Friggerio dietro la scrivania.

«Che cosa vuoi fare?» chiese Garbin. «Possono tornare...»

«Non subito. Prima se ne diranno due e senza testimoni sull'inefficienza dei rispettivi uffici e sulla mancanza di collaborazione e collegamenti. Tu controlla il corridoio e avvertimi se tornano.»

Garbin socchiuse la porta e Santovito ebbe tutto il tempo per scorrere il fascicolo.

«Eccolo, Friggerio sta tornando.»

La camionetta imboccò la Porrettana che era buio da un pezzo. Garbin aveva una gran voglia di sapere cosa c'era nel rapporto, ma aspettava che Santovito si decidesse a parlare, e così rimasero in silenzio per un gran tratto di strada. Poi, visto che non pareva intenzionato, cominciò lui, ma la prese alla larga:

«Complimenti Santovito, proprio una bella idea la tua di farmi parlare con Amadori.»

«Veramente io ti avevo detto solo di fargli rintracciare Friggerio. Tu gli hai parlato del rullino, te ne sei scordato?»

Silenzio per altri due chilometri e poi: «Chi è questo Stupai?».

«Uno del quale non mi sono mai fidato, uno torbido.»

«E perché avrebbe ucciso quei due poveracci? C'è scritto su quella pratica?»

«Non c'è scritto, ma si può dedurre» e lasciò perdere.

«Santovito! Si può sapere che cazzo c'è scritto?»

«Ci voleva tanto a chiederlo, Garbin? C'è scritto che fin dagli anni Sessanta Stupai è noto all'ufficio D per traffico d'armi con i paesi dell'Est. Armi alla destra e armi alla sinistra eversive, tanto i trafficanti non hanno bandiera. Assoldato dallo stesso ufficio D per le sue conoscenze dell'ambiente, avrebbe cessato nell'occasione ogni attività illegale e in quel momento, evidentemente, la sua pratica è stata chiusa in un qualche cassetto che ha riaperto il capitano Donner. Fa freddo, non ti pare? Ti spiace chiudere il finestrino?»

Garbin eseguì e aspettò il seguito, ma Santovito aveva esaurito. «È tutto?» chiese.

«No, nel dossier c'è un'ultima notizia che lo riguarda. Non aveva perso il vizio e otto mesi fa era stato segnalato dalle parti del paese e in contatto con l'eversione di destra per la fornitura di armi e droga. Immagino mentre stavano montando il campo paramilitare che abbiamo scoperto noi. Indovina da chi è firmata la segnalazione.»

«Santovito, non ho voglia di pensare.»

«Lagudoru.»

Garbin inchiodò la Campagnola: «Per questo l'ha ammazzato, l'aveva riconosciuto!».

«E bravo il nostro Garbin. Sperava che Lagudoru non avesse avuto il tempo di comunicare al SID la sua scoperta.»

Dinanzi alla Ca' Rossa e prima di scendere dalla Campagnola Santovito disse: «Guarda che domani sera sei invitato a cena da Raffaella. Ha preparato dei funghi che sono la fine del mondo».

«Va' in mona te e i funghi, Santovito! Lo sai che non li mangio!» Sbatté la portiera della camionetta e prese, a tutta canna, la stradaccia dalla Ca' Rossa al paese.

«Vai piano, vai piano, Garbin, che quella è una strada che può far male» gli gridò dietro Santovito.

Garbin non l'intese e rischiò di finire contro un querciolo alla prima curva. Rallentò.

Aspirò il caldo aroma che saliva dalla terrina fumante, servì nei piatti le tagliatelle al prosciutto e le coprì di parmigiano grattugiato. Sedette e aspettò che i due assaggiassero. Si tranquillizzò al sorriso soddisfatto di Santovito e solo allora arrotolò la sua prima forchettata. Mangiarono in silenzio.

«Buone» disse Garbin all'ultima tagliatella. «Ha ragione Santovito: sei una buona cuoca» e mandò giù un abbondante sorso di rosso.

«Sentirai il resto.»

«Non esagerare» si difese con modestia Raffaella «che magari il resto non gli piacerà.»

«Bisogna vedere cos'è questo resto» disse Garbin.

«Niente di speciale. Ho preparato...»

«Non dirglielo che vediamo se indovina. Sono convinto che si leccherà i baffi.»

«Non li ho e per me va bene tutto purché non siano funghi. Non mi fido dei funghi e non mi fido di chi sostiene di conoscerli. Dalle mie parti ho constatato il prematuro decesso di tanti che ne ho perso il conto. E tutti convinti di conoscere i funghi, gente che li aveva raccolti e mangiati da una vita.»

«Dalle tue parti non è qui, ma sentirai, sentirai...» e Santovito versò altro rosso per tutti.

Raffaella servì il secondo, Garbin assaggiò e si fermò a meditare sul sapore. Gli altri due non avevano ancora cominciato e aspettavano il suo giudizio. Che fu:

«Un sapore che mi ricorda... Non sarà trippa cotta in modo speciale?» Santovito fece un segno che significava "ci sei vicino". «Comunque sia, è un piatto buonissimo. I miei complimenti, Raffaella» e non sollevò più il naso dal piatto se non per un sorso di vino. «Non ce ne sarebbe...» Raffaella gli riempì di nuovo il piatto.

Un autunno tiepido che permise, dopo cena, di sedere dinanzi a casa a fumare e aspettare il caffè. Si mangia presto in montagna e il sole se n'era andato da poco.

«Allora, cos'era 'sto misterioso secondo?» chiese Garbin a Raffaella che aveva portato le tazzine.

«Io non lo so, chiedilo a lui.»

«Funghi, caro Garbin, funghi trippati.»

Gli andò di traverso il caffè e riuscì a dire: «Cossa distu?».

Raffaella gli prese di mano la tazzina e gli porse il tovagliolo. «Ti porto altro caffè, ma stai tranquillo, per precauzione io e Santovito li abbiamo assaggiati ieri e siamo ancora qui a parlare con te.»

«I funghi sono subdoli, cara mia! Questo non me lo dovevi fare, Santovito!»

«Sbaglio o li hai graditi?»

«Erano buonissimi, erano buonissimi, ma funghi, va' in mona!» e a Raffaella che gli portò un altro caffè: «Come li hai preparati per dargli quel sapore di... di...».

«Li ho cotti nel burro e, prima che la cottura si completasse, ho aggiunto sugo di carne e li ho poi conditi con sale, pepe e parmigiano grattugiato. Funghi trippati, me li ha insegnati una del paese, la...»

Una raffica di mitra, lontana. Un'altra raffica. Santovito, il sigaro sospeso a mezz'aria, guardava fisso dalle parti dello Spungone. Alla terza raffica, la cenere del sigaro cadde sull'erba. Poi, sulla Ca' Rossa, calò il silenzio delle sere di montagna.

«Se qui si continua di questo passo, chiederò il trasferimento.»

«Risparmia il fiato che ne avrai bisogno» disse Santovito e il maresciallo Garbin la piantò e riprese a salire fra gli sterpi che gli intrigavano il passo.

Arrivarono al campo e si fermarono. Niente di cambiato dall'ultima visita se non la pulizia naturale che le piogge e il tempo portano nei boschi. La prossima primavera avrebbe cancellato anche gli ultimi segni di presenze estranee.

«Tu dici che è stato da queste parti?» Santovito riprendeva fiato e annuì. Garbin chiese ancora: «Adesso che si fa?».

«Adesso ci riposiamo un po', ci fumiamo mezzo toscano seduti su quei massi e poi ci guardiamo attorno.» Offrì la scatola.

«È lo stesso per te se fumo una delle mie sigarette?»

Rifiutarono anche i due carabinieri, l'appuntato Peluso e Romagnoli, un giovanotto di ventun anni, appena arrivato alla caserma di Garbin e messo subito sotto, che non s'illudesse di essere arrivato in paese per vacanze.

Fumarono e poi: «Io direi di procedere a semicerchio e a contatto visivo» disse Santovito «ma il comandante sei tu e quindi...».

«Fai il furbo, Santovito? Ufficialmente il comandante sono io, ma in paese, a quanto sembra, il maresciallo che conta continui a essere tu.»

Cominciarono a salire verso il Mazzacane, intrigati in un sottobosco che ingialliva. C'erano anche, fra le foglie, ricci e castagne appena cadute. Si erano di poco allontanati dal campo e Santovito gridò:

«Giù, tutti a terra!» e fece segno a Garbin di guardare in alto e alla sua sinistra.

Garbin guardò e bestemmiò. Nell'intrico degli alberi s'intravedeva, confusa, ma riconoscibile, la sagoma di un uomo con il mitra puntato verso di loro. Si tolse il riccio di castagno che gli si era piantato nel palmo della destra, e fece segno ai due carabinieri di aggirare la posizione dell'uomo che li teneva sotto tiro. Aspettò che si sistemassero e gridò:

«Getta l'arma e vieni avanti a braccia alzate!» Nessuna risposta. «Guarda che sei circondato! Vieni fuori!» L'uomo era ancora là, immobile e minaccioso. «Conto fino a dieci e poi ti veniamo a prendere! Uno, due...»

«Che conti, Garbin? Se quello avesse intenzione di arrendersi, lo avrebbe già fatto» disse Santovito.

«Allora che si fa?»

«Quello che hai detto, lo andate a prendere.»

«E tu?»

Santovito allargò le braccia: «Io non sono armato».

«Sì, ma tu che faresti?»

«Io tirerei una raffica sopra la sua testa e, se non basta, una

ai suoi piedi, per fargli capire che tu» e calcò sul tu «hai intenzioni serie.»
«E se lo prendo?»
«Cerca di non prenderlo.»
Garbin si sistemò con i gomiti ben saldi sul terreno e puntò il mitra. Non sparò. «E se ci provassi tu?» chiese a Santovito sdraiato a pochi passi.
«Con cosa?»
«Con il mio» e strisciò fino a lui, cercando di non esporsi troppo. Gli passò l'arma.
Santovito controllò il mitra, lo puntò e lasciò partire la raffica. Caddero una pioggia di foglie e rami, ma l'uomo non si mosse di un capello. Un'altra raffica sollevò foglie e castagne sul terreno, a qualche passo dall'individuo armato che non si mosse. Santovito cercò di districare con lo sguardo i cespugli che glielo nascondevano. Si alzò e gli si avvicinò.
«Che fai? Sei matto?» gridò Garbin.
«Tranquillo, quello non farà più male a nessuno.»
Aveva ragione, Stupai non poteva più fare male a nessuno, cadavere impigliato nella ragnatela di vitalba e rami che lo teneva in piedi. Probabilmente stava scappando, infrattato nel sottobosco, quando la raffica, la terza che avevano sentito anche dalla Ca' Rossa, lo aveva preso alle spalle e scaraventato nella vegetazione che ancora lo teneva in piedi, moderno Mazzacane con il Kalashnikov puntato e pronto a sparare.
Sotto il corpo, le foglie dell'autunno passato erano nere di sangue ormai secco. Garbin, le braccia lungo i fianchi, guardando il cadavere a lungo e in silenzio, si chiese: «E adesso?».
«Adesso ricominci da capo, caro maresciallo.»
Il "caro maresciallo" continuò: «Secondo me, è un regolamento di conti fra trafficanti d'armi».
«O forse cominciava a diventare scomodo, e qualcuno ha pensato di sistemarlo con tre raffiche di mitra. Ma vuoi che te lo dica chiaro? Non me ne importa niente» e, sbattuto il mitra fra le mani di Garbin, prese il sentiero e scese verso lo Spungone.

Indice

7	I	Due antefatti
15	II	L'ora degli animali
26	III	Un caffè amaro
31		*Da un diario americano*
34	IV	Una brutta storia per tre ragazzi. O quattro?
41	V	I tempi cambiano
50	VI	La montagna ferita
59		*Da un diario americano*
62	VII	Mazzacane
70	VIII	Kalashnikov e altro
78	IX	Dai monti alla città passando per la Borda
86		*Da un diario americano*
89	X	Per osterie
96	XI	Per teatri
104	XII	Il covo caldo
110		*Da un diario americano*
113	XIII	Stupai e i suoi amici
122	XIV	L'uomo con il passamontagna
128	XV	Un'altra visita indesiderata alla Ca' Rossa
133		*Da un diario americano*
136	XVI	Che razza de zente che se trova a 'sto mondo
144	XVII	Una spiegazione che spiega poco
150	XVIII	Bleblè, Santissimo, la Buca del Diavolo e altre storie di montagna
156		*Da un diario americano*

159	XIX	Uno strano appuntamento
164	XX	Fuga sui tetti
171	XXI	Un morto di troppo
177		*Da un diario americano*
179	XXII	Il coltello di Santissimo
185	XXIII	I silenzi del Sardo
191	XXIV	Un amico di quelli di una volta
196		*Da un diario americano*
200	XXV	Lettera dal carcere
209	XXVI	La ghiacciaia
215	XXVII	Racconti di donne
222		*Ultimi appunti da un diario americano*
228	XXVIII	Una possibile soluzione
234	XXIX	Antichi mestieri
240	XXX	Mazzacane '70

«Questo sangue che impasta la terra»
di Francesco Guccini e Loriano Macchiavelli
Oscar bestsellers
Arnoldo Mondadori Editore

Questo volume è stato stampato
presso Mondadori Printing S.p.A.
Stabilimento NSM – Cles (TN)
Stampato in Italia. Printed in Italy